„DIE MENSCHEN, DIE DIR ESSEN SCHENKEN, SCHENKEN DIR IHR HERZ."

Für alle Kinder und ihre Familien

❦

Edel Books
Ein Verlag der Edel Germany GmbH

Copyright der deutschen Ausgabe © 2016 Edel Germany GmbH,
Neumühlen 17, 22763 Hamburg
www.edel.com

Erstveröffentlichung unter dem Titel „Easy Peasy Family"
Erschienen bei: Fontaine Uitgevers BV

TEXT UND KONZEPT
Claire van den Heuvel und Vera van Haren
www.bluebelle.nl | www.easypeasykids.nl
FOTOGRAFIE
Jeroen van der Spek | www.jeroenvanderspek.com
STYLING UND FOODSTYLING
Alexandra Schijf | www.alexstyling.nl

Übersetzung: Susanne Bonn, Lindenfels
Projektkoordination der deutschen Ausgabe: Julia Sommer
Lektorat: Julia Bauer, Redaktionsbüro Küchenzeile
Satz und Redaktion: transtexas publishing services, Köln
Umschlaggestaltung: Groothuis. Gesellschaft der Ideen und Passionen mbH
Druck und Bindung: optimal media GmbH, Glienholzweg 7, 17207 Röbel / Müritz

Alle Rechte vorbehalten. All rights reserved. Das Werk darf – auch teilweise – nur mit Genehmigung des Verlages wiedergegeben werden.

Printed in Germany

ISBN 978-3-8419-0466-9

DAMIT WIR UNSERE EASY-PEASY-WELT IN DIESEM BUCH ZUM LEBEN ERWECKEN KONNTEN, MÖCHTEN WIR VIELEN MENSCHEN DANKEN,
DIE UNS SCHÖNE DINGE UND KLEIDUNG FÜR DIE FOTOS ZUR VERFÜGUNG GESTELLT HABEN.

GESCHIRR, GLÄSER, BRETTER, SCHRÄNKE, TÖPFE UND PFANNEN
De wereld van Jansje | Grote Houtstraat 45, Haarlem | www.jansje.nl/
Brands Unxpctd Store | Gedempte Oudegracht 144, Haarlem | www.anoukb.com
Riess | www.riess.nl
Fonq.nl
Van Dijk & Ko | Papaverweg 46, Amsterdam | www.vandijkenko.nl

KLEIDUNG UND STYLING KINDER
Koter & Co | Scheldestraat 55-57, Amsterdam | www.koterenco.nl
Cavalier kids clothing | www.cavaliervault.com
Kinderfeestwinkel | Gerard Doustraat 65, Amsterdam | www.kinderfeestwinkel.nl

LOCATIONS
Landgoed Elswout | Elswoutlaan 12a, Overveen
Kees & An, vielen Dank, dass wir eure wunderschöne Küche benutzen durften
Bertien, dass du uns so oft deinen Mann geliehen hast, ist eine Sache, aber dann auch noch dich selbst, die Kinder und die Küche? Thanks!

gemeinsam
BEWUSST UND
GESUND ESSEN

easy PEASY
FAMILIENKÜCHE

DIE NEUE GESUNDE KÜCHE
FÜR DIE GANZE FAMILIE

100 REZEPTE

für zu hause und unterwegs

TEIL 1

PHILOSOPHIE

EASY PEASY FOOD REGELN – 11
ERZIEHUNGSSTIL UND ESSVERHALTEN – 20
ERNÄHRUNG UND GESELLSCHAFT – 31
DIE BASIS – 37

TEIL 2

REZEPTE

ZU HAUSE – 53
FAMILIE & BEKANNTE – 107
SCHULE & FREUNDE – 143
SPORT & SPIEL – 173
UNTERWEGS UND IM URLAUB – 207

TEIL 3

SO WIRD'S GEMACHT

DER TÄGLICHE BEDARF – 218
EASY PEASY BAUKASTEN – 223
EASY PEASY VORRAT – 226
SPARTIPPS – 229

EINLEITUNG

DIESES BUCH ENTHÄLT ÜBER HUNDERT NEUE EASY-PEASY-REZEPTE, VON SUPEREINFACH BIS INNOVATIV. SIE SIND AUF FÜNF KAPITEL VERTEILT UND WACHSEN MIT IHREN KINDERN MIT. IN JEDEM KAPITEL ERLÄUTERN WIR DIE GEDANKEN, DIE HINTER UNSEREN REZEPTEN STECKEN, UND WIR GEBEN IHNEN PRAKTISCHE TIPPS, TRICKS UND REZEPTE AN DIE HAND. SO SIND SIE JEDER SITUATION GEWACHSEN.

TEIL 1 – PHILOSOPHIE

Bevor wir mit den Rezepten beginnen, wollen wir Ihnen etwas über unsere **Philosophie** erzählen. Unserer Meinung nach geht es beim Essen nicht nur um gesundes Kochen; es geht darum, zu verstehen, was wir tun und warum wir es tun. Deshalb erklären wir unsere Vision, unser Denken und unsere Vorstellungen von gesunder Ernährung – vom Vorratsschrank bis zur Lebensmittelindustrie.

TEIL 2 – REZEPTE

Die Rezepte sind thematisch auf fünf Kapitel verteilt. Wir beginnen an der Basis (und daher mit dem ausführlichsten Kapitel): **Zu Hause**. Von dort aus gehen wir immer einen Schritt weiter weg: **Familie & Bekannte, Schule & Freunde, Sport & Spiel** und zum Schluss **Unterwegs & Im Urlaub**.

TEIL 3 – SO WIRD'S GEMACHT

Am Ende des Buches haben wir unsere praktischen **Anregungen** zusammengefasst. Wie füllen Sie die Brotdose so nahrhaft wie möglich? Welche Produkte lassen sich leicht durch eine bessere Variante ersetzen? Außerdem gibt es einen Schnellkurs über Nährstoffe, damit Sie nicht vergessen, dass Gemüse auch Kohlenhydrate enthält.

AN DIE ARBEIT

Wir wollen natürlich erreichen, dass Sie unsere Rezepte nachkochen und hinterher denken: Jawohl, geschafft! Hier also noch einige Hinweise zu den Angaben:
1 Esslöffel enthält 15 ml, 1 Teelöffel 5 ml. Wollen Sie es genau wissen? Verwenden Sie einen Messlöffel aus dem Fachgeschäft.
Nicht alle Backöfen arbeiten gleich. Ein Kuchen, der in Veras Ofen 30 Minuten braucht, ist in Claires nach 20 Minuten fertig. Die Backzeiten in unserem Buch sind deshalb nur Anhaltspunkte. Sie kennen Ihren Ofen sicher am besten.
Wir verwenden immer ungesalzene Butter und mittelgroße Eier (nur zur Info).

WARUM ERNÄHRUNG SO WICHTIG IST

Ernährung ist ein wesentlicher Bestandteil unserer Existenz. Leben ohne Nahrung ist unmöglich, ein Leben mit dem falschen Brennstoff vielleicht auch. Natürlich brauchen fitte, schlaue Kinder voller Energie mehr als gesundes Essen. Sie brauchen vor allem auch Liebe, Sicherheit, Bildung, Hygiene und Schlaf. Das alles sind Faktoren, die womöglich noch größeren Einfluss auf das Wohlergehen unserer Kleinen haben als ungespritztes Gemüse. Trotzdem finden wir Ernährung superwichtig. Immer mehr Kinder sind zu dick, können sich schlecht konzentrieren oder haben nur halb so viel Energie, wie sie in ihrem Alter eigentlich haben sollten.

VON MÜSSEN ZU WOLLEN

Wir wollen nicht nur Inspirationen für gesunde Mahlzeiten bieten, sondern auch das Bewusstsein erweitern. Wir machen alles ein bisschen einfacher und versuchen, vieles möglich zu machen. Nicht, weil wir denken: „Ja, eigentlich müsste ich für meine Kinder gesünder kochen", sondern aus Begeisterung für gesundes Essen und leckere Rezepte. Wir wollen es uns auf keinen Fall schwieriger machen, als es ist. Die Welt dreht sich weiter. Alle haben es eilig, und manchmal fühlt es sich an, als ob Sie mit hundert Bällen gleichzeitig jonglieren müssten. Wenn Sie dann ein Buch lesen, das Sie zusätzlich frustriert, weil es Ihnen das Gefühl gibt zu versagen, wenn Sie nicht jeden Morgen glutenfreie Haferflockenpfannkuchen aus biologischen Zutaten backen, die außerdem noch nachhaltig verpackt sind, hat niemand etwas davon!
Kurz gesagt: Lesen Sie dieses Buch und nutzen Sie es! Probieren Sie den einen oder anderen Vorschlag aus, schauen Sie, was zu Ihnen und Ihrer Familie passt. Wer weiß, vielleicht denken Sie in wenigen Monaten genau wie wir: Das muss ich nicht, das will ich!

VORWORT

VOR ETWA DREI JAHREN BEGANN UNSER *EASY-PEASY*-ABENTEUER. DAMALS ERSCHIEN UNSER ERSTES BUCH. WIR SCHRIEBEN ES MIT HINGABE UND IN DER VOLLEN ÜBERZEUGUNG, DASS GROSSER BEDARF DAFÜR BESTAND. IN UNSEREM BERUF SAHEN WIR VIELE ELTERN DAMIT RINGEN, MÖGLICHST GESUNDE ERNÄHRUNGSGEWOHNHEITEN FÜR IHRE KLEINEN ZU ENTWICKELN. UND DA WIR SELBST AUCH IN DER BABY- UND KLEINKINDPHASE STECKTEN, WAR UNS VÖLLIG KLAR: WIR MACHEN NICHT ERST EIN BUCH FÜR ERWACHSENE, WIR FANGEN DORT AN, WO ES BEGINNT!

DAMALS SCHRIEBEN WIR IM KLAPPENTEXT: „GERADE WÄHREND DER ERSTEN JAHRE IST ES WICHTIG, DIE GESCHMACKSENTWICKLUNG DER KINDER ANZUREGEN, DAMIT ESSEN EIN FEST BLEIBT UND SIE ZU STARKEN, FITTEN KINDERN VOLLER ENERGIE HERANWACHSEN KÖNNEN, BEREIT FÜR EINE WUNDERBARE, POSITIVE ZUKUNFT. DESHALB IST DIESES BUCH NÖTIG."

Und wie dieses Buch nötig war! Die Begeisterung, die wir in *Easy Peasy* steckten, wurde durch lobende und vor allem liebevolle Reaktionen belohnt. In vielen Zeitungen, Zeitschriften und auf Blogs erschienen die schönsten Rezensionen, und Eltern im ganzen Land teilten uns mit, wie froh sie über das Buch waren. Innerhalb kürzester Zeit wurde *Easy Peasy* zum Babygeschenk des Jahres und lag in Krankenhäusern zur Einsicht aus. Diese Anerkennung freute uns sehr! Aber noch mehr freute uns, dass das Buch seine Aufgabe erfüllte. Es inspirierte Eltern auf positive Weise, die Ernährung ihres Nachwuchses ernst zu nehmen, sich damit zu beschäftigen und sich wieder selbst in die Küche zu stellen.

Die *Easy-Peasy*-Botschaft verbreitete sich schnell und wir bekamen Gelegenheit, sie immer weiterzutragen. Es grenzte an Zauberei, wie schnell sich das Buch verbreitete. Dass das nicht alles sein konnte, stand fest. Wir hatten noch so viel zu erzählen und zu teilen. Uns erreichten zahlreiche Anfragen von Rat suchenden Eltern mit älteren Kindern, die dringend Inspiration und Rezepte benötigten. Sehr schnell entstand die Idee, ein Familienbuch zu machen. Ein *Easy-Peasy*-Handbuch für die ganze Familie mit dem Schwerpunkt auf Kindern zwischen 4 und 12 Jahren. Das Buch wurde bei uns sofort lebendig: Wir wollen auf dieselbe positive, zugängliche Weise Eltern mitnehmen in die Welt des Kindes, die immer größer wird. Mit vielen praktischen Tipps, Alternativen, Informationen über Essgewohnheiten und Rezepten, die alle Eltern brauchen können – von Gesundheitsbewussten bis zu Schnellköchen.

Unsere eigenen Kinder sind zwar gerade erst aus der Gruppe der Allerkleinsten herausgewachsen und bei Vera ist sogar noch ein Kleines dazugekommen, aber es mangelt uns nicht an Ideen. Wir erkennen nicht nur in unserer unmittelbaren Umgebung deutlich, wo Hilfe nötig ist. Auch bei *Bluebelle Foodworks* berichten täglich Mütter und Väter aus ihrem Alltag über Hindernisse und Bedürfnisse. Darüber hinaus haben wir mehr als zweihundert Interviews geführt, um über Probleme von Familien mit Kindern im Grundschulalter zu erfahren, und welche Tipps Eltern an andere weitergeben wollen.

Ein Buch zu schreiben ist keine leichte Aufgabe. Es war auch diesmal wieder ein intensiver Prozess mit Höhen und Tiefen, Blockaden und Flows. Schwierige Zeiten („Lass mal, das wird doch nichts.") wechselten schnell mit Phasen voll Energie und noch mehr Ideen. Deadlines, Stagnation, alles kam – und ging. Aber genau wie beim Schreiben unseres ersten *Easy-Peasy*-Buches sorgte unsere Motivation dafür, dass wir immer gespürt haben, was auch dieses Buch werden sollte: eine Weiterführung unseres ersten Schritts dazu, die Welt ein wenig schöner zu machen. Nehmen wir an, es würde uns gemeinsam gelingen, die nächste Generation ein bisschen fitter, energiegeladener, stärker und bewusster zu machen, sowohl körperlich als auch geistig – was wollen wir dann noch mehr? Wenig, eigentlich!

Wir wünschen viel Vergnügen beim Stöbern und vor allem beim Kochen und hoffen, dass dieses Buch auch Sie und Ihre Familie inspiriert zu einem positiven, gesunden Lebensstil, von dem alle etwas haben!

Alles Liebe,
Claire & Vera

TEIL 1

PHILOSOPHIE

1

EASY PEASY FOOD REGELN

DIESES BUCH IST NICHT NUR EIN KOCHBUCH. NEBEN ALLERHAND LECKEREN, NAHRHAFTEN UND SPANNENDEN REZEPTEN WOLLEN WIR NOCH VIEL MEHR MIT IHNEN TEILEN, NÄMLICH UNSERE IDEEN UND ANSICHTEN ÜBER GESUNDE ERNÄHRUNG, ÜBER ERZIEHUNG UND (ESS-) VERHALTEN – ALSO DIE GRUNDLAGE FÜR DIESES BUCH. WIR GLAUBEN NÄMLICH, DASS ES UMSO AUFREGENDER UND INTERESSANTER WIRD, IHREN KINDERN, LIEBSTEN, FREUNDEN UND VERWANDTEN GERICHTE AUFZUTISCHEN, WENN SIE WISSEN, WARUM WIR BESTIMMTE ENTSCHEIDUNGEN GETROFFEN HABEN.

Wäre es nicht schön, wenn Sie über die vorgegebenen Rezepte hinaus dem *Easy-Peasy*-Lebensstil folgten? Wenn Sie selbst – mit allen Informationen als Richtlinie – in neuen Situationen die richtigen Entscheidungen treffen und kreativ damit umgehen? Deshalb laden wir Sie ein, erst noch etwas über unsere Philosophie zu lesen, bevor Sie in die Küche verschwinden. Dann wissen Sie, warum wir tun, was wir tun. Von da an überlassen wir es Ihnen, was Sie in Ihr Leben integrieren möchten. Vielleicht passen nicht alle Tipps zu Ihnen oder zu Ihrer Familie. Jeder Mensch ist anders, jedes Kind ist anders. Probieren Sie, was geht und sich gut anfühlt. Folgen Sie Ihrer Intuition.

Die Grundlage unserer Philosophie sind unsere sieben Food Regeln. Die Regeln gelten unabhängig von der Entwicklungsphase oder Altersgruppe, in der sich Ihre Kinder gerade befinden, brauchen allerdings für jede Phase eine eigene Interpretation. Für dieses Buch haben wir sie an die Familienphase angepasst.

Das Wort *Regel* klingt strenger, als es gemeint ist; betrachten Sie sie eher als Richtlinie, als Basis, auf die Sie zurückgreifen können. Mit den Regeln im Hinterkopf wissen Sie ab jetzt in jeder Situation, was die beste Entscheidung ist, auch wenn Sie nicht alles unter Kontrolle haben. Lesen Sie sie also gut durch und schauen Sie, ob sie zu Ihnen, Ihrer Familie und Ihrem Lebensstil passen. Vielleicht wählen Sie drei aus, die Sie ansprechen, oder Sie versuchen, eine nach der anderen umzusetzen – es spielt keine Rolle, Sie haben alle Möglichkeiten.

DIE 7 *easy peasy* FOOD REGELN

ZUR ORIENTIERUNG BEIM ESSVERHALTEN

1
GÖNNEN SIE IHREM KIND EINEN GUTEN START IN DEN TAG, LEBEN SIE DIE BASIS

Sorgen Sie für ein starkes, nährstoffreiches Fundament.
Erklären Sie, warum Sie bestimmte Entscheidungen treffen.
Eine gute Ausgangsbasis gibt Spielraum außerhalb.

2
NICHT NUR FÜLLEN, SONDERN ERNÄHREN

Achten Sie auf Nährstoffe anstatt auf Kalorien.
Begrenzen Sie die Zwischenmahlzeiten, dann bleibt mehr Platz für nährstoffreiche Mahlzeiten.

3
ENTSCHEIDEN SIE SICH FÜR FRISCH, UNVERARBEITET UND ZUCKERFREI

DIY – kochen Sie selbst, bio, wenn nötig, und frisch, wo möglich.
Achten Sie auf (versteckten) Zucker.

4
GREEN UP!

Noch immer gilt: Gemüse spielt die Hauptrolle.
Beschäftigen Sie sich damit, reden Sie darüber und variieren Sie mit so viel Gemüse wie möglich.

5
SIE MÜSSEN NICHT PERFEKT SEIN, NUR GUT VORBEREITET

Wagen Sie, Verantwortung zu übernehmen.
Sorgen Sie für einen gut gefüllten Vorratsschrank.
Vorbereitung als Gewohnheit: Gehen Sie im Voraus durch den Tag/die Woche.

6
MACHEN SIE DAS ESSEN ZUM RUHIGEN RITUAL AM TISCH

Kein Streit, aber klare Grenzen.
Mindestens 1 x am Tag zusammen am Tisch.
Reden Sie miteinander, zünden Sie eine Kerze an, machen Sie es sich gemütlich!
Der Teller muss nicht unbedingt leer werden.

7
EMOTIONALES ESSEN VERMEIDEN

Vermeiden Sie ständiges Snacken den Tag über.
Belohnen Sie gute Leistungen nicht mit Essen.
Seien Sie ein gutes Vorbild (Diät-Mamas aufgepasst!).

EASY PEASY FOOD REGELN
Erklärung

REGEL 1: GEBEN SIE IHREM KIND EINE GUTE BASIS

Eine gute Basis zu Hause hat natürlich mit vielen Dingen zu tun. In unserem ersten *Easy-Peasy*-Buch ging es vor allem darum, Babys und Kleinkinder mit gesunder Ernährung bekannt zu machen und die Entwicklung des Geschmacks zu fördern. Für dieses Buch gilt, dass diese Phase überstanden ist (wenn Sie noch ein Kleinkind haben, finden Sie auf S. 37 die Highlights aus dem ersten Buch). *Easy Peasy* Family ist ideal, wenn Sie bereits mit dem ersten Buch Erfahrungen gesammelt haben, aber auch für Einsteiger ist es sehr gut geeignet. Wir haben jedenfalls zahlreiche Tipps und Rezepte für Sie, um die Ausgangsbasis (wieder) gesund und nahrhaft zu machen!

Wenn Ihr Kind älter ist und sein Radius sich erweitert, haben Sie in der Regel keinen Einfluss mehr darauf, was wann wie und wo gegessen wird. Gerade dann ist es wichtig, zu Hause das Heft in die Hand zu nehmen und dafür zu sorgen, dass die Basis nahrhaft, gesund und natürlich auch lecker ist. Bringen Sie Ihren Kindern bei, dass Essen etwas Schönes ist, dem man Aufmerksamkeit schenkt und wofür man sich Zeit nehmen darf. Sie sollen lernen, dass unser Essen nicht zufällig auf dem Teller landet oder aus dem Imbiss kommt – und vor allem, dass wir damit unserem Körper etwas Gutes tun. Den Zusammenhang erkennen die meisten Kinder zunächst nicht, und Sie brauchen ihn auch nicht zu sehr betonen. Aber sobald Kinder den gesundheitlichen Aspekt verstehen, fällt es ihnen leichter, mitzuspielen, wenn es zu Hause zum Beispiel wenig zuckerhaltige Lebensmittel gibt.

Natürlich sehen Kinder auch, was bei ihren Freunden alles auf den Tisch kommt – und das Essen des Nachbarn schmeckt bekanntlich immer besser. Natürlich besteht immer die Möglichkeit, dass Ihre Kinder sich als Teenager doch lieber von Käsetoast und Pommes ernähren. Aber vergessen Sie nicht: Die Basis, die Sie Ihren Kindern mitgeben, ist oft die, zu der sie später zurückkehren. Und für heute gilt: Wenn das Fundament stark und nahrhaft ist, bleibt weniger Spielraum für Ungesundes außerhalb Ihres Zuhauses.

Im Kapitel „Die Basis" gehen wir etwas genauer auf die Ausgangsbasis ein und darauf, wie Sie diese am besten gestalten. Keine Sorge, das geht Schritt für Schritt. Sind die Kinder nahezu süchtig nach Nutella auf Toastbrot? Dann ersetzen Sie zunächst das Brot durch eine nahrhaftere Sorte und versuchen Sie es dann mit einer weniger raffinierten Schokocreme (siehe S. 65). Es ist sicher gewöhnungsbedürftig, aber so können Sie – vor allem, wenn Sie es erklären – nach und nach die Essgewohnheiten zu mehr Nährstoffen hin verschieben!

REGEL 2: NICHT NUR FÜLLEN, SONDERN ERNÄHREN

Diese Regel ist altersunabhängig und verdient besondere Aufmerksamkeit nach dem jahrelangen, unserer Meinung nach unbegründeten Hype um die Kalorien. Der Grundgedanke beim Kalorienzählen ist: Alle Energie, die wir beim Essen und Trinken aufnehmen und nicht verbrauchen, wird im Körper gespeichert und in zusätzliches Gewicht umgesetzt. Dieser Gedanke ist zwar nicht falsch, übersieht aber einen wichtigen Punkt: Die Anzahl Kalorien in einem Lebensmittel sagt wenig bis nichts über den Gehalt an Nährstoffen aus. Mit anderen Worten: Wenn Sie bei einem Produkt oder einer Mahlzeit nur die Kalorien berücksichtigen, legen Sie zu viel Wert auf das Sättigen, nicht auf das Ernähren.

Oft wird Erwachsenen und Kindern mit Übergewicht geraten, mehr auf die Kalorien zu achten. Seriöse Ernährungsberater halten es hingegen nicht für sinnvoll, zum Beispiel einem Kind, das sich sehr schlecht (und fett) ernährt, beizubringen, dass es Butter statt Light-Margarine essen sollte. Natürlich ist es keine gute Idee, wenn das betreffende Kind alles mit einer dicken Schicht Butter bestreicht. Trotzdem glauben wir, dass die jahrelange Reklame für light, weniger Fett, Halbfettmargarine und Süßstoffe uns (und unsere Kinder) nicht viel weitergebracht hat. Wir sind zumindest nicht weniger übergewichtig geworden.

Unserer Meinung nach ist es deshalb auch keine gute Idee, bestimmte kalorienreiche Lebensmittel wie Avocados, Bananen, Nüsse oder Öle wegen ihres hohen Energiegehalts wegzulassen, und stattdessen Lightprodukte oder Produkte mit Zuckerersatzstoffen zu verwenden. Vereinfacht gesagt führt das dazu, dass der Körper nach mehr Essen verlangt. Zum Beispiel, weil der Blutzuckerspiegel stark schwankt (nach einer Spitze folgt wieder ein Tiefpunkt) oder weil der Körper noch keine essenziellen Nährstoffe bekommen hat. Hinzu kommt, dass wir unseren Körper mit unnötigen Zusatzstoffen belasten, mit denen er nichts anfangen kann, die aber verarbeitet werden müssen. Wir sagen also: Ernähren Sie sich lieber mit Nährstoffen, anstatt sich mit (leeren) Kalorien zu füllen. Essen Sie eine Handvoll Nüsse mit mehr Kalorien und vielen nahrhaften Bestandteilen und keine fettarmen Chips, die weniger Kalorien, keine Nährstoffe, aber dafür überflüssige Zusätze erhalten.

Eine weitere Interpretation dieser Regel – die in jedem Fall für Kinder gilt – besagt, dass wir dazu neigen, ihnen ständig Essen anzubieten. Viele Kinder leben von einer Zwischenmahlzeit zur nächsten. Zu jedem Glas Milch gehört ein Keks oder ein Stückchen Schokolade, eine Tüte Chips zum Fernsehen (auch montags), ein Bonbon zur Autofahrt, und immer so weiter. Es schleicht sich ein. Bei den Allerkleinsten ist es ein hervorragendes Mittel, um sie ruhigzustellen, und bevor Sie es merken, ist eine Gewohnheit entstanden.
Nun ist gegen einen Snack zwischendurch hin und wieder nichts einzuwenden, aber ein bisschen Appetit schadet nicht. Dann haben die Kinder auch Lust aufs Essen, wenn es auf dem Tisch steht.

REGEL 3: ENTSCHEIDEN SIE SICH FÜR FRISCH, UNVERARBEITET UND ZUCKERFREI

„I cook for my children. What is your superpower?" Dieses Statement haben wir auf Postkarten drucken lassen. Unserer Meinung nach verdient Selbstkochen den allergrößten Respekt. Viele Lebensmittelhersteller profitieren davon, dass Kochen eine Zeit lang nahezu verpönt war, wie Sie an den Regalen voller Fertiggerichte im Supermarkt sehen.
Zum Glück erlebt Selbstkochen ein Comeback. Uns ist klar, dass Eltern – berufstätig oder nicht – manchmal wenig Zeit haben, um sich zwischen all den anderen Aktivitäten ausführlich damit zu beschäftigen. Aus diesem Grund halten wir unsere Rezepte auch möglichst einfach. Und wenn Sie es wirklich so schrecklich finden (oder sich keine Zeit dafür nehmen wollen), bitten Sie zum Beispiel Ihren Babysitter, Ihre Eltern oder Ihren Partner. Oder gehen Sie in das nette kleine Lokal um die Ecke, von dem Sie wissen, dass dort frisch gekocht wird.

Entscheiden Sie sich jedenfalls für möglichst wenig Verarbeitetes. Je weniger Hände das Produkt bearbeitet haben, desto besser. Kaufen Sie lieber einen Sack Kartoffeln als geschälte Spalten in der Kräuterkruste, lieber eine ganze Paprika und eine Stange Lauch als einen Beutel gemischtes Pfannengemüse. Jeden Schritt, den Sie bei der Zubereitung aus der Hand geben, bezahlen Sie mit unnötigen Konservierungsstoffen und einem geringeren Nährwert.
Ein kleiner Ratschlag ist hier dennoch angebracht: Ändern Sie Ihre Ernährung Schritt für Schritt. Wenn Sie nie Hülsenfrüchte essen, zum Beispiel Kichererbsen oder Linsen, weil die Zubereitung zu lange dauert, kaufen Sie Bio-Ware im Glas, die Sie nur noch kurz abspülen müssen. Kommt bei Ihnen überhaupt selten Gemüse auf den Tisch? Kaufen Sie dann ruhig die fertig geschnittene italienische Gemüsemischung anstatt eines Pasta-Fertiggerichts mit einem Hauch Gemüse.

Das gilt aber nicht für Zucker. Bei allem: „Wir sind nicht zu streng und schon gar nicht oberlehrerhaft", sind wir uns in Sachen Zucker vollkommen einig: FINGER WEG!
In unserem ersten *Easy-Peasy*-Buch, das für die Allerkleinsten gedacht ist, empfehlen wir, raffinierten Zucker so lange wie möglich außen vor zu lassen. Aber wir wissen auch, dass Sie sehr standhaft sein müssen, um das durchzuhalten, wenn die Welt größer wird: Geburtstagsmitbringsel in der Schule, Spielen bei Freunden, Ausnahmen im Urlaub. Weiter hinten im Buch gehen wir darauf noch ausführlicher ein, aber im Grunde gilt: Sorgen Sie dafür, dass raffinierter Zucker so wenig wie möglich Bestandteil Ihrer täglichen Ernährung wird und immer eine Ausnahme bildet.
Sehr oft beobachten wir bei Eltern eine Alles-oder-Nichts-Haltung. Sie beginnen supergut und 100 % zuckerfrei, aber dann zeigt sich schnell, dass dazu einiges an Disziplin und Vorbereitung gehört. Manchmal ist es einfach nicht machbar. Und die Folge? Sie werfen das Handtuch! Verständlich, aber trotzdem schade. Denn mit einem weniger strengen Ansatz hätte es, zumindest zu Hause, vielleicht doch geklappt.

Das größte Problem mit Zucker heutzutage ist, dass er in vielen Lebensmitteln steckt, ohne dass man es merkt. So nehmen Sie, ohne es zu wissen, mehr Zucker zu sich, als Sie wollen, verarbeiten können oder gar brauchen.

GROB GESAGT UNTERSCHEIDEN WIR ZWEI ARTEN VON ZUCKER:

1. die Art, die unsere Nahrung von Natur aus enthält, etwa in Obst und Gemüse;
2. die raffinierte Art, die anderen Produkten zugesetzt wird und in industriell hergestellten Lebensmitteln enthalten ist: in Frühstücksflocken, Keksen, Dressings, Süßigkeiten, Ketchup, Brot, süßem und herzhaftem Brotaufstrich, Gemüse und Obst in Dosen, Fertiggerichten, Suppen, Saucen und Fleischwaren. Selbst in den unwahrscheinlichsten Produkten steckt Zucker.

Wenn wir sagen: KEIN ZUCKER, meinen wir die zweite Art. Dass wir es sagen, hat mit den Auswirkungen von Zucker auf unseren Körper zu tun. Um es kurz zu machen: Sowohl natürlicher als auch raffinierter Zucker besteht aus Glukose und Fruktose in einer bestimmten Zusammensetzung. Beide Varianten kann unser Körper in bescheidenem Umfang gut verarbeiten. Glukose geht direkt ins Blut, Fruktose muss erst von der Leber umgesetzt werden. Beide lassen den Blutzuckerspiegel steigen. Die Bauchspeicheldrüse gibt anschließend das Hormon Insulin ab, um den Anstieg zu stabilisieren und den Zucker, in Energie umgewandelt, zu den Zellen zu transportieren. In begrenztem Maß brauchen wir alle, auch unsere Kinder, natürlichen Zucker und Kohlenhydrate. So weit hat alles seine Ordnung.

In den letzten Jahren wird in großem Maßstab raffinierter Zucker, unter anderem fruktosereicher Maissirup, englisch „High Fructose Corn Syrup (HFCS)", fast allen Lebensmitteln zugesetzt. Nicht nur Erfrischungsgetränke, Süßigkeiten oder Kuchen sind voll davon, sondern auch alle anderen Lebensmittel, die wegen ihrer begrenzten Haltbarkeit konserviert werden.

Grob gesagt: Alles, was in einer Packung, einem Beutel, einer Dose oder im Glas daherkommt, enthält Zucker. Von Tomatenketchup und Suppe bis hin zu Fleisch und Bohnen. Wussten Sie zum Beispiel, dass nicht nur Brot mit Zucker versetzt wird, sondern praktisch jeder Brotbelag oder -aufstrich (selbst Fleischwaren), den Sie im Supermarkt kaufen? HFCS ist süßer und billiger in der Herstellung als Zuckerrübenraffinade.
Wir nehmen also viel mehr Fruktose auf, als gut für uns ist. Wenn wir sagen, viel mehr, dann meinen wir sehr viel mehr. Es wird empfohlen, nicht mehr als 10 % unserer Energie aus (raffiniertem) Zucker zu beziehen. Das sind ungefähr 11 Teelöffel für einen Mann, 8 für eine Frau und für Kinder noch weniger. Eine Dose Cola enthält 10 Teelöffel. Täuschen Sie sich nicht, Fruchtsaft enthält mindestens so viel Zucker wie Cola.
Wegen all der raffinierten Zucker, in Form von HFCS und anderen, überschreiten wir die empfohlene Menge um ein Vielfaches. Dadurch schwankt der Blutzuckerspiegel ständig und der Körper schüttet ununterbrochen Insulin aus. Die Folge ist, dass immer mehr Menschen (unglücklicherweise auch Kinder) nicht nur zu dick, sondern auch insulinresistent werden und daher stärker gefährdet sind, Diabetes Typ 2 zu entwickeln, eigentlich eine ALTERS-Krankheit.
Also Cola light? Leider nein. Süßstoffe sind nicht viel besser, was die Reaktion angeht, die sie im Körper auslösen. Genau wie Fruktose geben sie dem Körper einen „süßen Impuls". Der Blutzuckerspiegel kommt genauso aus dem Gleichgewicht wie bei raffiniertem Zucker und die Folge ist noch größerer Appetit auf — genau — Süßes.

Die Lösung liegt auf der Hand, könnte man glauben: reduzieren! Das ist nur nicht ganz so leicht. Immer mehr Untersuchungen zeigen nämlich, dass Zucker im Gehirn ähnlich wirkt wie ein Betäubungsmittel, eine Droge. Hört sich schlimm an, oder? Und das ist es auch. Zucker macht einfach süchtig. Wenn Sie ihn Ihrem Kind schon früh in großen Mengen geben, wird es anfällig für Suchtkrankheiten.
Hinzu kommt, dass kleine Kinder darüber hinaus besonders viele Nährstoffe brauchen, um zu wachsen. Alles muss sich noch entwickeln. Für gesunde, starke Organe, Knochen und Muskeln ist eine gute Ernährung unverzichtbar. Was Kinder nicht nötig haben, ist Essen, das dem Körper null Nährstoffe liefert, ihn aber zusätzlich belastet (oder noch schlimmer: Essen, das dem Körper Nährstoffe entzieht, um es zu verdauen).
Müssen Sie jetzt also bis ins Detail darauf achten, was worin enthalten ist? Na ja … eigentlich schon. Aber sagen wir so: Sie brauchen den Kopf nicht in den Sand zu stecken. Nutzen Sie Ihren gesunden Menschenverstand und glauben Sie der Reklame mit ihren Gesundheitsslogans nicht alles, denn sie hat nur den Zweck, den Verkauf zu fördern. Ein Muffin, der sich länger als ein Jahr hält? Da fragt man sich doch …

REGEL 4: GREEN UP!
Bei dieser Regel können wir uns kurz fassen: Geben Sie zu den Basismahlzeiten so viel Gemüse wie möglich! Es ist hierzulande völlig normal, eine Mahlzeit um ein Stück Fleisch, Fisch oder Geflügel, Kartoffeln und Nudeln herum aufzubauen. Dass dazu noch etwas Gemüse kommt, ist häufig Nebensache. Wir machen es lieber umgekehrt. Gemüse spielt die Hauptrolle bei den Basismahlzeiten und eine wichtige Nebenrolle bei den kleineren Zwischenmahlzeiten: ein Shake zum Frühstück, Rohkost mit Dip zwischendurch und eine Extraportion Gemüse zu Mittag.
Zum Glück ist Gemüse seit einiger Zeit auf dem aufsteigenden Ast. Viele schöne Kochbücher stellen vegetarische oder vegane Gerichte mit Gemüse in den Mittelpunkt. Immer mehr Menschen bauen Gemüse und Kräuter auf der Fensterbank oder im (Klein-) Garten an. Wir ernähren uns zwar weder vegetarisch noch vegan, aber Gemüse steht bei uns absolut auf dem ersten Platz. Bunter, nahrhafter, ballaststoffreicher und vielseitiger geht es nicht mehr.
Gerade für Kinder im Wachstum sollten Sie so oft wie möglich Gemüse auf den Speiseplan setzen. Wie? Indem Sie bei der Zubereitung variieren und kombinieren. Indem Sie die Kinder beim Einkaufen und Kochen miteinbeziehen. Indem Sie über das Essen sprechen. Wirklich, Sie können viel mehr Einfluss nehmen, als Sie vielleicht glauben.

REGEL 5: SIE MÜSSEN NICHT PERFEKT SEIN, NUR GUT VORBEREITET
Viele Mütter (wir auch) leiden unter dem Drang, perfekt zu sein. Ein bisschen Ehrgeiz schadet nicht, ein bisschen Anstrengung auch nicht. Aber Perfektionismus kann tödlich sein und Ihnen das Gefühl geben zu versagen.
Andererseits gilt: Wenn Sie sich nicht trauen, die Verantwortung zu übernehmen, setzen Sie sich selbst außer Gefecht. „Ich bin immer so müde nach der Arbeit. Da stelle ich mich nicht mehr hin und koche. Wer will Pizza?" - „Sie isst wirklich nichts anderes als Nutella aufs Brot. Da streite ich nicht mehr herum. Das ist nur ungemütlich, und ich habe früher auch nicht so gesund gegessen und bin trotzdem prima groß geworden."

Perfektion muss also nicht sein, aber Verantwortung übernehmen ist eine Grundzutat für eine gesunde Ernährung, und gute Vorbereitung hilft, beides zu verbinden. Gesundes Essverhalten bei Ihnen und Ihren Kindern steht und fällt sogar mit der Vorbereitung. Im Kapitel „Die Basis" gehen wir ausführlich auf die richtige Einstellung, das Aufbewahren von Essen und im Voraus kochen ein. Gesund zu essen ist eine bewusste Entscheidung, aber es geht nicht von allein und erfordert eine gewisse Planung. Wir gehen oft den Tag kurz in Gedanken durch: Welche Mahlzeiten stehen für die Familie auf dem Plan? Was lassen wir laufen, wie es will, wann nehmen wir das Heft selbst in die Hand?

REGEL 6: MACHEN SIE DAS ESSEN ZUM RUHIGEN RITUAL AM TISCH

Das ist eine der besonders guten Regeln, an der Sie leicht festhalten können, vor allem, wenn die Kinder noch klein sind. Sie bietet Halt und Klarheit. Es ist wichtig, sich zum Essen Zeit zu nehmen, einen Augenblick Ruhe zu schaffen. Das geht am besten, indem Sie sich hinsetzen, idealerweise an einen Tisch. Wenn Sie das Ihren Kindern schon früh beibringen, geben Sie ihnen eine positive Assoziation zum Essen und lehren Sie eine Fähigkeit, von der sie für den Rest ihres Lebens profitieren. Sie sind dann später im Leben weniger anfällig für emotionales Essen.

Ein weiterer Vorteil beim aufmerksamen Essen besteht darin, dass wir nicht so leicht zu viel essen. Die BBC-Wissenschaftsserie „The truth about food" zeigte auf witzige Weise, dass ein Kind drei bis vier Pizzaecken mehr isst, wenn es auf dem Sofa vor dem Fernseher sitzt. Setzen Sie dasselbe Kind mit einer Pizza an den Tisch, sagt es viel früher, dass es genug hat.

Noch ein Vorteil beim Essen am Tisch: Es verhindert Diskussionen über Essen an anderen Orten und bei anderen Gelegenheiten. Vor allem Kinder sind empfindlich beim Entwickeln von Gewohnheiten. Wenn Sie regelmäßig an der Tankstelle nicht nur den Tank füllen, sondern auch das Handschuhfach mit Süßigkeiten, werden Ihre Kinder es sehr wahrscheinlich bald ganz normal finden, dass beim Tanken immer etwas Leckeres gekauft wird. (Natürlich gibt es Spielraum für Ausnahmen, solange es Ausnahmen bleiben und Sie das deutlich machen.)

Je älter die Kinder werden, desto seltener werden die Abende, an denen die ganze Familie gemeinsam am Tisch sitzt. Ein Kind ist beim Fußball, ein anderes isst bei Freunden, Papa geht ins Kino, und Mama ist beim Yoga. Einmal in der weiterführenden Schule angekommen, gehen sie noch mehr ihre eigenen Wege. Versuchen Sie trotzdem, so oft wie möglich gemeinsam zu essen, auch wenn es nur an drei Tagen in der Woche ist. Kochen Sie ihr Lieblingsessen (eventuell mit einem gesunden Dreh), zünden Sie eine Kerze an, geben Sie sich Mühe und vermeiden Sie Gespräche zum Thema: „Du musst dich in der Schule aber ein bisschen mehr anstrengen". Es sollte locker und gemütlich bleiben. Dann werden Ihre Kinder diese Zeiten später wahrscheinlich sehr zu schätzen wissen.

REGEL 7: EMOTIONALES ESSEN VERMEIDEN

Beim Stichwort emotionales Essen denken die meisten an eine Art Bridget-Jones-Szenario: im Jogginganzug mit einer großen Dose Eis auf dem Sofa Liebeskummer wegfuttern. Aber dahinter steckt noch mehr. Es sind auch nicht nur Frauen, die emotional essen. Eigentlich zählt dazu jede Form von Essen, die nicht primär dazu dient, unseren Körper mit Energie zu versorgen. Bei diesen Gelegenheiten hat Essen nämlich die Funktion, eine bestimme Emotion zu verstärken oder zu vermeiden. Wir feiern etwas mit Torte, ein Kind wird mit einem Ausflug zu McDonald's belohnt oder mit einem Lutscher getröstet, wir bekämpfen Langeweile mit Chips vor dem Fernseher, reduzieren Stress im Auto mit Weingummi, und immer so weiter. Ein bisschen emotionales Essen kommt also bei uns allen vor, und das ist nicht unbedingt schlecht. Es ist manchmal sogar sehr gemütlich!

In unserer westlichen Gesellschaft, wo (ungesundes) Essen jederzeit und überall verfügbar ist, kämpft derzeit ein Großteil der Bevölkerung mit den Folgen des emotionalen Essens: von Übergewicht bis zur Fettleibigkeit oder zwanghaften Formen von extrem gesunder Ernährung. Wir sind davon überzeugt, dass die Entwicklung von gesunden Assoziationen mit Essen Kindern helfen kann, später emotionales Essen zu vermeiden. Der Grundstock für emotionales Essen wird in der Kindheit gelegt.

Sorgen Sie für einen deutlichen Unterschied zwischen Basismahlzeiten und Ausnahmegelegenheiten. Das hilft Kindern, die richtigen Assoziationen zum Essen herzustellen. Essen Sie aufmerksam, vorzugsweise am Tisch, ohne Ablenkung.

Und ebenso wichtig: Emotionen (Wut, Trauer, Langeweile) dürfen einfach da sein. Lösen Sie sie nicht durch Essen auf (beruhigen, trösten, überbrücken). Sprechen Sie mit Ihrem Kind, wenn Sie beobachten, dass es immer öfter mehr (oder auch weniger) zu Zeiten isst, an denen es eigentlich um etwas anderes geht. Last but not least: Seien Sie ein gutes Vorbild! Nur zu oft stoßen wir auf 11-, 12-, 13-jährige Mädchen, die sich für zu dick halten und ohne mit der Wimper zu zucken sagen: „Nein, danke, das genügt. Mama sagt, dass ich sonst zu dick werde." Diät-Mamas aufgepasst! Sie sind und bleiben ein Rollenvorbild für Ihre Tochter.

2
ERZIEHUNGSSTIL UND ESSVERHALTEN

IT TAKES A VILLAGE TO RAISE A CHILD. WENN DIE KINDER ÄLTER WERDEN, HABEN SIE ALS ELTERN NICHT MEHR ALLES UNTER KONTROLLE; AUCH DIE LEHRERIN, DER TRAINER IM FUSSBALLCLUB ODER DIE ELTERN VON FREUNDEN BESTIMMEN BEI MANCHEN GELEGENHEITEN, WAS IHR KIND MITBEKOMMT. JEDE PHASE BIETET NEUE HERAUSFORDERUNGEN. EINIGE SIND WENIGER SCHWIERIG, ANDERE FRUSTRIEREND, UND ALLE ELTERN RINGEN MIT FRAGEN ODER STOSSEN AUF EIGENE WIDERSPRÜCHE. DIE ART UND WEISE, WIE SIE IHR KIND ERNÄHREN, GEHT UNSERER MEINUNG NACH ÜBER ESSEN UND TRINKEN WEIT HINAUS. WAS SAGEN SIE IHREM KIND? WAS ZEIGEN SIE IHM? NEHMEN SIE ES WIRKLICH WAHR, MIT ALL SEINEN KLEINEN UND GROSSEN FRAGEN, EIGENSCHAFTEN UND TRÄUMEN? IRGENDWANN SCHREIBEN WIR AUCH DARÜBER EIN BUCH, ABER VORERST BLEIBEN WIR BEIM THEMA.

Bis das Kind anderthalb Jahre alt ist, sind Sie als Eltern vorwiegend mit der Pflege beschäftigt. Sobald das Kind zwei ist, nein sagen kann und das Essen mit Absicht durchs Zimmer wirft, wissen Sie: Jetzt geht es an die Erziehung. Essen kann zum Kampf ausarten, der mitunter Jahre andauert. Etwas zu probieren wird grundsätzlich abgelehnt, Brotdosen werden nicht leer, dafür kommen Beschwerden wie: „Bei Jonas dürfen wir Chips und Süßigkeiten essen, du bist doof!", und das Taschengeld wird in der Pause vollständig in Softdrinks, Chips und Eis umgesetzt. Haben wir die endgültige Lösung? Nein. Den Schlüssel? Schön wär's. Aber wir haben ein Mantra: Es ist nur eine Phase. Wenn Sie sich mit der Entwicklungsphase beschäftigen, die Ihr Kind durchlebt, verstehen Sie es besser, Sie erkennen früher, was los ist, und es wird leichter, damit umzugehen. (Lies: Ruhig bleiben und immer wiederholen: „Es ist nur eine Phase. Es ist nur eine Phase. Es ist nur ...").

SCHAFFEN SIE IHRE BASIS:
5 AUSGANGSPUNKTE

Welchen Erziehungsstil wollen Sie an den Tag legen, wenn es ums Essen geht? Wir erzählen alles Mögliche über unsere Basis, aber denken Sie in erster Linie darüber nach, was Ihnen wichtig ist. Unsere Basis muss nicht Ihre sein. Genau wie bei einer Diät ist es entscheidend, dass Sie wirklich wollen. Dass es von innen heraus kommt. Sonst kostet es so viel Willenskraft und Energie, durchzuhalten, dass Sie vermutlich bald das Handtuch werfen. Wenn Sie sich selbst den ganzen Tag überwinden müssen, ist die Wahrscheinlichkeit hoch, dass Sie eines Tages ganz aufgeben. Wir hören nur zu oft von Eltern, die mit großer Begeisterung daran gehen, für den Nachwuchs gesund zu kochen, aber diesen Schwung wieder verlieren, wenn es einige Tage nicht klappt, aus welchen Gründen auch immer. Deshalb ist es so wichtig, dass es wirklich von innen heraus kommt. Dann setzen Sie sich weniger leicht unter Druck, wenn ein Tag nicht ganz nach Plan läuft. Nehmen Sie einfach den Faden wieder auf, sobald es möglich ist. Wir hoffen, dass die fünf Ausgangspunkte weiter unten Sie inspirieren, Ihren eigenen Weg zu finden.

1. ENTSCHEIDEN SIE, WELCHE ART ELTERN SIE SEIN WOLLEN

In neun von zehn Fällen haben die Dinge, die Ihnen als Eltern bei der Erziehung im Weg stehen, mit Ihnen selbst zu tun. Auch dann, wenn es ums Essen geht.
Ein Beispiel: Sie sind mit Freunden im Urlaub und jeden Morgen stehen Schokocroissants auf dem Frühstückstisch. Sie sind der Meinung, dass es keine gute Idee ist, damit den Tag zu beginnen, oder Sie wollen Ihren Kindern unbedingt etwas Nahrhaftes geben. Für die anderen Eltern ist es dagegen kein Problem und ihre Kinder schauen Sie bettelnd an. Sie müssen sich also entscheiden: Lassen Sie es für den Rest des Urlaubs laufen (ist doch gemütlich, Sie wollen nicht „meckern" oder Ihren Freunden das Gefühl vermitteln, dass sie ihre Kinder total falsch ernähren), oder bleiben Sie bei Ihrem Entschluss?
Und im zweiten Fall: Wie machen Sie das, ohne Ihren Kindern den Spaß zu verderben und den anderen ein schlechtes Gefühl wegen ihrer Essgewohnheiten zu geben?
Wenn Sie Ihrem Kind am liebsten gar keinen Zucker geben würden, es Ihnen aber schwerfällt, mit Kommentaren von außen umzugehen, können Sie bei einem Kindergeburtstag in Schwierigkeiten geraten. Wollen Sie mit der Familie am Tisch essen, aber Ihr Partner findet es viel entspannter, sich vor den Fernseher zu verziehen? Reden Sie darüber.
Kurz gesagt, make up your mind. Nehmen Sie erst den Kampf mit sich selbst auf, bevor Sie Ihren Kindern Grenzen setzen. Das

macht das Ganze weniger frustrierend. Sie können dann konsequent sein anstatt streng. Vor allem vom Standpunkt des Kindes aus gesehen ist das ein wesentlicher Unterschied! Zu streng kann als beängstigend und mitunter unberechenbar empfunden werden, Konsequenz hingegen schafft ein Gefühl der Sicherheit. Bei klaren Grenzen weiß das Kind, woran es ist. Auch wenn es im Augenblick nicht bekommt, was es will. Je genauer Sie für sich festlegen, wie Sie zu welcher Frage stehen, desto leichter machen Sie es sich selbst. Claire gibt sich zum Beispiel Mühe, einmal am Tag unbedingt eine frische, selbst gekochte warme Mahlzeit auf den Tisch zu bringen, und wenn es geht, auch zweimal. Zu Hause gibt sie ihren Zwillingen praktisch keinen raffinierten Zucker, aber bei einer Feier oder beim Spielen mit Freunden nimmt sie es nicht so genau. Für Vera ist es wichtig, sich reichlich Zeit für das Frühstück zu nehmen, am gedeckten Tisch, selbst wenn sie dafür um sechs Uhr aufstehen muss. Auch bei ihr stehen so gut wie keine Produkte mit raffiniertem Zucker im Schrank.

Sie bestimmen, was Ihnen wichtig ist. Seien Sie dabei so genau wie möglich. Der Ausgangspunkt: „Mir ist es wichtig, dass meine Kinder gesund essen", ist ein guter Anfang, muss aber noch klarer formuliert werden. Soll es 100 % zuckerfrei werden oder so zuckerfrei wie möglich? Muss Ihr Kind seinen Teller leer essen, oder wollen Sie, dass es lernt, selbst zu merken, wann es genug hat? Gelten Ihre Regeln nur zu Hause oder auch draußen? Und immer so weiter. Schreiben Sie es notfalls auf, um Ihre Erziehungsmethoden zu überprüfen. Noch einmal: Diese Tipps sollen es Ihnen leichter machen, nicht schwerer! Sie bilden eine Grundlinie, zu der Sie zurückkehren können. Wenn es nicht klappt - einmal, eine Woche, einen Urlaub lang -, ist noch nichts verloren. Reden Sie sich bitte keine Schuldgefühle ein. Klappt es? Super! Aber tun Sie vor allem, was zu Ihnen passt. Mit kleinen Schritten kommen Sie letzten Endes auch ans Ziel. Und zum Schluss: Verlieren Sie Ihr Kind nicht aus den Augen. Manchmal erreichen zu starre Grenzen gerade das Gegenteil.

2. SORGEN SIE FÜR EINE GUTE GRUNDLAGE

Zu Hause haben Sie den größten Einfluss auf das Essverhalten Ihrer Kinder und auf das, was Sie Ihnen zum Thema Essen mitgeben. Der ideale Ort also, um Punkt 1 so klar wie möglich umzusetzen. Sie können hier ein gesundes, konsequentes Fundament legen, in dem letzten Endes auch Platz für Ausnahmen und Flexibilität ist.

Uns ist es zum Beispiel wichtig, dass die Mahlzeiten, die wir unseren Kindern geben, nahrhaft sind, dass die Kinder die Zutaten kennenlernen und wissen, was sie essen. Dass Essen etwas ist, mit dem man respektvoll umgeht, eine bewusste Aktivität, für die man sich Zeit nimmt. Natürlich machen wir auch Ausnahmen, einfach, weil etwas lecker ist. Daneben haben wir unsere eigenen Elemente, auf die wir Wert legen. Bei Claire ist zum Beispiel Probieren heilig: Niemand steht vom Tisch auf, bevor nicht probiert wurde. Denn oft ist nach dem ersten Bissen der Widerstand überwunden und sie finden es insgeheim doch ganz lecker! Vera legt viel Wert auf eine gute Stimmung am Tisch. Nichts essen? Das musst du selbst wissen, aber es gibt dann auch nichts anderes.

Eine gute Ausgangsbasis ist auch eine gute Rückzugslinie. Es ist der Ort, wo die Kinder die meisten Mahlzeiten einnehmen, und wenn diese Mahlzeiten gut sind, bleibt außer Haus mehr Spielraum für Ausnahmen. Wir können nicht in alle Ewigkeit bestimmen, was unsere Kinder essen oder nicht, was sie bei Freunden oder beim Kindergeburtstag bekommen, was sie in der Pause in der Schule kaufen.

Es ist nun einmal so, dass Feiern und Spaß haben mit viel (und oft nicht allzu gesundem) Essen einhergeht. Das wollen wir zwar am liebsten ändern, aber wir glauben auch, dass eine Verhaltensänderung am besten funktioniert, wenn sie von innen heraus kommt. Manchmal müssen Sie mit dem Strom schwimmen, nicht gegen ihn. Zum Beispiel, indem Sie draußen etwas bewusst erlauben, was es zu Hause nicht gibt. Wenn es gutgeht, sorgen Sie auf diese Weise dafür, dass Ihre Kinder zu einem bestimmten Zeitpunkt selbst entscheiden, ob sie etwas wollen oder nicht. Geben Sie Ihrem Kind den Freiraum zu entdecken, dass es nicht überall zugeht wie zu Hause. Wagen Sie aber auch, bei anderen Gelegenheiten (erst recht in einem bestimmten Alter) sehr deutlich zu werden: Blaues Schlumpfeis gibt es nicht. Punkt. Wie Sie das positiv kommunizieren, lesen Sie hier.

3. ENTWICKELN SIE EINE GUTE GESCHICHTE FÜR DIE AUSSENWELT

Die Schule, die Nachbarn, Ihre Freunde, Ihre Eltern — alle haben eine eigene Meinung, gerade, wenn es um Erziehung geht! Wenn Sie für etwas eintreten, kommen darauf Reaktionen. Erst recht, wenn Ihre Ansichten von der Masse abweichen. Solange die Kinder noch kleiner sind, laufen die Gespräche oft zwischen Ihnen und anderen Erwachsenen: „Echt? Sie darf keine Naschtüte mit auf Klassenfahrt nehmen? Das ist doch traurig!" - „Deine Kinder kriegen bestimmt keine Schokokekse. Bei euch geht doch alles ohne Zucker." - „Bei mir dürfen sie zum Frühstück Zuckerstreusel aufs Brot essen. Dafür bin ich die Oma."

Manchmal ist es frustrierend und oft nicht lustig, wenn jeder seine Meinung zu Ihren Entscheidungen kundtut und Ihnen auch öffentlich widerspricht. Aber vergessen Sie nicht: Das sagt oft mehr über diese anderen als über Sie. In neun von zehn Fällen liegt es daran, dass Ihr Ansatz die Leute mit Dingen konfrontiert, bei denen sie selbst unsicher sind oder die sie vielleicht anders machen wollen. Es ist einfach menschlich, sein eigenes Verhalten mehr oder weniger zu rechtfertigen. Es gelingt nicht jedem, zu sagen: „Wow, du machst das genau richtig. Wenn ich das nur auch könnte, aber im Moment hat das für mich keine Priorität." Gute Freunde also würden wir sagen.

Natürlich hilft es, wenn Sie für Ihr Kind und die Außenwelt eine gute Geschichte haben. Wenn Sie wissen, was Sie auf positive Weise sagen müssen, sind all diese Meinungen schon weniger ärgerlich. Um Ihnen dabei zu helfen, haben wir hier ein paar Kommunikationstipps zusammengestellt.

DEN GANZEN TAG NEIN SAGEN MACHT KEINEN SPASS. WEDER IHNEN NOCH IHREN KINDERN. ABER DEN GANZEN TAG ALLES GUTHEISSEN, IST OFT AUCH KEINE OPTION. DIESE TIPPS HELFEN IHNEN, IHRE ANTWORTEN ZU FORMULIEREN. UND JA, UNS IST KLAR, DASS SIE NICHT IMMER DIE ENERGIE HABEN, UM DIE IDEALE ANTWORT ZU GEBEN. WIR HOFFEN, DASS SIE HIER GENUG INSPIRATION FINDEN, ES EINMAL ZU VERSUCHEN!

WIE SAGEN SIE IHREM KIND, DASS ES ETWAS NICHT DARF?

LEGEN SIE AUCH BEI EINEM NEIN DIE BETONUNG AUF JA.
Anstatt: „Nein, du suchst dir nicht selbst ein Eis aus. Es gibt Vanille."
Besser: „Natürlich darfst du dein Eis selbst aussuchen! Nicht gerade das blaue, aber alle anderen Sorten sind in Ordnung."

BEGRÜNDEN SIE IHRE ANTWORT.
Anstatt: „Nein, es gibt keine Kekse mehr."
Besser: „Ich weiß, dass du noch einen Keks willst, aber wir essen jetzt gleich, da kannst du deinen Hunger noch ein bisschen aufheben. Heute gibt es auch einen Nachtisch."

ERKENNEN SIE DAS BEDÜRFNIS IHRES KINDES AN, AUCH WENN SIE ES NICHT ERFÜLLEN.
Anstatt: „Nein, das magst du doch nicht."
Besser: „Es sieht jetzt zwar lecker aus, aber wir kaufen es nicht. Wir haben zu Hause noch genug Sachen, die du auch magst."

Anstatt: „Nein, das willst du nicht. Das ist schlecht für die Zähne."
Besser: „Ich verstehe, dass du das willst und dass es für dich lecker aussieht. Aber ich gebe es dir jetzt nicht, weil du gerade schon eins gegessen hast und weil ich dir helfen will, gesunde Zähne zu behalten, ohne Löcher."

Anstatt: „Du hast doch gar keinen Hunger. Wir haben gerade erst gefrühstückt!"

Besser: „Wir haben gerade gefrühstückt, und du hast schon wieder Hunger? Dann musst du morgen mehr zum Frühstück essen. Ich gebe dir jetzt keinen Keks, sonst hast du gleich keinen Hunger beim Mittagessen. Warte noch ein bisschen, dann machen wir uns gleich etwas richtig Leckeres!"

Anstatt: „Es kann sein, dass es bei Marie immer einen Schokoriegel gibt, wenn sie aus der Schule kommt. Aber ich bin nicht Maries Mutter. Bei uns gibt es keinen Schokoriegel."
Besser: „Ich verstehe, dass du auch einen Schokoriegel willst, wenn du aus der Schule kommst, wie Marie/Tim. Mir ist es aber auch wichtig, dir nicht so viele Süßigkeiten und Zucker zu geben, weil das nicht gut für dich ist. Du kannst dir eine kleine Süßigkeit nehmen, einen Keks, ein Stück Obst oder Bananenbrot."

Denken Sie daran: Zeigen Sie mit Ihren Reaktionen so deutlich wie möglich, dass Sie Ihr Kind und seine Bedürfnisse wahrnehmen.

WIE SAGEN SIE DER AUSSENWELT, DASS SIE ETWAS ANDERS MACHEN?

DREHEN SIE DEN SPIESS UM.
Kommentar: Nichts Süßes, ist das nicht schlimm für Ihr Kind?
Antwort: Stimmt, zurzeit gebe ich ihm keine Süßigkeiten mit in die Schule. Sie tun das? Warum haben Sie sich eigentlich dafür entschieden?

ERKLÄREN UND INSPIRIEREN SIE.
Gehen Sie nicht in die Verteidigung. Drehen Sie das Gespräch zu der Person, die davon anfängt. Aus Neugier, nicht, um zu urteilen. In neun von zehn Fällen denken die anderen weniger schwarz-weiß in der Sache, wenn Sie erklären, wie Ihre Entscheidungen zustande kommen. Bei Oma und Opa spielen auch die Generationsunterschiede eine Rolle.

Kommentar: Ach Kind, bei Oma ist das aber doch erlaubt?
Antwort: Mama, natürlich ist es prima, wenn du manche Dinge anders machst als ich, aber ich will schon wissen, warum du es so machen willst.

TEILEN SIE IHR INTERESSE.
Kommentar: Essen und trinken Sie alles ohne Zucker? Das ist aber sehr streng.
Antwort: Stimmt, zu Hause nehme ich lieber keinen Zucker. Wollen Sie wissen, warum ich das so mache?

MIT EINEM AUGENZWINKERN
Kommentar: Dürfen sie denn nicht einmal Pommes essen?
Antwort: Pommes? Nein, die essen wir NIE. Sie etwa?

Für Ihre Kinder ist das anders sein oft etwas schwieriger. Vergessen Sie nicht: Wenn Ihre Kinder älter werden, müssen nicht mehr Sie die Diskussionen führen, sondern die Kinder werden mit den Entscheidungen konfrontiert, die Sie für sie getroffen haben. Und das ist nicht immer angenehm. Schon gar nicht, wenn man die Ausnahme ist mit dem Stück Gurke, dem Apfel oder dem zuckerfreien Bananen-Nuss-Brot. Es verlangt viel von Ihrem Kind, dem standzuhalten in einem Alter, in dem dazugehören sehr wichtig ist. Zum Glück gibt es immer mehr Eltern, die sich ebenfalls in Richtung gesundes, nahrhaftes Essen bewegen, es gibt hippe Promis, die einen gesunden Trend starten, und auch Schulen bemühen sich, aber trotzdem … Sie und Ihre Kinder müssen einen Weg finden, der zu Ihnen passt.

Wir raten Ihnen zur Mitte. Arrangieren Sie sich gelegentlich mit weniger gesunden Entscheidungen, wenn das für Ihr Kind gesellschaftlich von großer Bedeutung ist. Versuchen Sie aber auf der anderen Seite, eine klare Linie in Sachen Ernährung zu fahren und das Gespräch mit Ihrem Kind zu suchen. Erklären Sie, warum es Ihnen wichtig ist, es anders zu machen. Die Kinder verstehen mehr, als Sie glauben, und dadurch werden sie hoffentlich etwas wehrhafter in den Situationen, in denen sie anders sind. Vergessen Sie nicht, warum Sie das alles tun (und wofür die Kinder Ihnen später dankbar sein können): für einen fitten, starken Körper. Mit schöner Haut (ja, auch in der Pubertät!) und viel Energie. Eine gute Basis, auf die sie zurückgreifen können.

ERFAHRUNGEN ANDERER ELTERN

DAMIT SIE SEHEN, DASS SIE NICHT DIE EINZIGEN SIND, DIE IHRE KINDER IN EINER STARK ZUCKERORIENTIERTEN WELT GESUND ERZIEHEN WOLLEN, FINDEN SIE HIER EINIGE REAKTIONEN UND TIPPS VON ELTERN, DIE WIR NACH IHREN ERFAHRUNGEN BEFRAGT HABEN. „WISSEN SIE, KINDER SIND ELASTISCH. NATÜRLICH IST ES NICHT IMMER LUSTIG, ABER SOLANGE MAN EINFACH KLAR UND NICHT ZU UNFLEXIBEL IST, KOMMEN SIE EIGENTLICH GUT DAMIT ZURECHT."

„Beim Übernachten in der Schule durften die Kinder etwas mitbringen. Ausnahmsweise habe ich meinem Sohn auch eine Dose Cola und eine Tüte Chips mitgegeben. Aber er kam sehr enttäuscht nach Hause. Ausgelacht von seinen Klassenkameraden mit der Zwei-Liter-Flasche Cola und der XXL-Tüte Chips. Mein Rat: Legen Sie Ihre Werte fest und bleiben Sie dabei. Erklären Sie das Ihren Kindern. Es gibt immer Unterschiede zu anderen. Ein fitter Körper zum Spielen und Rennen braucht nahrhaftes Essen!"

„Manchmal lasse ich es draußen einfach laufen. Das gleiche ich dann zu Hause wieder aus mit einer gesunden, nahrhaften Mahlzeit!"

„Halten Sie durch! Eines Tages mögen sie (fast) alles."

„Sie haben es letzten Endes in der Hand. Sie bestimmen, was in die Brotdose kommt!"

„Kinder testen nun einmal Grenzen aus. Durchhalten ist das Schlüsselwort. Nach einer Woche Wasser im Trinkbecher waren sie daran gewöhnt. Sie haben sich damit abgefunden und meckern jetzt nicht mehr, dass sie doch Limo wollen."

„Natürlich gibt es Unterschiede. Das sehe ich auch. Chips, Süßigkeiten, noch mehr Süßigkeiten, Päckchen und Tüten. Aber ich habe jetzt eine Nachbarin so weit gebracht, es Schritt für Schritt zu ändern. Man darf eben nicht oberlehrerhaft auftreten, sondern muss einfach aus Interesse die Ideen teilen."

„Manchmal ist es schwierig, mit Freunden irgendwo hinzugehen. Ich fühle mich dann wie eine durchgeknallte Mutter, auch wenn es meiner Tochter gar nicht so viel ausmacht. Oft nimmt sie von sich aus ein Stück Obst statt Kuchen."

„Ich treffe eigentlich immer mehr Eltern, die es anders, gesünder, bewusster und nahrhafter angehen wollen. Die ältere Generation ist da schwieriger, sie hängen noch am Verwöhnen mit Kuchen und Süßigkeiten."

„Kritisch sein, bewusst bleiben, aber nicht übertreiben, das funktioniert bei uns am besten."

„Wir bieten es immer wieder an, sind ein gutes Vorbild und bleiben dabei entspannt – so kommen wir in kleinen Schritten weiter. Ich glaube, dass wir es schaffen."

4. BAUEN SIE GESUNDE ASSOZIATIONEN ZUM ESSEN AUF (SIEHE AUCH FOOD REGEL 7)

Wir sagten es bereits: Ernährung ist ein wesentlicher Bestandteil des Lebens. Wie wir mit Essen umgehen, sagt etwas darüber aus, wo wir in der Welt stehen. Was wir unseren Kindern über Essen beibringen, hängt oft (unbewusst) stark mit Themen wie Selbstvertrauen und Sicherheit zusammen. So assoziiert schon ein neugeborenes Baby ausreichende und passende Nahrung mit Sicherheit und Vertrauen. Es braucht Sie letzten Endes, um zu überleben. Unbewusst assoziieren viele Menschen (oft Frauen) Essen mit einem Gefühl von Kontrolle und Sicherheit. Auch wenn das häufig zu viel Essen ist.
Für heranwachsende Kinder gilt: Zeigen Sie, was Sie tun und

wofür Sie sich entscheiden. Nicht umsonst gilt das Klischee: Seien Sie ein gutes Vorbild!

5. LASSEN SIE HIN UND WIEDER FÜNF GERADE SEIN (SIEHE AUCH FOOD REGEL 6)

Wir meinen damit weniger, dass Sie ständig von dem abweichen sollen, was Sie eben erst unter Punkt 1 als Grundregeln definiert haben. Es geht vielmehr darum, dass Sie sich selbst etwas Luft lassen, wenn es nicht immer genau so klappt, wie Sie es sich vorgestellt hatten (siehe Food Regel 6: Es muss nicht perfekt sein). Kinder brauchen nun einmal Platz, um Kinder sein zu können, um sich auszuprobieren, zu experimentieren, Dinge auf ihre Art zu tun, die Grenzen zu verschieben und das abzulehnen, was Sie von ihnen verlangen. Geben Sie nach und lassen Sie ihnen – und vor allem auch sich selbst – etwas Raum innerhalb Ihres abgesteckten Rahmens. Im Kapitel „Schule & Freunde" gehen wir darauf noch näher ein.

DAS ESSVERHALTEN IHRES KINDES

Gut, Ihnen ist also klar, welche Art Eltern Sie sein wollen. Zu Hause ist alles in Ordnung. Die Munition für die Außenwelt liegt bereit. Sie arbeiten eifrig an gesunden Assoziationen mit Essen und wissen außerdem, wann Sie es nicht ganz so genau nehmen müssen. Dann ist doch alles bestens, oder? So ganz haben wir es noch nicht geschafft. Es ist ein toller Anfang, denn alle Faktoren, auf die Sie Einfluss haben, nutzen Sie jetzt optimal! Aber es gibt noch eine Menge Faktoren, auf die Sie weniger bis keinen Einfluss haben, die unvermeidlichen Entwicklungsphasen Ihres Kindes zum Beispiel. Früher oder später müssen Sie sich damit auseinandersetzen, auch wenn Sie sich gut vorbereitet haben. Sagen wir es so: Jedes Alter bringt neue, spannende Herausforderungen mit sich!

Jede Entwicklungsphase hat letztlich Auswirkungen auf das Essverhalten. Es beginnt schon früh mit dem Kleinkind, das vom einen auf den anderen Tag bestimmte Texturen nicht mehr essen will oder plötzlich alles ablehnt, was grün ist. Dann gibt es das Kindergartenkind, das Huhn nur noch in Verbindung mit Apfelmus akzeptiert, die Siebenjährige, die wissen lässt, dass Chips sehr wohl gesund sind (Gemüse nämlich) und der Neunjährige, der plötzlich beschließt, Vegetarier zu werden.

Natürlich müssen Sie nicht jedes Verhalten akzeptieren und Sie müssen auch nicht immer mit Ihrem Kind einer Meinung sein. Wenn Sie aber Verständnis haben für das Stadium, in dem es sich befindet (körperlich und geistig), kann das bei Frustrationen im Zusammenhang mit „schwierigem Essverhalten" helfen.

Ein besserer Ausdruck ist „selektives Essverhalten". Genau wie ein Kind Schreiben, Lesen oder Radfahren lernt, lernt es auch essen, mit Hinfallen und wieder Aufstehen. Das geht nicht von heute auf morgen. Vergessen Sie nicht: Kinder erleben Essen völlig anders als Erwachsene. Wo bei Kindern die Menge zum größten Teil vom Wachstum gesteuert wird, klappt das bei Erwachsenen nicht mehr (mit dem Längenwachstum jedenfalls). Und während für Kinder der Geschmack die Hauptmotivation ist, etwas zu essen oder nicht, beruhen die Entscheidungen von Erwachsenen auf Geschmack und Gesundheit. Vor allem letztere ist für Kinder völlig uninteressant. Trotzdem reden wir oft von „guten" und „schlechten" Essern. Die Erwartung, dass ein Kind essen muss, ist hoch. Ein Kind, das wenig isst, stellt für die Eltern oft eine Quelle von Anspannung dar. Natürlich sind Nährstoffe wichtig – umso mehr Grund, bewusste Entscheidungen über Essen zu treffen und mehr Zeit in die Zubereitung von gesunden Mahlzeiten zu investieren – aber Angst und Anspannung sind selten gute Ratgeber. Auch in diesem Bereich der Erziehung helfen sie nicht weiter. Etwas mehr Hintergrundinformation über die Entwicklungsstadien eines Kindes wird Sie hoffentlich beruhigen (das gehört dazu) und Ihnen helfen, die richtige Erziehungsstrategie zu finden. Kombinieren Sie diese Ruhe und die Strategie mit den passenden Tools (etwa einem gut gefüllten Vorratsschrank), dann kommen Sie ein gutes Stück weiter.

ESSEN LERNEN IST WIE LESEN LERNEN

Nehmen wir an, Sie helfen Ihrem Kind beim Lesen lernen. Dazu brauchen Sie die richtigen Hilfsmittel. Denken Sie an Bücher, die zum Alter des Kindes passen, was das Thema, die Bilder und den Schwierigkeitsgrad angeht, einen gemütlichen Platz, wo Sie zusammen sitzen können, Geduld und Zeit. Dann üben Sie miteinander. Sie wissen, dass es für Sie kein Problem ist, einen Text (den Sie zum ersten Mal sehen) laut vorzulesen, aber dasselbe von einem sechsjährigen Kind zu erwarten, ist unrealistisch.

Wie wäre es, wenn Sie das Essen genauso betrachten? Als Hilfsmittel brauchen Sie: die richtigen Lebensmittel, leckere, nahrhafte Gerichte, inspirierende Rezepte, einen gemütlichen Ort, wo Sie zusammen am Tisch sitzen können, Geduld und Zeit. Dann können Sie üben: probieren, darüber reden, das Essen gemeinsam zubereiten, ein gutes Vorbild sein, noch einmal probieren, und ab und zu Verständnis haben, wenn es nicht sofort ohne Wenn und Aber aufgegessen wird.

ENTWICKLUNGSPHASEN

HIER FOLGT EINE KURZE BESCHREIBUNG DER VERSCHIEDENEN PHASEN, BASIEREND AUF DEM BUCH *FROM PICKY TO POWERFUL* VON MARYANN JACOBSEN. DAZU EIN PAAR PRAGMATISCHE TIPPS VON UNS, DIE WIR IHNEN FÜR DIE BETREFFENDE PHASE EMPFEHLEN.

0-2 JAHRE

Herrlich. Die meisten Kleinkinder sind noch völlig offen für neue Geschmäcker und Texturen. Die Esslust ist im Allgemeinen groß, da die Kinder auch körperlich einen Spurt hinlegen, für den sie Treibstoff brauchen. Es ist der ideale Zeitpunkt, sie mit so vielen Geschmacksrichtungen wie möglich in Berührung zu bringen (und deshalb besonders schade, wenn sie nur Gläschen bekommen, die leider gar nichts zum Geschmackserleben beitragen).

Unserer Meinung nach ist es in den ersten beiden Lebensjahren vor allem wichtig, die Vorliebe für Süßes nicht anzuregen. Zum Beispiel, indem Sie dem Kind so wenig wie möglich raffinierten Zucker anbieten und dafür richtig viel Gemüse. Was Sie ihnen jetzt nicht angewöhnen, müssen Sie ihnen in späteren Jahren nicht wieder abgewöhnen!

2-6 JAHRE

Hilfe, was ist hier los? Das alles essende Kleinkind verwandelt sich in ein mäklerisches Kindergartenkind. Es lief gerade so gut, Sie dachten schon, Sie hätten Glück gehabt, was den Appetit Ihres Kindes angeht, und plötzlich ändert sich alles. Körperlich lässt das Wachstempo nach, dafür passiert geistig alles Mögliche. Kritisch sein bei Dingen, die sie nicht kennen, Autorität auf die Probe stellen, weil ihnen klar wird, dass sie letzten Endes selbst bestimmen, was sie schlucken – das gehört alles dazu!

Kinder in diesem Alter werden sich ihrer Umgebung viel bewusster. Plötzlich bemerken sie das Bonbon, das Sie sich in den Mund stecken, doch. Wegen der abrupten Veränderungen in dieser Phase geraten viele Mamas und Papas in Stress. Sie versuchen, ihr Kind zu zwingen, doch das zu essen, was sie für richtig halten, oder sie werfen das sprichwörtliche Handtuch. Bevor Sie es richtig merken, verwandelt sich das gemütliche Essen mit der Familie in eine Gelegenheit voll Streit und Spannung, während die Eltern nur noch Spaghetti mit Gurkenscheiben kochen, oder Bratkartoffeln, Fischstäbchen und Majo. Dann liegen plötzlich iPads auf dem Tisch oder die Mahlzeit findet sogar auf dem Sofa vor dem Fernseher statt, „damit wenigstens ein bisschen was hineingeht".

Die Kunst besteht darin, Spannungen zu vermeiden. Selektives Essverhalten gehört zu dieser Lebensphase, und Sie wollen nicht, dass es sich zu einem dauerhaften Muster entwickelt. (Übrigens gibt es auch genug Kinder, die einfach weiter alles essen und keine besonderen Vorlieben entwickeln. Freuen Sie sich, wenn das auf Ihr Kind zutrifft - Sie gehören zu den Happy Few!)

TIPP 1: BLEIBEN SIE STETS BEI IHRER HALTUNG (UND DER IHRES PARTNERS)

Streit und Grenzen austesten geht am Tisch vielleicht am leichtesten, aber es hat längst nicht immer mit Essen zu tun. Sehr oft geht es einfach um Aufmerksamkeit. Besser gesagt: um zu wenig Aufmerksamkeit. Bei Tisch ist oft die einzige Gelegenheit, bei der das Kind Ihre Aufmerksamkeit kurz festhalten kann. Ob negativ oder positiv spielt eher eine geringe Rolle. Bleiben Sie strikt bei Ihrer Haltung (und der Ihres Partners).

TIPP 2: SETZEN SIE SICH WEGEN MANGELNDEM APPETIT NICHT UNTER DRUCK

Machen Sie sich nicht gleich Sorgen, dass Ihr Kind zu wenig Nährstoffe bekommt (wenn Sie doch den Verdacht haben, sprechen Sie darüber mit Ihrem Arzt). Denken Sie daran, dass es normal ist, wenn in diesem Alter der Appetit etwas nachlässt, da auch das körperliche Wachstum eher langsamer verläuft. Entspannen Sie sich! Aber nehmen Sie es auch nicht gleich als Ausrede. Denken Sie nicht: „Ach, das gehört dazu. Er braucht es jetzt nicht so dringend", oder: „Es ist nur eine Phase." Denn gerade dieser Zeitabschnitt verlangt einen klaren Rahmen mit festen Zeiten, um sich gemeinsam an den Tisch zu setzen.

TIPP 3: SIE BESTIMMEN, WAS, WO UND WANN, IHR KIND ENTSCHEIDET, WIE VIEL.

So weit möglich bestimmen Sie, was – zumindest zu Hause – gegessen wird, wo (am Tisch) und wann (zu einigermaßen festen Zeiten). Ihre Kinder können anschließend selbst festlegen, wie viel sie essen wollen. Manchmal funktioniert es gut, die Kinder entscheiden zu lassen, was an diesem Abend auf den Tisch kommt. Wenn sie nicht weiterkommen als zu Pfannkuchen und Pommes, lassen Sie sie dann zwischen drei Möglichkeiten wählen, mit denen Sie auch einverstanden sind.

TIPP 4: AUF JEDEN FALL PROBIEREN FUNKTIONIERT NICHT IMMER

Während ein Kind sehr davon profitiert, dass alles probiert werden muss (weil nach dem ersten Bissen der Rest der Mahlzeit kein Problem mehr ist, wenn es eben doch schmeckt), ruft die Pflicht zu probieren oder so viele Bissen zu essen, wie das Kind alt ist, bei anderen extrem Widerstand hervor. Sie kennen Ihr Kind am besten. Schauen Sie, was am besten in die Situation und zu Ihrem Kind passt. Wenn Sie mehrere Kinder haben, empfehlen wir Ihnen, bei jedem Kind dieselbe Strategie zu verfolgen. Haben Sie ein Kind, dem neue Geschmacksrichtungen größere Schwierigkeiten bereiten, lassen Sie es schon beim Kochen probieren, helfen und zuschauen.

TIPP 5: GEMEINSAM SCHAUEN, AUSWÄHLEN UND KOCHEN

Beziehen Sie Ihre Kinder mit ein, wenn es ums Essen oder Dinge in diesem Zusammenhang geht. Wo haben Sie es gekauft? Wo kommt es her? Nehmen Sie die Kinder am Wochenende mit auf einen Bauernhof oder zum Wochenmarkt. Lassen Sie sie selbst Dinge auswählen, beim Kochen helfen. Beziehen Sie sie ein, wo es möglich ist. Kinder sind von Natur aus neugierig, ab einem bestimmten Alter wollen sie auch zeigen, was sie schon alles können. Nutzen Sie das aus.

TIPP 6: SAGEN SIE NICHT: „WEIL ES GUT FÜR DICH IST!"

Die meisten Kinder können mit langfristigen Zielen noch nichts anfangen: ein gesunder Körper, nicht zu dick werden, besser für die Zähne. Außerdem haben vage langfristige Ziele keine Chance gegen den Geschmack. Machen Sie also das, was Sie den Kindern über die Auswirkungen von Ernährung mitteilen wollen, konkret und begreifbar, und reden Sie vor allem über den Geschmack.

TIPP 7: HALTEN SIE AN FESTEN ESSENSZEITEN FEST

Nehmen Sie sich Zeit für das Frühstück, essen Sie so oft wie möglich gemeinsam am Tisch und beschränken Sie die Zwischenmahlzeiten. Wenn Sie nicht aufpassen, sind Kinder ab dem Zeitpunkt, wenn sie aus der Schule kommen, bis zum Abendessen ständig am Knabbern. Unser Tipp: Servieren Sie, was die Franzosen so schön ein Gouté nennen: einen (süßen) Mittagssnack, der aufmerksam gegessen wird, gleich nach der Schule oder einfach zu einem Glas Apfelschorle. Nehmen Sie sich Zeit, setzen Sie sich dazu und geben Sie den Kindern etwas, was ihnen wirklich schmeckt. Vorzugsweise etwas, das natürlich gesüßt ist und wirklich satt macht, aber das ist an dieser Stelle nicht ganz so wichtig. Es geht darum, dass die Kinder lernen: Es gibt eine Zeit und einen Ort für Snacks, Süßigkeiten und Ausnahmen, und man kann sie einfach genießen.

TIPP 8: LEGEN SIE FEST, WELCHE ART ELTERN SIE SEIN WOLLEN

Sie bestimmen also, wo, wann und wie oft Sie von Ihrer Basis abweichen und zum Beispiel eine Ausnahme zulassen. Erklären Sie die Dinge aber! „Darum nicht", funktioniert nicht. Die Wahrheit dagegen wirkt oft.

TIPP 9: VERMEIDEN SIE SPANNUNG UND SCHWIERIGE GESPRÄCHE BEI TISCH

Auch wenn es wie die ideale Gelegenheit aussieht – Sie haben gerade Zeit für einander, alle sitzen am Tisch zusammen –, ist das nicht der richtige Zeitpunkt, um Spannungen in der Schule oder in der Ballettstunde zu besprechen oder ein Missverständnis mit dem Partner zu klären. Spannungen sind für niemanden gut, und schon gar nicht für den Appetit.

TIPP 10: KOCHEN SIE WEITER

Bringen Sie weiter abwechslungsreiche Mahlzeiten auf den Tisch. Auch wenn diese Phase mit vielleicht zwei oder drei Kindern schon hektisch genug ist, lohnt sich die Mühe doch.

6-12 JAHRE

In dieser Phase nimmt im Allgemeinen das Interesse an Essen wieder zu. Zu ihrer eigenen Zeit und unter den richtigen Umständen, natürlich. In dieser Phase sind die Kinder oft bereit, neue Dinge auszuprobieren. Sie wachsen zwar körperlich weiter, aber in einem stetigeren, ruhigeren Tempo als in den ersten beiden Jahren oder in der Zeit, die auf diese Phase folgt, in der Pubertät. In diesen Jahren haben das Umfeld, die Schule, Freunde und Freundinnen (und die Werbung!) enormen Einfluss auf das, was die Kinder essen oder nicht. Gleichzeitig bekommen Sie als Eltern in dieser Zeit immer mehr Gelegenheit, mit Ihren Kindern Gespräche über das Essen zu führen, Dinge zu erklären, sie öfter helfen zu lassen bei dem, was auf den Tisch kommt.

12-18 JAHRE

Aufgrund der gewaltigen, rasanten körperlichen Entwicklung nimmt in dieser Phase der Appetit oft stark zu. Kleiner Nachteil: Dieser Appetit betrifft vor allem tütenweise Chips, Berge von Käsetoast und Energydrinks. Manche Jugendliche sind gerade jetzt sehr offen für neue Gerichte, aber häufiger ist Einseitigkeit (nur Pasta zum Beispiel) das Problem. Teenager sind sich ihrer Umgebung nur zu sehr bewusst und stark damit beschäftigt, ihre Identität zu entwickeln. Deshalb ist die Wahrscheinlichkeit hoch, dass davon mehr Einfluss auf ihr Essverhalten ausgeht, als Sie in dieser Phase haben können. Mädchen fangen plötzlich mit Diäten an oder werden Vegetarierinnen, Jungen werden nachlässig und finden ungesundes Essen cool. Essgewohnheiten, Aussehen und Image werden miteinander verbunden.

Jedes Kind ist einzigartig. Es versteht sich also von selbst, dass nicht alles genau für alle passt. Die oben stehenden Phasen sind eine grobe Einteilung. Die Wahrscheinlichkeit ist hoch, dass Ihr Kind ein bestimmtes Verhalten in einer anderen Lebensphase zeigt, oder vielleicht gar nicht. Kein Problem! Beobachten Sie Ihr Kind genau - das ist immer das Wichtigste.

Die individuellen Unterschiede zwischen den Kindern werden größer. Das eine Kind isst alles mit und ist rasend neugierig auf neue Rezepte oder Gerichte, während das andere Essen völlig uninteressant findet und sich nicht damit beschäftigen will. Im Prinzip gelten alle Tipps für die vorhergehende Phase auch hier, abhängig vom Entwicklungsstadium, in dem Ihr Kind sich befindet. In der Praxis sind sie allerdings nicht immer so leicht umsetzbar. Die Welt wird ein Stück größer und der Einfluss der Welt auf Ihr Kind nimmt zu. Was die Freunde meinen, ist wichtiger als das, was Mama sagt. Dazugehören oder cool sein mit Süßigkeiten oder Limo ist wichtiger als ein nahrhaftes Mittagessen, das reichlich Energie liefert. Verabschieden Sie sich von dem Gedanken, dass Sie alles kontrollieren können, aber behalten Sie die Einzelteile in der Hand, bei denen Sie doch etwas zu sagen haben. Zum Beispiel beim Frühstück und beim Abendessen. Versuchen Sie, Vereinbarungen zu treffen, und übertragen Sie Ihrem Kind auch Verantwortung. Zum Beispiel: Sie bestimmen, was Sie im Haus haben (was also zur Auswahl steht), und Ihr Kind bestimmt, was in seine Brotdose kommt.
Erklären Sie weiterhin, warum Sie tun, was Sie tun.
Beobachten Sie Ihr Kind und versuchen Sie zu verstehen, was ihn oder sie antreibt. Was bringt sein Lämpchen zum Glühen? Sind es Sport oder gute Leistungen? Soziale Interaktion und viel Betrieb? Oder reagiert es darauf, wie bestimmte Dinge aussehen? Nutzen Sie die vorhandenen Interessen Ihres Kindes als Zugang. Erklären Sie zum Beispiel, warum Spitzensportler immer gut essen, beziehen Sie die Freunde Ihres Kindes mit ein, wenn Sie gemeinsam einen gesunden Kuchen backen, oder verwenden Sie etwas mehr Mühe auf die äußere Gestaltung des Essens.
In diesem Buch konzentrieren wir uns auf das Grundschulalter. Trotzdem ist es vielleicht gut, schon einen Vorgeschmack auf das zu bekommen, was Sie erwartet. Besonders lästig in dieser Phase ist, dass Jugendliche sich so rasend schnell entwickeln, dass sie eigentlich gar nicht genug Nährstoffe zu sich nehmen können. Der Wachstumsschub ist mit dem in der ersten Lebensphase vergleichbar, nur haben Sie diesmal so gut wie gar keinen Einfluss. Gleichzeitig wird das Angebot an leeren, kalorien- und zuckerreichen Produkten im Umfeld größer. Auch hier gilt für die Eltern: Nutzen Sie jede Möglichkeit, die Sie haben. Bieten Sie ein nahrhaftes Frühstück an, das schmeckt, sorgen Sie dafür, dass sie immer noch gern gemeinsam essen (also dabei nicht über Hausaufgaben, Rauchen und zu spät nach Hause kommen reden). Machen Sie deshalb ab und zu etwas, von dem Sie wissen, dass sie es wirklich mögen, auch wenn es nicht ganz so nahrhaft ist. Holen Sie ein paar nährstoffreiche Late-Night-Snacks ins Haus, zum Beispiel Quark, verschiedene Nüsse, heiße Schokolade aus reinem Kakao, oder Dinkelcracker mit richtig gutem Käse. Wenn sie dann kurz vor dem Zubettgehen noch den Kühlschrank plündern (und das tun sie!), erhöhen Sie auf jeden Fall die Wahrscheinlichkeit, dass sie etwas Gesundes erwischen.

3
ERNÄHRUNG UND GESELLSCHAFT

OFT IST ES SCHON SCHWERSTARBEIT, INNERHALB IHRER MINI-GESELLSCHAFT SINNVOLLE ESSGEWOHNHEITEN ZU ENTWICKELN. TROTZDEM ZOOMEN WIR KURZ NACH AUSSEN! ES TUT SICH NÄMLICH EINE MENGE IN DER WELT DER LEBENSMITTEL. WER SICH GESÜNDER ERNÄHREN UND LEBEN WILL, KOMMT NICHT DARUM HERUM, AUCH ÜBER ESSEN UND NAHRUNG IN EINEM GRÖSSEREN ZUSAMMENHANG NACHZUDENKEN.

HEALTHY FOOD IST HIP

In unserer westlichen Gesellschaft ist Essen überall verfügbar. Leicht und billig. Man braucht sich dafür überhaupt nicht anzustrengen. Durch diese Zugänglichkeit haben wir uns immer weiter von der Herkunft vieler Lebensmittel entfernt. Der Witz, dass viele Kinder gar nicht mehr wissen, dass Milch von der Kuh kommt oder Pommes aus Kartoffeln gemacht werden, ist eigentlich nicht witzig. Zum Glück ist in den letzten Jahren schon eine beachtliche Gegenreaktion gegen diese Industrialisierung in Gang gekommen. Die Menschen achten immer stärker auf Nachhaltigkeit, regionale Landwirtschaft und fairen Handel. Gleichzeitig wächst jeden Tag die Zahl der Produkte, die von sich behaupten, regional, sauber, bio, direkt vom Land auf den Teller, hausgemacht, handwerklich produziert, saisonal und frisch zu sein.

Gesundes Essen und Leben ist vorsichtig ausgedrückt hip. Eine Entwicklung, die uns natürlich freut. Aber man kann sich doch fragen, ob die stark wachsende Nachfrage nach diesen Produkten nicht wieder zu dem führt, was in vergangenen Jahren mit der Milch und dem Fleisch passiert ist: zu viel, zu schnell, kommerziell zu interessant. Nehmen wir an, dass wir jetzt alle jeden Tag Avocados essen - was wird dann wohl mit den Avocados passieren? Oder was glauben Sie, wie all die Gojibeeren jetzt plötzlich zu einem Spottpreis in die Supermärkte kommen? Oder Quinoa? Kurz gesagt: Auch hier ist Ausgewogenheit das Zauberwort. Dankbarkeit macht aus dem, was wir haben, genug! Es ist genug da, und wir essen im Schnitt alle mehr als viel zu viel.

GESUND ODER NICHT?

Einmal ist Kaffee schlecht für uns, ein anderes Mal sind ein, zwei Becher am Tag gar kein Problem. Dasselbe gilt für Rotwein, Weizen, Milch und ... Olivenöl, das flüssige Gold der neunziger Jahre, von dem sich plötzlich herausstellte, dass man es doch nicht so hoch erhitzen darf. Jetzt brauchen wir alle unbedingt Kokosfett. Aber Kokosfett gehört offenbar zu den gesättigten Fetten, die Herz- und Gefäßkrankheiten fördern. Oder? Moment, die neueste Studie zeigt, dass auch das schon wieder überholt ist. Und so könnten wir noch lange fortfahren. Es gibt kaum ein häufiger diskutiertes Thema als Ernährung.

Was wir - vor allem in letzter Zeit - oft hören, ist: „Schluss jetzt. Ich höre einfach damit auf! Heutzutage darf man ja gar nichts mehr essen." Oder: „Ich bin damit prima groß geworden, das ist also alles Quatsch. Mein Kind bekommt eben sein ... (Zutreffendes bitte einfügen)". Tja. Die Welt der Ernährung ist nun einmal keine statische Wissenschaft. Es ist eine Welt, die ständig in Bewegung ist und in der eine neue Entdeckung auf die andere folgt. Schwierig, aber so ist es eben. Wir raten Ihnen: Suchen Sie Ihren eigenen Weg, aber seien Sie nicht zu halsstarrig, um hin und wieder nachzugeben. Behalten Sie vor allem im Auge, was um Sie herum vorgeht, und folgen Sie Ihrem Verstand wie auch Ihrem Gefühl. Auch die Wissenschaft ist nur Wissenschaft.

Wenn es nach uns geht, brauchen Sie sich nicht vegetarisch zu ernähren. Trotzdem finden wir es gut, wenn Sie sich bewusst machen, wie viel Fleisch Sie essen und was Sie wo kaufen. Wir essen selbst praktisch kein Fleisch, aber wir kaufen im Durchschnitt etwa zweimal pro Woche welches für unsere Männer — beim Biometzger (dort gibt es anderes Biofleisch als das, was in den meisten Supermärkten liegt, aber davon später mehr).

Noch ein Beispiel: saisonale Produkte. Die können Sie ohne Weiteres öfter kaufen. Es ist nicht nur besser für die Umwelt, sondern auch für Ihren Geldbeutel und für die Gesundheit, weil Obst und Gemüse viele Nährstoffe verlieren, wenn sie von weit her anreisen.

Es läuft also auf Folgendes hinaus: Die Lebensmittelindustrie überschwemmt uns mit *Health Claims*, bei denen man sich fragt, was sie eigentlich bedeuten sollen. Gleichzeitig folgt ein Lebensmittelskandal auf den anderen, werden die Etiketten immer schwerer lesbar und die Forschung belegt heute, dass Fett der große Bösewicht ist, und morgen, dass Zucker an allem Schuld ist.

Wir stürzen uns in Massen auf Superfoods. Man gehört nicht mehr dazu, wenn man keine Buchweizenflocken im Schrank hat. Seit die eine Hälfte der Bevölkerung sich bemüht, die andere Hälfte davon zu überzeugen, sich gesünder zu ernähren, mit allerlei Healthblogs und Chiaporridge auf Instagram, fehlt es nicht mehr an Information und Inspiration. Der Überfluss an gut gemeinten Ratschlägen stiftet aber auch Verwirrung. Ist das eine Healthblog total für etwas, ist das andere, noch healthier Blog entschieden dagegen. Mit dem Resultat, dass viele das mit dem gesund essen einfach lassen. Das ist verständlich, aber schade! Es wird also Zeit, wieder etwas Klarheit zu schaffen. Vertrauen Sie vor allem Ihrem gesunden Menschenverstand; oft sagt er Ihnen haargenau, was gut für Sie ist und was nicht.

In diesem Kapitel stellen wir ein paar grundlegende Informationen zusammen und hoffen, Ihnen so zu helfen, die richtige Entscheidung zu treffen, wenn Sie einkaufen, sodass Sie weniger abhängig sind von dem, was die Lebensmittelindustrie Ihnen erzählt. Wenn Sie gern mehr Tiefgang hätten, blättern Sie dann weiter zum nächsten Kapitel „Die Basis", wo wir näher auf die verschiedenen Arten von Lebensmitteln eingehen, etwa Fisch, Fleisch, Zucker, Milchprodukte und so weiter.

(KINDER-)MARKETING

Wo Verbraucher sind, ist Nachfrage und folglich auch Marketing. Das ist nichts Neues, und es gilt auf jeden Fall für die Lebensmittelindustrie. Alle müssen essen, deshalb kommen alle in den Supermarkt. Nachdem die Werbung für Zigaretten und Alkohol streng begrenzt wurde, bleibt abzuwarten, wann auch die Reklame für ungesundes Essen reguliert wird. Jetzt sind wir nicht aus Prinzip für Bevormundung – Sie sind schließlich selbst verantwortlich für das, was Sie essen –, aber wenn es um Kindermarketing geht, sind wir etwas radikaler. Erst recht, wenn es so gemacht ist, dass Sie als Eltern das Gefühl haben, es wirklich richtig zu machen („In Trinkjoghurt ist doch Obst?").

Fast alle Kinder hierzulande essen strukturell zu wenig Gemüse, Obst und Ballaststoffe, dafür zu viel Fastfood. Jedes achte Kind hat mit Übergewicht zu kämpfen, was nicht nur körperlich einschränkt, sondern auch das Risiko für allerlei Krankheiten erhöht und das Selbstvertrauen untergraben kann. Wussten Sie, dass Übergewicht in Deutschland pro Jahr einen zweistelligen Milliardenbetrag kostet? Übertrieben, oder? Natürlich liegt ein Großteil der Verantwortung bei uns Eltern. Aber es wird uns auch nicht leicht gemacht. Marketing spielt dabei eine große Rolle.

Schon mit etwa zwei Jahren können Kleinkinder eine Vorliebe für bestimmte Marken entwickeln und werden anfällig für solche Verführungen. Diese Vorlieben nehmen sie während ihrer Jugend, vielleicht sogar durch das ganze Leben mit. Marketingfachleute wissen das nur zu gut und nutzen es gern aus. Auf fast allen ungesunden Kindersnacks prangen Comicfiguren und Superhelden, die die Kinder aus dem Fernsehen, von Apps oder Netflix kennen.

Die Lebensmittelindustrie erwirtschaftet die größten Gewinne mit Produkten, die hoch verarbeitet sind. Billige Rohstoffe werden aufgehübscht mit Zucker, Salz oder Fett, sodass sie Kindern ganz bestimmt schmecken. Dann kommt ein Aufkleber darauf: „Angereichert mit Vitaminen und Mineralstoffen", um die Eltern davon zu überzeugen, dass sie das ihrem Kind mit gutem Gewissen geben können. Noch etwas Sport- und Schulsponsoring, und alle sind glücklich und zufrieden. Der Staat sagt dazu nicht allzu viel. Was seltsam genug ist, wenn Sie weiter oben lesen, wie es um unsere Jugend steht.

Glücklicherweise gibt es inzwischen etliche Initiativen und Organisationen, zum Beispiel Foodwatch, die gegen die ganze Industrie angehen, um für Veränderung zu sorgen. Wir versuchen, unseren Beitrag zu leisten, indem wir Ihnen Handreichungen geben, was Sie wirklich beruhigt essen, kaufen und zubereiten können. Denn wenn wir als Verbraucher wissen, wie wir das angehen, und bereit sind, uns etwas mehr dafür einzusetzen, nehmen wir Einfluss auf die Nachfrage und dadurch hoffentlich auf das Angebot. Zum Teil sieht man schon eine gewisse Wirkung. Man kommt, auch im Supermarktland, immer mehr zu der Einsicht, dass wir bessere, weniger verarbeitete, ehrlichere Lebensmittel essen wollen. Jetzt müssen wir nur noch hoffen, dass die Marketingexperten uns nicht wieder an der Nase herumführen.

FÜNF HEISSE EISEN
1. BIO, FAIRER HANDEL & SAISONAL

Die Bezeichnung Bio ist enorm im Aufwind. Sie ist so beliebt, dass sie zum hohlen Schlagwort zu werden droht. Denn was bedeutet der Begriff Bio eigentlich noch? Was ist der Unterschied zwischen Bio aus dem Supermarkt und Bio aus dem Bioladen? Und: Ist Bio den Preisunterschied im Vergleich zur Hausmarke wert?

Ein Produkt darf nur dann als Bio bezeichnet werden, wenn das auch so ist. Es bedeutet, dass der Produktionsprozess so natürlich wie möglich verläuft. Es heißt nicht unbedingt, dass der ganze Prozess biologisch ist. Hierzulande kann man immerhin sicher sein, dass chemische Pflanzenschutzmittel, Kunstdünger und präventive Antibiotika nicht zum Einsatz kommen und dass das Produkt mit Respekt vor der Natur hergestellt wurde. Hersteller von Bioprodukten werden von Anbauverbänden wie Bioland unabhängig kontrolliert. Wenn Öko oder Organic auf der Verpackung stehen, können Sie davon ausgehen, dass das Produkt zumindest teilweise biologisch hergestellt wurde. Denken Sie daran, dass die Regelungen von Land zu Land unterschiedlich sind. In anderen Ländern kann der Begriff Bio mitunter auch verwendet werden, wenn nicht alle Teile des Produkts biologisch sind.

Der Biometzger

Wenn es irgend geht, kaufen Sie Fleisch (oder Fisch oder Geflügel) beim Biometzger. Nicht nur ist die Qualität oft besser und das Fleisch enthält weniger Zusätze wie Dextrose, der Metzger weiß auch, wo das Fleisch herkommt!

Bio & Preise

Vielleicht lässt es Ihr Etat nicht immer zu, sich für Bio zu entscheiden. Unserer Meinung nach muss das auch nicht immer sein: Lieber eine konventionelle Zucchini als gar keine Zucchini. Wenn wir uns entscheiden müssen, kaufen wir vorzugsweise alle tierischen Produkte (Fleisch, Eier, Käse, Milch) in Bio-Qualität, dann sind Obst und Gemüse an der Reihe, und den Rest lassen wir, wie er ist. Auch wenn Sie Gemüse und Obst in Bio-Qualität kaufen, gibt es Unterschiede. Praktische Einkaufsführer sagen Ihnen genau, welche Obst- oder Gemüsesorte besonders stark mit Pflanzenschutzmitteln wie Pestiziden behandelt wurden.

Der Bio-Heiligenschein

Achten Sie aber auf den Bio-Heiligenschein. Nicht alles, was bio ist, ist automatisch ein gutes oder gar gesundes Lebensmittel. Auch Schokolade, Knuspermüsli oder Kekse in Bioqualität enthalten Zucker und die ganze Packung aufzuessen ist immer noch keine gute Idee.

Fairer Handel

Produkte aus fairem Handel garantieren ehrliche Konditionen. Die Produzenten erhalten also einen angemessenen Preis für ihr Produkt. Produkte aus fairem Handel sind nicht von vornherein gesünder oder nahrhafter als konventionelle, aber indem Sie diese Produzenten unterstützen, erzielen Sie doch einen positiven Effekt.

Saisonal

Schon seltsam eigentlich, dass fast niemand mehr weiß, was wo und wann wächst. Saisonales Essen ist nämlich nicht nur sehr lecker, es enthält auch oft mehr Nährstoffe und kostet weniger. Auf Seite 231 finden Sie alle Saisongemüse auf einen Blick.

2. ETIKETTEN

Nur wenige Menschen haben Zeit und Lust, alle Namen und Synonyme der verschiedenen Zutaten, Zusatzstoffe, E-Nummern und so weiter auswendig zu lernen. Trotzdem kommen Sie nicht darum herum, wenn Sie gesünderes Essen für sich und Ihren Nachwuchs wollen, die Produkte, die Sie kaufen, regelmäßig umzudrehen und zu lesen, ob sie wirklich so nahrhaft und gesund sind. Ein Schnellkurs im Etiketten entziffern ist daher ganz praktisch! Wie das geht, lesen Sie auf Seite 234.

Für jetzt sollten Sie sich merken: Die zuerst genannte Zutat hat den größten Anteil. Die restlichen Rohstoffe kommen danach, in absteigender Reihenfolge nach der Menge sortiert. Achtung, Zucker hat eine Menge Pseudonyme, wie Dextrose, Glukosesirup, Maltodextrin und so weiter.

3. ALLERGIEN

Echte Lebensmittelallergien werden oft in den ersten zwei Lebensjahren entdeckt, weil die Reaktionen auf beispielsweise Nüsse, Kuhmilch oder Gluten sehr heftig sein können (wenn auch nicht immer). Wenn in Ihrer Familie so etwas vorkommt, wissen Sie darüber sehr wahrscheinlich schon bestens Bescheid. Der richtige Umgang mit einer Allergie kann recht lästig sein. So sind Claires Zwillinge allergisch gegen Erdnüsse, reagieren auch auf andere Nüsse heftig und vertragen Kuhmilch schlecht.

Derzeit scheint es, dass immer mehr Kinder unter Allergien und Intoleranzen leiden. Ob das wirklich so ist, muss sich noch zeigen. Liegt es daran, dass wir heute viel mehr auf Allergien achten und außerdem besser testen können? Oder kommt es daher, dass unser Essen zu stark verarbeitet ist? So ist zum Beispiel von etlichen E-Nummern bekannt, dass sie Überempfindlichkeiten auslösen. Für uns ist das ein weiterer Grund, natürliche Produkte zu verarbeiten, und wir versuchen, in unseren Rezepten so wenig wie möglich allergieauslösende Produkte auf der Basis von Kuhmilch oder Weizen zu verwenden.

4. ADHS UND ERNÄHRUNG

Weil ADHS ein umstrittenes Thema ist, über das schon viel gesagt und geschrieben wurde, waren wir uns nicht sicher, ob wir es ansprechen sollen. Allerdings werden wir regelmäßig danach gefragt. Denn es gibt Untersuchungen, die zeigen, dass in ungefähr 80 % der ADHS-Fälle ein Zusammenhang mit der Ernährung besteht. Insbesondere die jahrelange Forschung von Lily Pellser war hier wegweisend. Heikel wird das Thema dadurch, dass es so schwer zu untersuchen ist. Das Kind (oder vielmehr die Eltern) müssen etwa eineinhalb bis zwei Jahre lang ein Essenstagebuch führen, um herauszufinden, ob die Ernährung wirklich Einfluss hat. Und wenn ja, welche Produkte es sind. Von Zucker und Süßstoffen bekommen Kinder ein schnelles Energiehoch und danach ein Tief, aber damit ist noch nicht gesagt, dass das auch Einfluss auf die ADHS-Symptome hat. Diese können genauso gut von Produkten wie Käse oder Äpfeln ausgelöst werden. Wir können uns vorstellen, dass es nicht in jeder Situation machbar ist, erst herauszufinden, ob die richtige Ernährung sich positiv auswirken kann. Manche Kinder profitieren schlicht von Medikamenten. Und sei es nur, um etwas Ruhe zu schaffen und den Teufelskreis zu durchbrechen. Trotzdem können wir kaum glauben, dass all der Müll, den die Kinder heutzutage in großen Mengen essen, in Kombination mit Lebensgewohnheiten, die viel von ihnen verlangen, aber wenig Ruhe und Regelmäßigkeit bieten, keinen Einfluss haben soll. Unserer Meinung nach sollten Eltern erst an diesen Reglern drehen, bevor sie zum Ritalin greifen.

5. VEGETARISCHE ODER VEGANE ERNÄHRUNG

Nach unserer *Easy-Peasy*-Philosophie sind wir nicht vegetarisch (weder Fleisch noch Fisch) und auch nicht vegan (weder Fleisch noch Fisch noch andere tierische Lebensmittel wie Ei, Milch, Käse oder Honig). Wir gehen allerdings sorgfältig mit tierischen Produkten um. Von Natur aus enthalten sie viele wertvolle Nährstoffe, aber dazu ist es wichtig, dass diese Lebensmittel möglichst wenig oder weitestgehend natürlich verarbeitet wurden.

Von einem XXL-Schnitzel oder Fabrikhuhn aus dem Supermarkt hat niemand etwas. Von einem Milchdessert mit reichlich Zucker und Farbstoffen auch nicht. Durch all die Zusätze und Bearbeitungsverfahren gehen die Vorteile der vorhandenen Nährstoffe zum größten Teil verloren. Und dann reden wir noch gar nicht vom Tier- oder Umweltschutz. Die Mengen, die heutzutage produziert werden, sind einfach zu groß. Für uns Menschen, für die Tiere und die Welt im Ganzen. Eine Portion weniger schadet deshalb gar nicht. Aus diesem Grund entscheiden wir uns für den Mittelweg: tierische Lebensmittel ja, aber in Maßen und unbedingt in guter Qualität. Wenn Sie beschließen, Ihre Kinder vegetarisch zu ernähren, oder wenn Ihr Kind von sich aus kein Fleisch und keinen Fisch mehr essen will, empfehlen wir Ihnen, sich gründlich mit der vegetarischen/veganen Ernährung zu beschäftigen. Vegetarisches Essen kann nämlich sehr vielseitig und nahrhaft sein, aber die Nährstoffe, die tierische Lebensmittel für das Wachstum Ihrer Kinder liefern, müssen ausreichend vorhanden sein.

EIWEISS, EISEN, VITAMIN B & D

Die wichtigsten Nährstoffe, die Sie bei vegetarischer/veganer Ernährung ausgleichen müssen, sind: Eiweiß, Eisen, Vitamin B und Vitamin D. Das ist übrigens nicht unbedingt ein Problem: Die Natur bietet genug Alternativen, in manchen Fällen helfen auch natürliche Nahrungsergänzungsmittel weiter. Wichtig ist allerdings, geschickt zu kombinieren! So ist es zum Beispiel für eine gute Eiweißaufnahme praktisch, Getreide mit Hülsenfrüchten zu kombinieren. Wenn der Körper mehr Eisen aus Gemüse aufnehmen soll, geht das am besten in Kombination mit Vitamin C, und dazu sollten Sie keine Milchprodukte verzehren.

Eisen ist auch in Hülsenfrüchten und Vollkornprodukten enthalten. Außerdem kommt es oft in vegetarischem Fleischersatz vor, in Tofu oder Tempeh. Von Fleischersatz sind wir übrigens weniger begeistert; er wurde viel zu stark verarbeitet und mit allerhand Zusätzen versehen. Achten Sie bei Tofu und Tempeh wirklich auf Qualität, weil in Tofuprodukten oft genmodifiziertes Soja steckt.

Vitamin B12 kommt nur in tierischen Produkten vor. Wenn Ihr Kind vegetarisch isst, also auch Eier und Milchprodukte, bekommt es in der Regel genug Vitamin B12 ab. Wenn nicht, empfehlen wir Ihnen, ein Nahrungsergänzungsmittel mit Vitamin-B-Komplex zu geben. Bei Vitamin D ist das sowieso zu empfehlen.

Eiweiß ist ein Aufbaustoff und deshalb superwichtig für ein Kind, das wächst. Wenn die tierischen Lebensmittel (teilweise) gestrichen werden, ist das ein weiterer Grund, öfter Hülsenfrüchte, Nüsse, Saaten, Getreideprodukte und Pseudogetreide wie Quinoa zu essen. Weniger üblich ist pflanzliches Eiweißpulver. Wir verwenden dieses Pulver oft, zum Beispiel für Shakes oder Smoothies, besonders in Zeiten, wenn wir viel Sport treiben, weniger tierische Produkte essen oder im Urlaub sind und die Mahlzeiten nicht immer einen Preis für Ausgewogenheit bekommen. Auch hier gilt: Entscheiden Sie sich für Qualität, denn bei vielen Sorten wurde Zucker oder ein anderer Süßstoff zugesetzt.

Wenn Ihr Kind keinen Fisch isst, suchen Sie dann eine alternative Quelle für Omega-3-Fettsäuren und Fischöl. Leinsamen, Walnüsse und bestimmte Algen bieten sich dafür an, oder nehmen Sie pflanzliche Nahrungsergänzungsmittel, die die Fischfettsäuren EPA und DHA enthalten. Im folgenden Kapitel „Die Basis" und dem praktischen Anhang „So wird's gemacht" (Seite 216) beschäftigen wir uns noch ausführlich mit Fetten, Kohlenhydraten, Eiweiß, Vitaminen & Mineralstoffen!

ÜBER DIE REZEPTE

Die Schlussfolgerung ist eindeutig: Wenn Sie (oder Ihr Kind) sich für bestimmte Ernährungsgewohnheiten entscheiden, beschäftigen Sie sich dann gründlich damit! Unsere Rezepte helfen Ihnen dabei. Die meisten sind vegetarisch, nur einige enthalten Fleisch oder Fisch. Kuhmilchprodukte sind kaum anzutreffen, Pflanzenmilchsorten und Produkte wie Ziegenkäse oder Schafsmilchjoghurt dagegen schon. Auch geben wir viele Tipps, wie Sie ein Rezept mit kleinen Anpassungen milch- oder fleischfrei machen oder welche Zutaten sie leicht ersetzen können, um so die Version zu bekommen, die zu Ihren Wünschen und denen Ihrer Kinder passt.

4
DIE BASIS

DIE BASIS. JA, DAVON REDEN WIR ÖFTER. IN UNSEREM ERSTEN BUCH MEINEN WIR MIT DER BASIS DIE ERSTEN LEBENSJAHRE IHRES KINDES, MIT DER ERSTEN BEGEGNUNG MIT FESTER NAHRUNG UND DEM KENNENLERNEN VERSCHIEDENER GESCHMACKSRICHTUNGEN. IN DIESER ZEIT LEGEN SIE DEN GRUNDSTEIN FÜR EINEN GESUNDEN KÖRPER. EINE ART KÖRPERLICHE BLAUPAUSE, AUF DER DIE KINDER FÜR DEN REST IHRES LEBENS AUFBAUEN.

Trotzdem gehen wir davon aus, dass Sie jeden Augenblick die Basis und Ihre Einstellung zum Essen und Trinken verändern können. Es spielt keine Rolle, wann Sie sich entscheiden, anders, gesünder, bewusster für sich und Ihren Nachwuchs zu sorgen, wenn Sie es nur tun. Es kostet Sie eventuell etwas mehr Durchsetzungsvermögen, bestimmte ungesunde Gewohnheiten wieder abzulegen, aber es ist möglich. Haben Sie zwei Kinder von 5 und 8, die nur Nuss-Nougat-Creme aufs Brot essen? In diesem Fall hoffen wir, Ihnen mit diesem Buch zumindest ein paar Hinweise zu geben, wie Sie das ändern können. Nicht vergessen: Auch ein kleiner Schritt ist ein Schritt!

AUSGANGSBASIS

Wenn wir in diesem Buch von Basis reden, meinen wir die Ausgangsbasis zu Hause. Eine starke Basis zu Hause gibt Ruhe. Sie sorgt dafür, dass Sie immer eine Rückzugsmöglichkeit haben. In diesem Kapitel beschreiben wir unsere eigene Basis und das, was wir anderen Eltern in der Praxis empfehlen. Von der Einstellung bis zum Vorratsschrank.

Wie immer gilt auch hier: Schauen Sie, was zu Ihnen passt, probieren Sie es aus, halten Sie durch oder lassen Sie es wieder los. Schaffen Sie die Basis, die zu Ihnen passt. Geben Sie sich dabei etwas Mühe: Den Rhythmus und die Routine Ihrer Familie zu koordinieren, kostet nun einmal Zeit. Wenn Sie sich nicht die Mühe machen, Dinge auszuprobieren, durchzuhalten und sich anzueignen, entdecken Sie nie, was zu Ihnen passt. Auch Ihr Kind/Ihre Kinder brauchen Zeit, um sich an neue Dinge zu gewöhnen.

WO STEHEN SIE JETZT?

Haben Sie vor, alle Essgewohnheiten der Familie umzukrempeln, oder geht es eher darum, noch ein paar i-Tüpfelchen zu setzen? Wenn Sie nicht wissen, wo Sie stehen und wo Sie hinwollen, ist es schwierig, den richtigen Kurs einzuschlagen. Legen Sie fest, was Ihnen wichtig ist. Denken Sie an Fragen wie:
- Welche Rolle spielt Essen in Ihrer Familie? Ist es ein wichtiges Thema oder Nebensache?
- Welche Rolle spielte Essen früher, in Ihrer Jugend?
- Nehmen Sie sich immer die Zeit um zu frühstücken oder nur am Wochenende?
- Essen Sie gemeinsam am Tisch oder jeder zu seiner Zeit?
- Was haben Sie normalerweise an Essen im Haus?
- Wollen Sie Fleisch und Fisch essen?
- Was ist Ihre Meinung zu Milch?
- Ist Zucker für Sie eine Ausnahme oder täglicher Bedarf?

Überlegen Sie auch, womit Sie anfangen wollen, und was Sie vorerst noch so lassen, wie es ist. Wenn es zu Ihnen passt, auf einen Schlag plötzlich das Ruder herumzureißen, dann geht das natürlich. Unsere Erfahrung ist allerdings, dass es für die meisten Men-

---

Als Baby werden wir mit Tausenden von Geschmacksknospen geboren. Etwa dreißig Jahre später sind davon noch rund 250 übrig. In der ersten Babyphase kommt Geschmack unglaublich intensiv bei uns an. Diese Phase ist also der richtige Zeitpunkt, ein Kind mit verschiedenen Arten von Geschmack vertraut zu machen und es an sie zu gewöhnen. Kinder, die gerade in dieser Phase zwischen sechs und achtzehn Monaten viele verschiedene Dinge probieren, entwickeln sich später zu Erwachsenen mit feinerer Geschmacksempfindung.

Haben Sie schon ein Kind oder mehrere Kinder, die zur Schule gehen, und dazu ein Baby? Hier sind ein paar Basis-Tipps für die Allerkleinsten:
- Beginnen Sie mit Gemüse und danach mit Obst.
- Bieten Sie zweimal am Tag eine warme Mahlzeit an.
- Beschränken Sie die Zwischenmahlzeiten. Geben Sie diese am besten mittags.
- Sorgen Sie für einen regelmäßigen Ess-Schlaf-Rhythmus.

PHILOSOPHIE

schen besser funktioniert, Schritt für Schritt andere Entscheidungen zu treffen. Geben Sie diesen neuen Entscheidungen Zeit, um zur Gewohnheit zu werden.

Im Folgenden behandeln wir verschiedene Themen, von denen wir glauben, dass sie wichtig sind, wenn Sie Entscheidungen für Ihre Basis zu Hause treffen.

FESTE ESSENSZEITEN

Wenn es um feste Essenszeiten geht, haben Kinder oft eine gewisse Regelmäßigkeit: Sie frühstücken (obwohl viel zu viele ohne Frühstück in die Schule kommen), sie bekommen ein Pausenbrot und etwas für den Mittag (oder sie gehen in die Mensa), nach der Schule gibt es etwas, bevor sie wieder auf dem Trampolin herumhüpfen, und abends kommen sie an den Tisch. Erwachsene treffen dagegen auf mehr Versuchungen unterwegs: ein belegtes Brötchen am Bahnhof oder in der Bahn, eine Tüte Bonbons im Stau, ein Stück Kuchen, weil der Kollege Geburtstag hat, ein Rosinenbrötchen auf dem Fahrrad, ein spätes Mittagessen um 15.00 Uhr auf der Terrasse, noch ein Käsetoast um 21.00 Uhr nach dem Sport, und so könnten wir noch lange fortfahren. Je älter Ihre Kinder werden, desto stärker lauert dieses „Grasen" unterwegs.

AUF DEN KÖRPER HÖREN

Unser Körper weiß genau, was gut für uns ist, und teilt uns das gern mit. Er lässt merken, ob wir Hunger haben oder nur ein bisschen Appetit, was wir brauchen oder eben nicht. Unser Körper ist sehr raffiniert aufgebaut, mit einer Glanzrolle für den Darm. (Wer sich dafür interessiert, kaufe das Buch „Darm mit Charme" von Giulia Enders. Sehr empfehlenswert!) Aber wir müssen natürlich auch auf unseren Körper hören können. Die Allerkleinsten sind darin in der Regel sehr gut. Wenn Sie es richtig angehen, behalten Kinder diese Gabe und können sich mit etwas Glück als Erwachsene noch mühelos auf das verlassen, was ihr Körper ihnen mitteilt. Leider haben viele verlernt, auf ihren Körper zu hören, unter anderem durch eine Gesellschaft und ihre Lebensmittelindustrie, die eine 24/7-Esskultur geschaffen haben. Gerade deshalb ist es so wichtig, sich feste Zeiten zum Essen zu nehmen. Erst recht, wenn es um Kinder geht. Sie können sich zwar oft intuitiv auf ihren Körper verlassen, aber falsche Essgewohnheiten (zum Beispiel sich an viel zu viel Zucker zu gewöhnen) und der zunehmende Einfluss der Außenwelt drohen, dieses Verhältnis zu stören.

Halten Sie deshalb an den Essenszeiten fest oder führen Sie sie wieder ein. Man isst seine Brote in der Mittagspause und nicht um 14.30 Uhr. Feste Essenszeiten und feste Portionen sorgen für Berechenbarkeit in einer Welt voller (neuer) Reize. Sie geben Ruhe und sorgen dafür, dass Ihre Kinder immer besser auf ihren Körper hören. Sie selbst übrigens auch. Denn eins steht fest: Sie und Ihr Partner sind die Vorbilder Ihrer heranwachsenden Kinder.

APPETIT ANREGEN

Ein großer Vorteil der festen Essenszeiten besteht darin, dass sie Appetit für die Mahlzeiten schaffen, auf die es ankommt. Wenn die Kinder um 17.00 Uhr Hunger haben und zwei belegte Brote bekommen, weil sie zu Mittag nur ein Rosinenbrötchen gegessen haben, und das Abendessen um 18.30 Uhr auf den Tisch kommt, ist die Wahrscheinlichkeit hoch, dass das sorgfältig zubereitete Abendessen nicht mehr hineinpasst. Mit dieser einfachen Anpassung haben wir schon viele nicht essende Kindergartenkinder und 5- bis 7-Jährige wieder zum Essen gebracht. Oder Sie geben ihren Kindern das Abendessen eben früher, zum Beispiel um 17.30 Uhr. Für sehr viele Kinder dauert das Warten, bis Mama oder Papa gegen 19.00 Uhr von der Arbeit nach Hause kommt, viel zu lang.

Der Appetit direkt vor dem Abendessen ist eigentlich ideal. Sie können damit zwei Dinge tun:

1. Ihn in die Planung mit einbeziehen. Kleine Kinder müssen rechtzeitig essen, am besten etwa um 17.30 bis 18.00 Uhr. Mit zunehmendem Alter halten sie es auch etwas länger aus. Wir wissen, wie schwierig es ist, wenn Sie gern gemeinsam essen wollen, aber einer von beiden Partnern noch nicht zu Hause ist. In diesem Fall können Sie die Mahlzeit im Voraus zubereiten, sodass Sie dann gleich zu Tisch gehen können. Oder lassen Sie zum Beispiel an drei Tagen in der Woche die Kinder früher essen, während Sie dabeisitzen (eventuell mit einem gesunden Snack) und dann später mit Ihrem Partner essen. An den anderen Tagen klappt es vielleicht doch, dass Sie beide rechtzeitig zu Hause sind.

2. Nutzen Sie die Gelegenheit für einen Gemüsesnack. Rohkost mit Dip! Im Allgemeinen mögen alle Kinder Rohkost und sie regt den Appetit an. So bekommen sie auf schöne Art eine Extraportion Gemüse, inklusive Vitamine, Mineralstoffe und Ballaststoffe. Tipp: Seien Sie ein bisschen kreativ und setzen Sie ihnen nicht jeden Tag Gurke und Tomaten vor. Denken Sie auch an Blumenkohlröschen, Edamame oder Prinzessbohnen, Rettich, Paprika oder Sellerie. Alles wunderbar diptauglich! (In unserem ersten *Easy-Peasy*-Buch finden Sie allerlei Dip-Inspirationen.)

WARUM ES SO WICHTIG IST, AM TISCH ZU SITZEN

Am besten essen Sie mit der ganzen Familie an einem Tisch. Wenn das schwierig ist (zum Beispiel, weil eine/r von Ihnen erst spät von der Arbeit kommt), sorgen Sie auf jeden Fall dafür, dass Sie sitzen. Besser gesagt: dass Sie am Tisch sitzen (also nicht vor dem Fernseher). Wenn Sie sitzen, gibt es weniger Ablenkung und mehr Aufmerksamkeit. An einem Tisch sitzend zu essen schafft eine gute Assoziation mit Essen.

Unser Gehirn arbeitet fast nur mit Assoziationen. Achten Sie einmal darauf: Wenn Sie an drei Samstagen morgens mit Ihrem Kind beim Bäcker Croissants holen, steht es am vierten Samstag schon mit der Jacke da, bevor Sie überhaupt richtig aufgestanden sind. Und wenn Sie in der Lage sind, zu lesen, zu telefonieren, zu lernen, Auto zu fahren, wenn eine Tüte Weingummi in Griffweite liegt, dann haben Sie sich das auch eines Tages angewöhnt. Wenn Ihr Kleinkind jedes Mal im Buggy eine Reiswaffel bekommt oder im Autositz eine Schachtel Rosinen, dann bringen Sie dem Kind unbewusst bei, dass man Langeweile mit Essen bekämpft. Oder noch ein Schritt weiter: dass Langeweile etwas Schlimmes ist und dass man sie deshalb vermeiden muss.

Natürlich ist Essen auch mit vielen positiven Assoziationen verbunden. Mit der Familie feiern und gut essen, Pizza bestellen, wenn eine fröhliche Runde beisammen sitzt, Eis essen am ersten sonnigen Tag des Jahres. Schöne Assoziationen mit einem deutlichen sozialen Aspekt, die wir sehr befürworten! Reden, teilen, lachen und einander begegnen sind schließlich genauso nährend wie all die Vitamine und Mineralstoffe. Aber das Ganze muss im Gleichgewicht bleiben. Essen kann natürlich zu einer bestimmten Atmosphäre beitragen, aber es darf nicht zur Grundvoraussetzung werden, um Emotionen erleben (eine Belohnung kann einfach nur ein Eis sein) oder vermeiden zu können (um mit einem miesen Tag auf der Arbeit abzuschließen, muss es ein Hotdog auf dem Heimweg sein oder eine halbe Flasche Wein zu Hause).

Fragen Sie sich selbst regelmäßig, warum Sie etwas essen. Was füttern Sie damit? Ihren Körper oder Ihre Emotionen? Essen Sie jetzt, weil Sie wirklich Appetit haben, oder aus Gewohnheit? Geben Sie Ihrem Kind einen Snack zwischendurch, weil Sie keine Lust auf das Gequengel haben?

Wenn Sie zumindest im Prinzip immer am Tisch essen, schaffen Sie viel mehr Bewusstsein und damit die richtigen Assoziationen! So lehren Sie Ihre Kinder, auf ihren Körper zu hören. Für uns persönlich ist das vielleicht eine der schönsten Lektionen, die wir als Eltern unserem Nachwuchs mit auf den Weg geben können!

EINFACH MACHEN!

Gesunde Essgewohnheiten allein für Sie selbst beizubehalten ist schon eine ziemliche Herausforderung, und für die ganze Familie gilt das erst recht. Inzwischen haben wir mit so vielen Menschen gesprochen und ihnen in Sachen Ernährung geholfen, dass wir genau wissen, wo es schiefgehen kann. Die Herausforderung ist jedes Mal wieder: Wie kommen wir von Müssen zu Wollen? Und natürlich ist es auch eine Frage des Durchhaltens und Weitermachens. Das wird leichter durch gute Vorbereitung. Sie erfordert Energie, Zeit, Aktivität, Vorausdenken und Durchhaltevermögen. Das ist nicht immer leicht neben einem stressigen Beruf und einem Privatleben. Letzten Endes sorgt Vorbereitung natürlich für Energie, Zeit, Ruhe, Spielraum und – in unserem Fall – gesundes Essverhalten. Aber dazu müssen Sie erst einmal die entscheidenden Tage (bei manchen auch Wochen) überstehen. Eine gute Vorbereitung hat eine praktische Seite (den Vorratsschrank füllen, einen Einkaufszettel schreiben), aber auch eine mentale Komponente. Und natürlich ist es außerdem eine Frage der Einstellung. Damit fängt es sogar an.

DENKEN SIE VORAUS.

Nach der Entbindung sind Sie dazu mehr oder weniger gezwungen. Die meisten jungen Eltern verlassen im ersten halben Jahr das Haus nicht ohne eine Tasche mit Feuchttüchern, Pampers, Fläschchen, Schnullern, Thermoskannen und Säuglingsnahrung. Oft wird das bei der Ankunft von Nummer zwei schon etwas entspannter. (Bei Nummer drei steckt in der Tasche vielleicht noch irgendwo eine Windel, nach Feuchttüchern fragen Sie Eltern vor Ort, und die Flasche gibt es eine halbe Stunde später, wenn Sie wieder zu Hause sind.) Wenn die Kinder größer werden und die Eltern ihr Leben nach und nach zurückbekommen, rückt bei den meisten von Ihnen das Phänomen Vorbereitung weiter in den Hintergrund. Es ist schon hektisch genug, und wenn man in der Viertelstunde Pause auch noch über die folgenden Aktivitäten nachdenken soll ... nein, danke! Leider geht es aber nicht anders: Ohne Vorausdenken wird eine gesunde, nahrhafte Ernährung für den Nachwuchs jedenfalls schwierig.

Wir haben uns angewöhnt, abends (beim Zähneputzen, unter der Dusche oder im Bett) den nächsten Tag in Gedanken kurz durchzugehen, was das Essen für die Familie angeht. Sind wir über Mittag unterwegs? Dann ist das ein guter Grund, das Abendessen besonders nahrhaft zu machen. Geht Ihre jüngste Tochter nachmittags zum Sport und der Sohn am frühen Abend? Bereiten Sie eine nährstoffreiche Mahlzeit zu, die sich leicht aufwärmen lässt. Im Kapitel „Sport & Spiel" liefern wir dazu eine Anzahl Rezepte. Gehen Sie gegen Abend mit Ihren Kindern zu Freunden? Sorgen Sie dann für ein gesundes Mittagessen. Die Wahrscheinlichkeit ist schließlich recht hoch, dass Sie am Abend hängen bleiben und für die Kinder Pizza bestellt wird.

Denken Sie also voraus. Legen Sie fest, auf welche Mahlzeiten Sie Einfluss haben wollen und können und wo Sie die Kontrolle etwas lockern müssen. So werden Sie nicht ständig von Situationen überrumpelt und Sie sorgen auf jeden Fall dafür, dass einige Gelegenheiten zum Essen nahrhaft gestaltet werden.

Denken Sie auch über den Nährwert des Tages nach. Wie viel wovon brauchen Sie jeden Tag? Wie sieht es mit der Nahrungsaufnahme über den ganzen Tag aus? Ist die Verteilung von Kohlenhydraten, Eiweiß, Fett und Gemüse (unserer Meinung nach eine eigene Kategorie) richtig? Gibt es zum Frühstück Brot und geben Sie auch für die Pause ein Brot mit? Dann gibt es abends keine Nudeln. Kommt ein eiweißreiches Mittagessen auf den Tisch? Dann ist das Stück Fleisch oder Fisch am Abend nicht wirklich nötig. Um zu verstehen, was eine gute Aufteilung ist und wie Sie die praktisch umsetzen, haben wir das im Einzelnen aufgeführt. Blättern Sie weiter zum Kapitel „So wird's gemacht" auf Seite 216.

UNSER IDEALER TAGESPLAN

FRÜHSTÜCK - SNACK - MITTAGESSEN - SNACK - ABENDESSEN. MIT EINEM WORT: RHYTHMUS! ÜBRIGENS REDEN WIR LIEBER VON FRÜHSTÜCK, HERZHAFTEM SNACK, HAUPTMAHLZEIT, SÜSSEM SNACK UND ABENDESSEN. EINFACH, WEIL DIESE BEGRIFFE BESSER ZUM AUSDRUCK BRINGEN, WAS WIR MIT DIESEN MAHLZEITEN MEINEN. DIESEN STANDARD-TAGESPLAN EMPFEHLEN WIR SCHON AB DEM KLEINKINDALTER. AM LIEBSTEN WÜRDEN WIR IHN FORTSCHREIBEN FÜR KINDER IM GRUNDSCHULALTER, ABER DAS WIRD SCHWIERIG. DIE KINDER ESSEN NICHT NUR ZU HAUSE, SONDERN AUCH IN DER SCHULE, BEI FREUNDEN ODER AUF EINEM KINDERGEBURTSTAG. ESSEN, DAS SIE NICHT IMMER KONTROLLIEREN KÖNNEN.

Am liebsten würden wir die ganze „Ernährungsgesellschaft" komplett über den Haufen werfen, sodass zu viel raffinierter Zucker dasselbe Image bekommt wie Rauchen oder Alkohol, eine Steuer auf Transfettsäuren erhoben wird, Subventionen für regionales, saisonales Gemüse aus Bio-Anbau gezahlt werden und die Schulen unsere Kinder mit guten warmen Mahlzeiten und dem passenden Unterrichtsmaterial versorgen. Aber fürs Erste wollen wir vor allem Ihnen helfen, Sie inspirieren und beraten. Hoffentlich trägt das dazu bei, dass immer mehr Menschen andere Anforderungen an das System stellen.

FRÜHSTÜCK

Bei unseren Lesungen und Präsentationen in Schulen und Kindertagesstätten hören wir noch zu oft, dass eine große Anzahl Kinder ohne Frühstück oder mit einem Stück Kuchen in der Hand ankommt. Für uns einfach unvorstellbar. Das Frühstück ist für unsere Kinder so wichtig, gerade weil sie einen ganzen Tag voll mit neue Dinge lernen vor sich haben.
Der am häufigsten angegebene Grund: „Er/sie will morgens einfach noch nichts essen." (Mit dem Zusatz: „Und das kann ich gut verstehen, ich schaffe das um diese Uhrzeit auch noch nicht.") Oft ist der Grund, warum Kinder schlecht frühstücken, nicht das Frühstück, sondern die Stimmung in diesem Augenblick.
Der frühe Morgen ist bei vielen Familien kein besonders ruhiger Zeitpunkt. Müde früh aufstehen, die ganze Bande wach bekommen, waschen und anziehen, dabei selbst noch halbwegs gepflegt aussehen, Brotdosen richten, und dann in einem Affentempo zur Tür hinaus, damit alle rechtzeitig in der Schule landen und Sie selbst nicht schon wieder zu spät zur Arbeit kommen. Sehen Sie sich dabei auch noch zwischendurch drei Schalen Quinoabrei mit geriebenem Obst garnieren? No way, stimmt's? Gar nicht zu reden von einem gedeckten Tisch, an dem Sie in aller Ruhe gemeinsam den Tag beginnen.

MITTAGESSEN

(ODER AUCH NAHRHAFTE, WARME HAUPTMAHLZEIT)
Wenn es nach uns geht, essen wir mittags alle warm und machen das Mittagessen zur Hauptmahlzeit, wie das in anderen Regionen Europas auch üblich ist. Der wichtigste Grund dafür hat mit unserem Energiebedarf und unserer Verdauung zu tun. Bei Kindern kommt außerdem hinzu, dass sie abends oft zu müde sind um zu essen, oder schon früher Hunger haben, als wir nach Hause kommen und kochen können. Leider sind wir noch nicht ganz so weit. Die durchschnittliche Mensa einer weiterführenden Schule ist gefüllt mit rosa Kuchen, Hotdogs, Käsetoast und – wenn Sie Glück haben – auch noch ein bisschen Obst und Suppe. Nach dem Motto: „Sonst kaufen sie es eben am Kiosk oder im Supermarkt um die Ecke!"

Unser Tipp: Heben Sie sich den gestylten Quinoabrei fürs Wochenende auf und sorgen Sie unter der Woche für eine schnellere Alternative. Sie können auch vieles schon am Abend vorbereiten. Wie wir schon festgestellt haben: Vorbereitung ist die Rettung! Frühstücken ist ein Muss, also tun Sie, was Sie zu tun haben. Claire zum Beispiel steht, seit die Jungen in die Grundschule gehen, eine dreiviertel Stunde früher auf, damit sie nicht immer hinterherhinkt und ihnen die Möglichkeit gibt, in Ruhe wach zu werden. Natürlich ist es morgens verführerisch, den Wecker ein paarmal zu überhören. Aber den Stress, der dadurch entsteht, ist es nicht wert. Ein ruhiges Frühstück macht sich im weiteren Verlauf des Tages doppelt und dreifach bezahlt. Im Kapitel „Zu Hause" finden Sie viele Inspirationen für gesunde (und schnelle) Frühstücksgerichte.

In der Grundschule haben Sie als Eltern noch ein wenig Einfluss darauf, was es mittags zu essen gibt. Aber eine Suppe oder Nudeln mit nahrhafter Sauce bringen Kinder selten mit in die Schule. Die Kunst besteht also darin, einen Mittelweg zu finden zwischen dem Ideal eines ausgiebigen, nahrhaften Mittagessens am Tisch und dem durchschnittlichen Ritual bei einem Stück Brot mit Schmelzkäse oder Schokocreme. Im Kapitel „Schule & Freunde" finden Sie Inspirationen für die Brotdose. An den Tagen, an denen die Kinder nicht in die Schule gehen oder zu Hause zu Mittag essen, bringen Sie am besten öfter eine warme Mahlzeit auf den Tisch. Ist das noch ein Schritt zu weit? Vielleicht klappt es ja, außer dem Brot auch etwas Warmes auf den Tisch zu bringen, zum Beispiel eine Tasse selbst gekochte Suppe oder eine Gemüsequiche.

ABENDESSEN
(ODER AUCH LEICHTE ABENDMAHLZEIT)

Auch die Abendmahlzeit darf unserer Meinung nach anders aussehen. Das englische Supper passt dahingehend genau zu dem, was wir mit diesem Essen meinen: Die Portionen sind etwas kleiner als bei der Hauptmahlzeit am Mittag, aber nahrhafter als einfach nur ein Brot. Ein Stück Brot mit einer Tasse Suppe, ein herzhafter Salat oder ein Wrap sind abends prima für die Kinder. Vor allem, wenn sie mittags schon eine nahrhafte Mahlzeit bekommen haben. Oder sie essen einfach noch einmal warm. Warum nicht? Eine warme Mahlzeit enthält im Allgemeinen mehr Nährstoffe als die übliche Brotmahlzeit mit ungesundem, hoch verarbeitetem oder süßem Brotbelag. Praktisch gesehen ist dieser Ansatz vielleicht nur etwas fürs Wochenende. Denn wenn wir ehrlich sind, ist es eine Herausforderung an einem Wochentag mittags eine warme Mahlzeit auf den Tisch bringen und abends noch eine Supper-Variante. Bis jetzt schafft Claire es, an den kürzeren Schultagen mittags zumindest ein warmes Gericht mit Gemüse in der Hauptrolle auf den Tisch zu bringen. Ob Sie es glauben oder nicht, dabei essen sehr gern Freunde und Freundinnen mit! Gleichzeitig ist uns natürlich klar, dass es in dieser Altersklasse vor allem darum geht, mit dem Strom zu schwimmen und innerhalb eines bestimmten Rahmens zu schauen, was möglich ist. Deshalb finden Sie in diesem Buch außer Vorschlägen für die Brotdose oder für gesunde belegte Brote vor allem viele Rezepte, die gut als warme Hauptmahlzeit, handfestes Abendessen, leichtes Supper oder schneller Mittagsimbiss funktionieren. Also genug Auswahl, um sie auf Ihre Weise in Ihr Familienleben einzubauen.

SNACKS & SÜSSIGKEITEN

Das heiße Eisen. Hierzulande haben sich etwa drei Gelegenheiten für Snacks und Süßes zwischendurch eingebürgert. Etwa um 10.00 Uhr (Obst in der Kita, große Pause in der Schule, Kaffeepause bei der Arbeit), um 16.00 Uhr (nach der Schule gibt es Tee und etwas Leckeres dazu, bei der Arbeit fühlt man sich schlapp und die Aufputschmittel Cola light und Schokoriegel kommen zum Vorschein) und zum Schluss abends eine Kleinigkeit (zum Kaffee nach dem Essen oder später vor dem Fernseher). Geburtstagsmitbringsel in der Schule, mehr als einmal Süßes nach der Schule, Betteln in der Stadt, im Supermarkt, am Spielplatz, im Sportlerheim und so weiter.

Im Kapitel „Schule & Freunde" beschäftigen wir uns noch ausführlich mit all diesen Süßigkeiten und dem richtigen Zeitpunkt dafür. Jetzt geht es in erster Linie um die Gelegenheiten selbst. Die Zwischenmahlzeiten halten den Blutzuckerspiegel zwischen den Hauptmahlzeiten einigermaßen stabil. Gleichzeitig wollen wir dafür sorgen, dass die Minis noch ein bisschen Platz und Appetit für die Hauptmahlzeit haben. Manchmal sprechen wir mit Eltern, deren Kinder abends eigentlich keinen Bissen essen. Wenn wir dann das Essverhalten den ganzen Tag über genauer betrachten, sehen wir, dass vor allem die Snacks zwischen 15.30 und 17.30 Uhr die Ursache für den mangelnden Appetit beim Abendessen sind. Wenn ein Kind nach der Schule vollgestopft wird mit einem Keks zum Tee, etwas Süßem, einem Cracker, noch einem Keks und einer Reiswaffel oder Banane, um den Hunger beim Kochen zu stillen, warum sollte es dann noch die Bohnen essen, die ihm doch nicht so richtig schmecken? Es verhungert auch so nicht, und mit ein bisschen Glück gibt es gleich noch einen Joghurt, Obst oder ein Eis.

ZWISCHENMAHLZEITEN
(WIE IN FRANKREICH)

Um alle Zwischenmahlzeiten in den Griff zu bekommen, ist es wichtig, den ganzen Tag zu betrachten und nicht nur eine Mahlzeit. Wir empfehlen: Machen Sie es wie in Frankreich! Entscheiden Sie sich für eine echte (süße) Zwischenmahlzeit am Nachmittag, ungefähr um 16.00 Uhr, und lassen Sie es dabei. In der Schule ist die große Pause in der Regel eine Gelegenheit, für die man sich Zeit nimmt. Tun Sie das zu Hause ebenso. Kommen Sie der Frage nach einer Leckerei zuvor, indem Sie sich dazusetzen. Ganz wunderbar, wenn diese Gelegenheit für etwas Süßes oder wirklich Leckeres genutzt wird. Backen Sie Kuchen, kaufen Sie die Lieblingskekse Ihres Kindes und genießen Sie es. Natürlich darf das unserer Meinung nach selbst gemacht und/oder zuckerfrei sein. Wir verstehen schon, dass das nicht jeden Tag klappt, und es muss auch nicht unbedingt sein. Aber setzen Sie sich dazu!

LEBENSMITTELGRUPPEN

ZUR ZEIT MACHEN VIELE MEINUNGEN ÜBER ALLERLEI LEBENSMITTEL DIE RUNDE: MILCH, SOJA, FLEISCH, ALKOHOL, KAFFEE, SCHOKOLADE, JA SOGAR ÜBER SCHLICHTE BELEGTE BROTE. JE NACHDEM, OB ES SICH UM EINEN LEBENSMITTELTECHNIKER HANDELT, UM EINE HOBBY-FOOD-BLOGGERIN ODER EINE INSTITUTION WIE DIE DEUTSCHE GESELLSCHAFT FÜR ERNÄHRUNG, ALLE SCHEINEN EINE ANDERE MEINUNG ZU HABEN, TEILS MIT FORSCHUNGSERGEBNISSEN UNTERMAUERT. ANSICHTEN, ERKENNTNISSE, STUDIEN, DIE UNS DANK DER SOZIALEN MEDIEN IN KÜRZESTER ZEIT ERREICHEN. FÜR DEN DURCHSCHNITTLICHEN VERBRAUCHER MIT ODER OHNE FAMILIE IST ES NICHT LEICHT, DEN ÜBERBLICK ZU BEHALTEN. ES GIBT ABER KEINE SCHWARZ-WEISS-LÖSUNG, WENN ES UM ERNÄHRUNG GEHT. ES KOMMT IMMER NEUES WISSEN HINZU, ARGUMENTE VERSCHIEBEN SICH, UND MEINUNGEN MÜSSEN DIFFERENZIERT WERDEN.

Weiter unten geben wir eine Zusammenfassung einiger umstrittener Lebensmittelgruppen. Wir erklären kurz, worauf manche Bewertungen basieren, und wir stellen auch unsere Ansicht dar. Hoffentlich sorgt das für mehr Klarheit. Mit allen Vor- und Nachteilen auf einer Liste können Sie am besten selbst beurteilen, was Ihnen und Ihrer Familie wichtig ist, und können entsprechend bewusstere Entscheidungen treffen.

MILCH FÜR ALLE?

Insbesondere die Ernährung kleiner Kinder enthält oft viele Milchprodukte (aus Kuhmilch). Dabei gibt die Frage, ob das wirklich gesund und gut für sie ist, schon seit einigen Jahren Anlass zu heftigen Diskussionen. Kurz zusammengefasst läuft es darauf hinaus, dass Milch trinken ungefähr gleich viele Anhänger wie Gegner hat. Die Befürworter sagen, dass Milch essenzielle Vitamine (B) und Mineralstoffe (Calcium) enthält und Energie liefert. Kinder brauchen sie, um zu wachsen. Punkt. Die Gegner sind der Meinung, dass inzwischen so viele Dinge mit den Kühen und daher mit der Milch angestellt werden, zum Beispiel Antibiotika im Futter, Injektionen von Wachstumshormonen, dass das unmöglich gut für uns sein kann. Und dann gibt noch eine Fraktion, die sagt: Kuhmilch ist für Kälber gedacht, nicht für uns Menschen.

Wegen des heutigen Herstellungsverfahrens von Kuhmilch/Milchprodukten und der Schwierigkeiten, die viele Menschen mit der Verdauung dieser Lebensmittel haben, empfehlen wir, Milch in Maßen zu verwenden. Vermeiden Sie alle gefärbten, gesüßten und fettfreien Varianten wegen der Süßstoffe und des Zuckers. Also kein Trinkjoghurt, keine Vanillecreme, keine rosa Quarkdesserts. Auch keine kleinen, bunten, teilbaren Becher. Es ist allerdings so, dass wir – insbesondere Kinder, die noch wachsen – ausreichend Calcium brauchen. Diesen Mineralstoff aus pflanzlichen Quellen zu beziehen, ist sicher eine Möglichkeit, sie erfordert aber eine sehr bewusste Ernährung, und selbst dann bleibt sie eine Herausforderung: Sie müssen wirklich sehr viel grünes Gemüse, Nüsse und Saaten essen, um dieselbe Menge zu sich zu nehmen. Etwas Naturjoghurt, Quark oder Bio-Milch bei passender Gelegenheit ist also kein Problem, nur übertreiben Sie nicht. Die Empfehlung von drei Gläsern Milch pro Tag und dazu einen Becher Vanillecreme als Nachtisch für gesunde Knochen ist inzwischen überholt. Wenn Sie Kuhmilch verwenden, nehmen Sie Bio-Milch, und zwar fettarme oder Vollmilch. Wir wissen, dass die offizielle Richtlinie anders lautet. Es ist zu überlegen, für Kinder mit deutlichem Übergewicht und schlechten Ernährungsgewohnheiten nicht auch noch Vollmilchprodukte zu nehmen. Aber im Allgemeinen ist es besser, die Portionsgröße im Auge zu behalten und Produkte zu wählen, die nahrhaft sind und denen so wenig Inhaltsstoffe wie möglich entzogen wurden. Zu oft sehen wir Kinder, die statt einer kleinen Schale gleich eine halbe Packung 0%-Fruchtjoghurt mit Süßstoff aufessen, weil er nun einmal weniger sättigt und ernährt.

Wenn Sie Ihren Kindern Milchprodukte geben, sollten Sie auf folgende Punkte achten: Klagt Ihr Kind oft über Bauchschmerzen oder Völlegefühl? Beobachten Sie Dinge wie Ekzeme oder Erschöpfung? Ist Ihr Kind den größten Teil des Jahres erkältet oder verschnupft? Das können Anzeichen einer Laktose-(Milchzucker-)Unverträglichkeit sein. Dann lohnt es sich, Milchprodukte eine Zeitlang ganz wegzulassen und zu beobachten, ob die Beschwerden dadurch abnehmen. Übrigens sorgt eine gute Darmfunktion dafür, dass Sie Laktose besser vertragen. Es kann sich also lohnen, erst mit gesunder Ernährung für einen gesunden Darm zu sorgen, sodass danach die Verdauung von (einer gewissen Menge) Milchprodukten keine Probleme mehr verursacht.

Befürchten Sie Calciummangel? Das muss nicht sein. Grünes Gemüse, verschiedene Kräuter, Nüsse wie Haselnüsse oder Paranüsse und Saaten wie Leinsamen oder Sesam stecken voll davon. Auch Quinoa, Hülsenfrüchte, Rohkakao und getrockneter Seetang enthalten Calcium. Kurz gesagt, mit einer ausgewogenen Ernäh-

rung kommen Sie schon ziemlich weit. Erst recht, wenn Sie dazu hin und wieder doch etwas Joghurt, Käse oder Milch zu sich nehmen.

ALTERNATIVEN

Nehmen Sie gelegentlich Ziegen- oder Schafsmilch. Die Eiweißmoleküle sind im Allgemeinen leichter verdaulich als die in Kuhmilch, auch wenn der Geschmack vielleicht etwas ungewohnt ist. Übrigens haben Menschen mit Laktoseintoleranz mit diesen Produkten oft ebenfalls Probleme!

Variieren Sie außerdem mit pflanzlicher Milch: Nuss-, Kokos- oder Reismilch. Achten Sie aber darauf, dass Sie eine ungesüßte Sorte nehmen. Die meisten pflanzlichen Milchprodukte sind mit Calcium angereichert und daher in dieser Hinsicht ein vollwertiger Ersatz.

Über Sojamilch und -joghurt wird schon länger diskutiert. Das hängt vor allem mit der Menge an Hormonen zusammen, die darin stecken können. Außerdem ist es schwer zu garantieren, dass nicht mit genmanipuliertem Soja gearbeitet wird. Die meisten Sojaprodukte enthalten zudem Zucker oder Süßstoffe, weil reines Soja ... nun ja, einfach ungenießbar ist. In vielen Ländern wird schwangeren Frauen und für Babys von Soja abgeraten. Das sagt unserer Meinung nach genug. Wollen Sie doch Sojaprodukte verwenden, dann in Maßen und am besten eine Bio- (nicht genmodifizierte) Variante. Eine letzte Ergänzung: Reagiert Ihr Baby allergisch auf Kuhmilch? Geben Sie ihm dann auch keine Sojamilch, denn es besteht die Möglichkeit, dass es eine Soja-Allergie entwickelt. Und da Soja in unglaublich vielen Lebensmitteln enthalten ist, kann eine solche Allergie sehr lästig und geradezu unerträglich sein.

FISCH, FLEISCH & GEFLÜGEL

Wir geben gern dem Gemüse die Hauptrolle, aber wir sind keine Vegetarier. Also kommt hin und wieder Fleisch oder Fisch in unseren Rezepten vor. Das heißt wiederum nicht, dass Sie Ihr Kind nicht vegetarisch erziehen können. Wenn Sie sich das überlegen, sorgen Sie auf jeden Fall dafür, dass Sie es verantwortungsvoll und ausgewogen angehen. Im Kapitel „Ernährung & Gesellschaft" finden Sie einige Tipps über vegane oder vegetarische Ernährung für Kinder. Gibt es doch Fleisch, Fisch und Geflügel? Seien Sie dann möglichst kritisch bei der Auswahl der Produkte, ihrer Herkunft, bei der Portionsgröße und Häufigkeit. Und sei es nur wegen der Tiere oder unserer Erde!

FISCH

Fisch enthält Fisch-Fettsäuren wie Omega-3- und andere gute (für Kinder sogar unverzichtbare) Fettsäuren, zum Beispiel EPA und DHA. Es führt an dieser Stelle zu weit, das im Einzelnen zu erklären. Das Wichtigste dabei ist: Essen Sie Fisch!
Ernähren Sie sich vegetarisch oder vegan? Nehmen Sie dann Nahrungsergänzungsmittel wie Fischöl. Ernähren Sie sich vegan und sind schwanger? Überlegen Sie dann, während der Schwangerschaft doch vom Glauben abzufallen und Fisch zu essen. Natürlich enthält Fisch leider auch Stoffe, die wir lieber nicht zu uns nehmen (unter anderem Quecksilber). Aber bis jetzt lautet die Grundregel: Die Vorteile überwiegen die Nachteile!
Wollen Sie Fisch weglassen? Gleichen Sie dann den Mangel an Omega-3-Fettsäuren mit ausreichend Körnern, Saaten, Nüssen, Hülsenfrüchten, grünem Blattgemüse, gutem Pflanzenöl und einem Fischöl-Ergänzungsmittel aus. Für die Fettsäuren EPA und DHA ist Fisch einfach die beste Quelle. Der einzige Ersatz sind anscheinend Algen (und zwar, weil die Fische selbst zu EPA und DHA kommen, indem sie Algen fressen).

Kaufen Sie vorzugsweise Bio- oder nachhaltig gefangenen Fisch*. Dann können Sie so gut wie sicher sein, dass keine Chemikalien, Wachstumshormone oder andere schädliche Stoffe bei der Zucht verwendet wurden, dass das Ökosystem und die Umwelt möglichst wenig belastet und die Fische selbst gut ernährt wurden. Achten Sie auch auf das MSC- oder ASC-Siegel. Auch konventioneller Fisch kann mit einem dieser Siegel ausgezeichnet sein. Sie stehen für nachhaltig gefangenen, verarbeiteten und gezüchteten Fisch. Sie sagen übrigens nicht unbedingt etwas über die Qualität aus.
Wild gefangener Fisch oder Zuchtfisch haben jeweils ihre Vor- und Nachteile. Das (Meer-)Wasser enthält zur Zeit recht viele Schwermetalle sowie andere Abfallstoffe, und auch die Fangtechnik macht wild gefangenen Fisch in manchen Fällen eher weniger romantisch, als es klingt. Bei Zuchtfisch ist das Wasser auch nicht immer von bester Qualität und die Fische bekommen häufig Medikamente (schließlich bedeutet ein kranker Fisch in einem vollen Becken ein hohes Verlustrisiko).

Die richtige Wahl ist also nicht ganz einfach. Aber noch einmal: Die Vorteile überwiegen die Nachteile. Und das gilt auch für Schwangere. Neuere Untersuchungen der Rochester University in New York** haben gezeigt, dass zum Beispiel die Menge an Quecksilber und Schadstoffen in Fisch die Vorteile für das ungeborene Kind nicht aufwiegen. Es wird also empfohlen, Fisch von guter Qualität zu essen.

Im Allgemeinen kann man sagen: Je höher der Fisch in der Nahrungskette steht, je größer er ist, desto mehr Giftstoffe stecken in seinem Fleisch. Beispiele für solche Fische sind Thunfisch, Schwertfisch und Königsmakrele. Aber auch hier gilt: Die Vorteile überwiegen die Nachteile. Verwenden Sie ruhig hin und wieder eine dieser Fischarten und zwar am besten eine wilde, mit der Angel gefangene Sorte.

*Im Einkaufsratgeber Fisch auf der Website des WWF finden Sie weitere Informationen

PHILOSOPHIE

über verschiedene Fischarten. Die Farben grün, gelb und rot helfen Ihnen, die richtige Entscheidung zu treffen. Dabei werden Überfischung, Umweltschutz und Zuchtverfahren berücksichtigt.

** The American Journal of Clinical Nutrition

FLEISCH

Für Fleisch gilt: besser nicht jeden Tag. Und wenn Sie sich dafür entscheiden, nehmen Sie die beste Qualität. Das bedeutet oft Bio-Qualität und kostet etwas mehr, aber vergessen Sie nicht: lieber zweimal pro Woche ein Stück Bio-Fleisch als jeden Tag ein Stück Massentierhaltung. Weißes Fleisch oder Geflügel ist im Allgemeinen leichter verdaulich als rotes Fleisch, das viele gesättigte Fettsäuren enthält. Dagegen enthält rotes Fleisch von guter Qualität, von Weiderindern, wertvolle Nährstoffe wie Eiweiß, Eisen und Vitamin B.

Fleischwaren brauchen Sie wegen der Nährstoffe nicht zu kaufen; sie sind vielmehr oft hoch verarbeitet und mit so vielen Zusätzen versehen (ja, auch eine Scheibe Wurstaufschnitt enthält Zucker), dass die eventuell vorhandenen Nährstoffe nicht mehr viel ausmachen. Fleischwaren, die Sie bei einem guten Metzger kaufen, sind da mitunter eine Ausnahme. Und marinierte oder vorgeschnittene Fleischprodukte lassen Sie besser auch links liegen.

HUHN

Wenn Sie in den letzten paar Jahren nicht unter einem Stein gelebt haben (ja, sorry!), haben Sie sicher mitbekommen, dass ein Industriehuhn zu kaufen wirklich keine verantwortungsvolle Entscheidung ist. Weder für Sie, noch für die Umwelt und schon gar nicht für das Huhn. Also einfach sein lassen. Kaufen Sie Huhn immer in Bio-Qualität und am besten im Fachgeschäft oder bei einem zuverlässigen Lieferanten vor Ort.

GETREIDE

Es gibt Getreide (Weizen, Gerste, Hafer, Roggen, Reis, Hirse und Mais) und Pseudogetreide (Buchweizen, Quinoa, Wildreis und Amarant). Pseudogetreide wird zwar genauso zubereitet und gegessen wie Getreide, dabei handelt es sich aber eigentlich um Gras- oder Saatenarten. Getreide und Pseudogetreide sind Energielieferanten und enthalten relativ viele Nährstoffe, wenn sie noch nicht verarbeitet sind. Die raffinierten Sorten wie weißer Reis oder Produkte wie Nudeln ohne Vollkorn und Weißbrot sind hoch verarbeitet, was bedeutet, dass kaum noch Nährstoffe übrig sind. Stark vereinfacht gesagt: Ihr Körper betrachtet sie als Zucker, setzt sie direkt in Energie um, die – wenn Sie sie nicht verbrauchen – als Fett eingelagert wird. Dreimal dürfen Sie raten ... Wir sind große Anhänger der unbearbeiteten Körner und verwenden Sie häufig in unseren Rezepten.

GLUTEN

Mehr oder weniger eng mit dem Thema Getreide verbunden ist das Thema Gluten. Das ist der Name einer Gruppe von Eiweißen, die in verschiedenen Getreidearten wie Weizen, Dinkel und Roggen enthalten sind, ebenso in Produkten, die daraus hergestellt werden. Und das sind so einige: Pizza, Brot, Kuchen, Kekse, Cracker und Nudeln, aber auch Fertigsuppen (Bindemittel), Saucen und Süßigkeiten.

Heutzutage hört man oft von Zöliakie (Glutenallergie) und Glutenunverträglichkeit. Bei Zöliakie verursacht Gluten schwerwiegende Schäden im Dünndarm und dieser ist daher nicht mehr in der Lage, Nährstoffe richtig aufzunehmen. Menschen mit Zöliakie können davon schwer krank werden und müssen Gluten um jeden Preis meiden. Wenn Sie testen wollen, ob Sie Zöliakie haben, müssen Sie weiterhin Gluten essen, damit Sie das belegen können. Derzeit hört man, dass viele Menschen, die keine offizielle Diagnose haben, sich trotzdem viel besser fühlen, wenn sie weniger Lebensmittel mit Gluten essen. Ob das jetzt direkt am Gluten liegt oder daran, dass viele dieser Lebensmittel auch hoch verarbeitet und raffiniert sind, ist allerdings noch die Frage. Jedenfalls verschwinden Beschwerden wie Blähbauch, Blähungen oder unregelmäßiger Stuhlgang. Inzwischen gibt es auch von offizieller Seite Informationen über Glutenintoleranz oder -empfindlichkeit. In diesem Buch finden Sie viele glutenfreie Rezepte oder solche, die Sie leicht glutenfrei machen können.

Braunes Brot. Oder genauer: Vollkornbrot. Es ist schon fast ein Nationalgericht. Wir empfehlen, dieses Brot öfter durch etwas anderes zu ersetzen. Nicht, weil wir aus Prinzip gegen Brot sind – auch hier ist es vor allem eine Frage der Qualität und des Belags –, sondern weil wir sowieso jeden Tag eine Menge Weizen zu uns nehmen. Wenn wir mehrmals am Tag belegtes Brot essen, bleibt weniger Platz für andere nahrhafte Mahlzeiten. Wir wollen gar nicht gegen Brot plädieren, sondern eher für mögliche Alternativen. Oder jedenfalls weniger Brot, gutes Brot und anderen Belag.

Durch die Massenproduktion von Brot mit allerlei Zusatzstoffen und Brotverbesserern, die es weicher, „frischer" und länger haltbar machen, bleiben kaum noch Nährstoffe übrig. Hinzu kommt, dass der stark raffinierte Weizen auch deutliche Auswirkungen auf unseren Blutzuckerspiegel hat. Wenn Sie zwei Scheiben Vollkornbrot mit süßem Belag essen, steigt Ihr Blutzuckerspiegel höher als nach zwei Esslöffeln reinem Zucker.

Ein belegtes Brot ist schnell, unkompliziert und immer noch das Übliche zum Frühstück, als Pausenverpflegung oder als Abendessen vor dem Sport. Für uns ist es eine Herausforderung, jetzt erst recht ebenso schnelle, unkomplizierte Alternativen vorzuschlagen, die nahrhafter sind oder die Sie ausprobieren können, um mehr Abwechslung zu schaffen. Wir geben Anregungen zum Belag und auch ein paar Rezepte, um selbst Brot zu backen. Wenn Sie das erst beherrschen, wollen Sie und Ihre Familie nichts anderes mehr.

ZUCKER UND (NATÜRLICHE) SÜSSSTOFFE

Im ersten Teil dieses Buches (Unsere Philosophie) haben wir schon ausführlich erklärt, was wir von raffiniertem Zucker und von Süßstoffen halten. In diesem Überblick differenzieren wir da ein wenig, insbesondere, was die natürlichen Zuckerersatzstoffe oder Alternativen angeht. Denken Sie an: Honig, Ahornsirup, Kokosblütenzucker, Datteln, Marmelade, Kokosnektar und so weiter. Unserer Meinung nach sollten Sie sich vor allem zwei Dinge merken:

1. SÜSS BLEIBT SÜSS

Sie sehen natürlich fantastisch aus, die ganzen Rezepte mit dem Hinweis: „Dieser gesunde Brownie enthält weder Zucker noch Mehl, ihr könnt also davon essen, so viel ihr wollt", auf Facebook und Instagram. Ja, schon, es ist besser, wenn Sie einen Brownie mit Honig oder Kokosblütenzucker essen als einen mit raffiniertem weißem Zucker (oder noch schlimmer: einen aus der Fabrik, der mit HFCS gesüßt ist). Aber vergessen Sie nicht: Auch natürliche Süßmittel sind süß und enthalten oft (genauso viel) Glukose und/oder Fruktose wie normaler Zucker und beeinflussen dadurch unter anderem den Blutzuckerspiegel. Außerdem wollen Sie ja die Vorliebe Ihrer Kinder für Süßes verringern, und das geht nicht, indem Sie jetzt alles mit Ahornsirup oder Honig süßen. Süßes gehört deshalb zu Ihren 20%. Das gibt es ab und zu. Zum Genießen.

2. ACHTEN SIE AUF QUALITÄT

Obwohl Honig, Datteln oder Kokosnektar sich auf Ihren Körper ähnlich auswirken wie Zucker, bestehen diese Lebensmittel aus mehr als nur Fruktose. Natürliche Süßmittel in ihrer ursprünglichsten Form enthalten wichtige Nährstoffe wie Ballaststoffe, Vitamine und Mineralstoffe. Es ist allerdings wichtig, dass Sie hochwertige Ware kaufen. So enthält kaltgeschleuderter Honig direkt vom Imker mehr Nährstoffe als eine stärker raffinierte, flüssige Version, die in großem Maßstab produziert wird.

SUPERFOODS

Eben noch waren Superfoods hip, im nächsten Moment wurden sie von allen Seiten kritisiert. In jedem Fall werden sie uns noch eine Weile erhalten bleiben und kommen damit auch immer öfter für Kinder in Frage. Stark verkürzt handelt es sich um Lebensmittel, in denen Nährstoffe so stark konzentriert sind, dass Sie nur sehr wenig davon brauchen. Das betrifft die einfacheren, gängigen Superfoods wie Zwiebeln, Heidelbeeren und Grünkohl ebenso wie die exotischeren Sorten wie Macapulver, Rohkakao und Blütenpollen.

Wie bei so vielen Dingen hat auch hier der Hype das Wesentliche ein Stück weit verdrängt. Plötzlich wollten alle Gojibeeren und Chia-Smoothies und es kamen Diskussionen auf, dass man nicht von Superkörnern allein leben kann. Das ist richtig, eine Diät nur aus Superfoods ist nicht zu empfehlen. Sie sind kein Ersatz für eine vollwertige Ernährung. Aber unserer Meinung nach passen sie hervorragend dazu und haben in manchen Fällen einen klaren Mehrwert als Zusatz oder Belag. Eine selbst gemachte heiße Schokolade mit Rohkakao (Superfood) und Macapulver (noch ein Superfood) schmeckt jedem Kind und ist nahrhafter als eine aus der Tüte. Also warum nicht.

Wir verwenden Superfoods, weil sie schmecken, und als Abwechslung. In unseren Rezepten kommen sie hier und da vor, meist als Zusatz, den Sie ebenso gut weglassen können. Superfoods sind im Allgemeinen eher kostspielig, und auch das kann ein Grund sein, sie wegzulassen. Abgesehen davon ist es vor allem unser Ziel, Kinder mehr Gemüse und weniger Zucker essen zu lassen, deshalb konzentrieren wir uns lieber darauf.

IN DER KÜCHE

DIE RICHTIGEN GERÄTE UND WERKZEUGE IN DER KÜCHE MACHEN DAS KOCHEN ANGENEHMER UND SPANNENDER. AUSSER DEM ÜBLICHEN KÜCHENWERKZEUG WIE EIN GUTES KOCHMESSER, SCHNEIDBRETTER, SCHNEEBESEN, SCHERE, KARTOFFELSTAMPFER, SPARSCHÄLER, SIEB, ALUMINIUMFOLIE UND BACKPAPIER EMPFEHLEN WIR IHNEN FOLGENDES:

- Mixer oder Küchenmaschine
- Starker Stabmixer
- Frischhaltedosen oder lebensmittelechte Plastiktüten (ohne Bisphenol-A und tiefkühlgeeignet)
- Silikonbackformen (Kastenform, Bodenform, kleine Kuchen)
- Satz Einkochgläser
- gutes Topfset
- Reibe oder Spiralisierer

Mindestens so wichtig ist Hygiene. Nicht selten entstehen negative Reaktionen auf Essen (Übelkeit, Bauchschmerzen und so weiter) nicht durch das Essen, sondern durch unhygienische Zubereitung. Rohes Geflügel, Fleisch oder Fisch werden auf einem separaten Brett mit einem separaten Messer geschnitten. Und die Geschirrhandtücher sollten Sie oft wechseln.

DER VORRATSSCHRANK

UND HIER KOMMT DER PRAKTISCHE TEIL. WAS SOLLTEN SIE UNBEDINGT IM HAUS HABEN? WAS LEGEN SIE JEDES MAL IN DEN EINKAUFSWAGEN? WAS IST IN DER KÜCHE UNVERZICHTBAR FÜR EINE GESUNDE ERNÄHRUNG? SORGEN SIE FÜR EINE AUSWAHL DER UNTEN STEHENDEN PRODUKTE:

GETREIDESORTEN
Sie sind im Allgemeinen lange haltbar, also schlagen Sie ruhig zu: Haferflocken, Buchweizen, Hirse, Vollkorn-/ Dinkelpasta und -lasagneblätter, Vollkornreis, Quinoa, Amarant, Kamut, Vollkorn-Fladenbrote, Reiswaffeln und Cracker (in der Regel glutenfrei).

MEHLSORTEN
Ebenfalls lange haltbar, müssen aber luftdicht und kühl aufbewahrt werden. Bei uns steht im Schrank immer eine Auswahl von Quinoa-, Buchweizen-, Kichererbsen-, Dinkel-, Kokos- & Mandelmehl. Unverzichtbar sind auch Backpulver, Natron und Hefe.

HÜLSENFRÜCHTE
Am besten kaufen Sie sie ungekocht im Beutel. Selbst gekocht schmecken sie viel besser! Es gibt rote, grüne, orange und schwarze Linsen, Kichererbsen, weiße Bohnen, braune Bohnen, Kidneybohnen, Azukibohnen und Mungobohnen.
Der Nachteil dabei ist, dass ungekochte Hülsenfrüchte recht lange eingeweicht und gekocht werden müssen, was nicht gerade *Easy Peasy* ist. Deshalb haben wir außer den ungekochten oft auch ein paar Gläser vorgekochte Bio-Hülsenfrüchte im Haus. Am liebsten haben wir schon Gläser, aber wenn es gar nicht anders geht, darf es auch eine Dose sein.

ÖL UND FETT
Wir verwenden verschiedene Fette für verschiedene Zwecke. Das Öl für den Salat ist ein anderes als das zum Geflügel braten. Auf Seite 220 lesen Sie mehr über Fette, hier zählen wir auf, welche wir normalerweise im Haus haben.
Natives Olivenöl extra für den Salat und zum Garnieren von Suppen, mildes Olivenöl, das kurz und nicht zu stark erhitzt wird, kaltgepresstes Leinöl, Avocadoöl oder Omega-3-6-9-Öl für Smoothies, auf Fladenbrote und Wraps oder Avocados. Nussöl (denken Sie an Walnuss-, Pistazien- oder Sesamöl) wird kalt verwendet und in einer dunklen Flasche an einem kühlen Ort aufbewahrt. Kokosfett zum Braten auch bei hohen Temperaturen (eventuell geruchlos) und die aromatische Variante für süße Sachen. Ghee zum Braten, auch bei hohen Temperaturen, oder einfach für aufs Brot, und Rahm- oder Grasbutter zum Kochen oder für aufs Brot. Margarine besteht unseren Küchentest nicht. Unserer Meinung nach ist sie zu stark verarbeitet.

GETROCKNETE KRÄUTER UND GEWÜRZE
Wenn es irgend geht, verwenden wir frische Kräuter und Gewürze, aber auch die getrockneten Varianten sind ideal, um all die chemischen Mix-Beutel, Geschmacksverstärker und Saucen zu ersetzen. In unserem Küchenschrank stehen: Zimt, Kurkuma, Kreuzkümmel, Curry, Kardamom, Meersalz, (Cayenne-) Pfeffer, Muskat, Oregano, Rosmarin, Thymian und Ingwer. Auch getrocknet erhältlich, aber frisch viel besser: Basilikum, Koriander, Schnittlauch, Salbei, Dill, Minze und Petersilie.

NUSS- UND SAATENBAR
Falls Sie es nicht mitbekommen haben: Wir sind große Fans unserer Nuss- und Saatenbar. Räumen Sie ein Eck oder Regalbrett in der Küche frei, sammeln Sie ein paar Einkoch- oder Marmeladengläser und füllen Sie sie mit den unten aufgeführten Zutaten. Nüsse und Saaten sind im Allgemeinen lange haltbar, wenn sie luftdicht und kühl (dunkel) gelagert werden. Budgettechnisch also ideal für einen Großeinkauf. Das finden Sie in unseren Gläsern: Mandeln, Cashewnüsse, Haselnüsse, Walnüsse, Pekannüsse, Macadamianüsse, Paranüsse, Pistazien, Hanfsamen, Chiasamen, Leinsamen, Sesam, Mohn, Kürbiskerne und Sonnenblumenkerne. Und wenn wir schon von Nüssen sprechen, denken Sie auch an hochwertige Nussmuse: Mandelmus, Haselnussmus oder Tahin (Sesampaste).

SÜSSES
Trockenobst und natürlicher Zuckerersatz! Das Obst sollte ungeschwefelt und nicht mit Zucker oder anderen Süßstoffen behandelt sein. Diese Süßigkeiten haben wir immer im Haus: Datteln, getrocknete Aprikosen (ungeschwefelt, also nicht die orangefarbene Variante), Mango und Feigen, Rosinen, Kokosraspel, Ahornsirup, Kokosblütenzucker, kaltgeschleuderter Honig, ungesüßtes Apfelkraut.

SONSTIGES
Auch das fehlt nie in unserem Küchenschrank: Tomatenmark und -sauce (Passata), (hefefreie) Bio-Brühwürfel, Kokosmilch und Pflanzenmilch wie Hafermilch, Nussmilch oder (Kokos-) Reismilch.

TIEFGEKÜHLTES

HIERZULANDE IST DAS ANGEBOT OFT SCHMAL. NATÜRLICH IST VIEL DABEI, DAS SIE BESSER LINKS LIEGEN LASSEN, ABER GEMÜSE, OBST ODER FISCH AUS DEM GEFRIERSCHRANK SIND VÖLLIG IN ORDNUNG.

Viele Menschen glauben, dass die Qualität von zum Beispiel tiefgekühltem Gemüse und Obst viel geringer ist als die von frischen Produkten, dabei ist es oft umgekehrt. Frisches Obst wird häufig geerntet, bevor es reif ist, damit es beim Transport weiter reifen kann und nicht schon verdorben in den Laden kommt. Tiefkühl-Gemüse und -Obst wird reif geerntet und sofort eingefroren, sodass viele Nährstoffe erhalten bleiben. Allerdings sind frische Erdbeeren und Himbeeren in Struktur und Geschmack nicht mit tiefgekühlten zu vergleichen. Sie sind aber wunderbar geeignet für Smoothies, Brei und allerlei Gebäck.

Das haben wir immer im Gefrierfach liegen:

LOSE EINGEFRORENES OBST
Himbeeren, Brombeeren, Johannisbeeren, Kirschen, Erdbeeren, Mango und Bananen (geschält und in Stücken).

LOSE EINGEFRORENES GEMÜSE
Spinat, Brokkoliröschen, Palerbsen und Grünkohl (alles leicht portionierbar).

FISCH
Meistens liegen in unserem Gefrierschrank ein paar Kabeljau- oder Lachsfilets, aus denen wir selbst Last-Minute-Fischstäbchen oder Fischfrikadellen machen.

FLEISCH
Bei vielen Metzgern können Sie Hähnchenfilets vakuumverpacken lassen. So halten sie sich lange im Gefrierschrank, und Sie müssen weder ständig zum Bio-Metzger, noch sind Sie auf die Industrievariante aus dem Supermarkt angewiesen.

VOLLKORN- ODER DINKELBLÄTTER- UND -FILOTEIG

KRÄUTER
Inzwischen können Sie in den meisten Supermärkten tiefgefrorene frische Kräuter kaufen, aber auch frisch gekaufte Kräuter mit weichen Blättern (Minze, Basilikum, Koriander, Petersilie) können Sie kalt abspülen, trockentupfen und in kleinen Beuteln einfrieren. Extrem praktisch!

EINKAUFSWAGEN

WIR MÜSSEN ZUGEBEN, DASS WIR KEINE HELDINNEN DER EINKAUFSZETTEL SIND. ABER WAS REGELMÄSSIG IN UNSEREM WAGEN LANDET, HABEN WIR UNS INZWISCHEN GANZ GUT GEMERKT, UND DAS SIEHT UNGEFÄHR SO AUS:

FRISCHES OBST
Auch wieder je nach Saison: Erdbeeren, Aprikosen, Äpfel, Ananas, Avocados, Bananen, Johannisbeeren, Granatäpfel, Mango, Mandarinen, Nektarinen, Birnen, Pfirsich, Feigen, und so weiter.

MILCHPRODUKTE
Milch haben wir meist in pflanzlicher Form im Haus. Außerdem kaufen wir Natur-Quark/-Joghurt (oft auch Ziegen- und/oder Schafsmilchjoghurt), Eier, Schafskäse, Feta, Mozzarella, Ziegenkäse, sehr gelegentlich auch ein Beutel Bio-Kuhmilch.

FLEISCH UND FISCH
Das kaufen wir lieber im Fachgeschäft als im Supermarkt und vorzugsweise natürlich frisch. Weiter oben haben wir schon mehr dazu gesagt.

SONSTIGES
Schokolade mit 85 % Kakaoanteil (ohne kommen wir selten aus dem Supermarkt), eine Flasche Bio-Apfelsaft und hin und wieder eine versprengte Tüte Chips (natur) oder Tortillachips natur.

TEIL 2
REZEPTE

IN DIESEM ZWEITEN TEIL FINDEN SIE RUND 100 NAHRHAFTE UND LECKERE REZEPTE, DAZU INFORMATIONEN, RATSCHLÄGE UND PRAKTISCHE TIPPS. WIR HABEN SIE NACH THEMEN GEORDNET. WIR BEGINNEN AN DER BASIS: ZU HAUSE. VON DORT AUS GEHEN WIR IMMER EINEN SCHRITT WEITER NACH DRAUSSEN: FAMILIE & BEKANNTE, „SCHULE & FREUNDE", „SPORT & SPIEL" UND ZUM SCHLUSS „UNTERWEGS & IM URLAUB". KOMBINIEREN SIE RUHIG; EIN REZEPT AUS DEM KAPITEL „SPORT & SPIEL" KÖNNEN SIE NATÜRLICH AUCH FÜR IHRE FAMILIE IM URLAUB ZUBEREITEN!

Wir wollen Ihnen zeigen, wie „easy" gesund kochen für die Familie ist. Gleichzeitig wollen wir Sie dazu anregen, öfter etwas Neues auf den Tisch zu bringen. Damit Sie wissen, worauf Sie sich einlassen, haben wir manche Rezepte mit einem Kochlöffel gekennzeichnet. Er zeigt an, dass dieses Gericht noch etwas innovativer ist als die anderen Rezepte in diesem Buch. Wahrscheinlich denken Sie dann erst einmal: ... und tschüss, damit fange ich gar nicht erst an. Wir meinen: Probieren Sie es einfach! Vielleicht ist eine Zutat darin enthalten, die Sie noch nicht kennen oder die Sie in einem anderen als dem gewohnten Laden bekommen. Es kann auch heißen, dass die Zubereitung ein bisschen komplizierter ist als bei anderen. Dabei spielt natürlich auch eine Rolle, ob Sie mehr oder weniger Kocherfahrung haben. Letzten Endes ist das Zeichen also nur ein grober Anhaltspunkt.

INHALT

INHALT

ZU HAUSE
53

FAMILIE & BEKANNTE
107

SCHULE & FREUNDE
143

SPORT & SPIEL
173

UNTERWEGS und im URLAUB
207

ZU HAUSE

„LIEBE BLUEBELLE-DAMEN, SEIT EINIGEN WOCHEN VERSUCHE ICH, AUCH ZU HAUSE GESÜNDER ZU KOCHEN. DAS GEHT GANZ GUT, ABER HABT IHR VIELLEICHT NOCH EIN PAAR TIPPS, WIE ICH MEINEN MANN DAZU BRINGE, MITZUMACHEN? BIS JETZT IST ER NICHT SO BEGEISTERT VON QUINOA UND HÜLSENFRÜCHTEN."

Barbara, 38, Mama von Kiki (7) und Tom (5)

IN DIESEM KAPITEL FINDEN SIE ANTWORTEN AUF FOLGENDE FRAGEN:

IMMER WIEDER ZURÜCK ZUR BASIS - WIE GEHT DAS?

WIE GEHE ICH MIT VERSCHIEDENEN ALTERSSTUFEN UM?

WAS IST, WENN MEIN PARTNER NICHT MITMACHT?

WIE GEHE ICH MIT AUSNAHMEN UND SÜSSIGKEITEN UM?

WIE SIEHT ES AUS, WENN ES ZU HAUSE „ANDERS" ZUGEHT ALS DRAUSSEN?

WIE FANGE ICH AN, UNSERE ERNÄHRUNG SCHRITT FÜR SCHRITT ZU VERBESSERN?

WIE KANN ICH MEIN KIND BEIM EINKAUFEN UND KOCHEN MITEINBEZIEHEN?

AUSSERDEM 43 BASISREZEPTE VON FRÜHSTÜCK BIS NACHTISCH!

HOME IS WHERE THE HEART IS

LIEBE GEHT ... TATSÄCHLICH DURCH DEN MAGEN. IM VORHERGEHENDEN KAPITEL „DIE BASIS" SIND WIR SCHON AUSFÜHRLICH AUF DAS THEMA ZUHAUSE EINGEGANGEN. DENN DIE BASIS, DAS BEDEUTET FÜR UNS, WAS ZU HAUSE SEIN SOLL. DER ORT, WO DIE FAMILIENMITGLIEDER ZUR RUHE KOMMEN, SIE SELBST SEIN KÖNNEN UND SICH SICHER FÜHLEN. DER ORT, WO DIE KINDER QUATSCH MACHEN ODER SICH ZURÜCKZIEHEN KÖNNEN, WO SIE FRAGEN STELLEN ODER WÜTEND WERDEN UND ALLES ABLADEN KÖNNEN. ODER AUCH EIN ORT, WO WIR ENERGIE TANKEN, SEI ES GEISTIG ODER KÖRPERLICH. UND ZU LETZTEREM GEHÖRT AUCH NAHRHAFTES ESSEN UND TRINKEN!

Um festzulegen, wie Ihre Basis werden soll, brauchen Sie als Erstes eine klare Vorstellung davon, wie es jetzt läuft und was Sie (verändern) wollen. Auch darüber wurde im vorhergehenden Kapitel schon viel geschrieben. In diesem Kapitel liefern wir Ihnen vor allem viele Rezepte, für normale und besondere Gelegenheiten in der Familie. Ein schnelles Frühstück für die Schultage und eine ausführlichere Version fürs Wochenende, Hauptgerichte-Variationen, sodass Sie jederzeit unkomplizierte, gesunde Mahlzeiten parat haben, über die Sie nicht lange nachdenken müssen, und zum Schluss der eine oder andere Nachtisch, wenn das bei Ihnen ein unverzichtbares Element ist. Wir hoffen, dass diese Rezepte echte Grundrezepte werden; leckere Mahlzeiten, auf die Sie schnell zurückgreifen können und für die Sie die Zutaten immer im Schrank liegen haben. Ideal für die Gelegenheiten, wenn es an Kreativität oder Zeit fehlt, Sie aber etwas Schnelles und Gesundes auf den Tisch bringen wollen. Bevor wir mit den Rezepten anfangen, doch erst noch einige Tipps zu den Themen, die wir oben genannt haben!

TIPP 1: BEZIEHEN SIE IHR KIND MIT EIN

Wir haben es im vorhergehenden Kapitel schon mehrmals erwähnt, wiederholen es aber gern noch einmal. Wenn Sie wollen, dass Ihre Kinder gesund essen, ist es wichtig, dass Sie Ihnen helfen, eine gesunde Einstellung zum Essen zu entwickeln. Dass sie lernen, das Essen wertzuschätzen und zu respektieren: dass es da ist, dass es für sie zubereitet wurde und wo es herkommt. Nehmen Sie sich Zeit, (miteinander) zu essen. Und wie bei allem in der Erziehung gilt auch hier: Kinder achten vor allem darauf, was Sie tun, nicht so sehr auf das, was Sie sagen. Halten Sie sich also an Ihre eigenen Regeln!

IN DER PRAXIS

Beziehen Sie Ihre Kinder mit ein, sobald es geht, beim Einkaufen und beim Kochen. Kinder finden es oft spannend, gemeinsam einzukaufen, kleine Aufträge im Supermarkt auszuführen oder bei der Zubereitung zu helfen. Wenn Sie einen Gemüsegarten haben, ist das natürlich fantastisch, aber etwas Einfaches wie ein Kasten auf der Fensterbank oder auf dem Balkon ist auch hervorragend. Es geht darum, dass die Kinder miterleben, wie etwas wächst und gedeiht.

Machen Sie aus den Mahlzeiten so oft wie möglich Familientreffen, gemeinsam am Tisch, um gemütlich miteinander zu reden. Vermeiden Sie Spannungen. Wenn schwierige Gespräche geführt werden müssen, über Hausaufgaben, rechtzeitig nach Hause kommen, richtig zuhören, nicht während des Essens.

Wer kocht, ist verantwortlich dafür, was auf den Tisch kommt. Einmal am Tisch ist jeder für seinen Teller verantwortlich und dafür, wie viel gegessen wird. Lassen Sie das jeden selbst entscheiden. Sie setzen die Grenzen, indem Sie festlegen, was, wann und wo (am Tisch). In diesen Grenzen ist freigestellt, wie viel gegessen wird. Das erspart Spannungen und Diskussionen. Kurze Randbemerkung: Nichts essen? In Ordnung, aber dann auch nichts anderes bis zur nächsten Mahlzeit. Sie werden sehen, wie schnell sie beim nächsten Mal einfach mitessen (oder beim übernächsten Mal, manchmal sind sie eben doch ein bisschen dickköpfig). Sprechen Sie am Tisch darüber, was Sie essen. Es ist besonders schön, wenn Sie Fragen stellen oder erzählen können, was Sie gekocht haben. „Wer weiß, was das hier ist?", oder „Pastinaken gibt es nur im Winter", oder: „Diese Ananas kommt aus Brasilien."

TIPP 2: SEIEN SIE FLEXIBEL

Dass Ihre Kinder zu Hause keine zuckerreichen Produkte bekommen, während das bei ihren Freunden doch der Fall ist, ist kein Grund, dass Sie auch dazu übergehen. Es ist in Ordnung, wenn draußen andere Regeln gelten. Kinder verstehen das viel früher, als man glaubt. Erst recht, wenn Sie ihnen leckere Alternativen anbieten. Vielleicht finden sie es nicht toll, aber wenn Sie konsequent sind, sind sie irgendwann auch damit einverstanden. Reden Sie weiter darüber, erklären Sie Ihren Kindern, dass alle Leute ihre eigenen Gewohnheiten haben, die bei Freunden oder in der Schule anders sind als bei Ihnen zu Hause.

Wir machen es so, dass wir draußen flexibler sind als zu Hause. Gleichzeitig setzen wir auch Grenzen. In den Kapiteln „Familie & Bekannte" und „Schule & Freunde" gehen wir darauf ausführlicher ein. Der Ausgangspunkt ist jedenfalls, den Kindern beizubringen, bewusste Entscheidungen zu treffen, sodass sie selbst spüren, was sie brauchen, aber dabei Süßigkeiten, Fast Food oder Limo nicht so spannend finden, dass sie sofort über die Stränge schlagen, wenn Sie außer Sicht sind.

Diesen flexiblen Ansatz „Draußen vs. zu Hause" halten wir auch durch, wenn es ums Naschen geht. Im Grunde läuft es auf Folgendes hinaus: Wenn wir die Naschgelegenheiten selbst in der Hand haben (zu Hause und unterwegs), legen wir eine, höchstens zwei solche Gelegenheiten ein. Am besten nachmittags und ausgefüllt mit einer natürlichen oder selbst gemachten Variante. Das kann alles Mögliche sein: ein Stück dunkle Schokolade, eine Packung gemischte Nüsse, Saaten und Trockenobst, ein selbst gebackener Keks oder Muffin, selbst gemachtes Popcorn. Übrigens sind inzwischen auch viele natürliche Süßigkeiten und Snacks im Handel, die Sie ruhigen Gewissens austeilen können.

Bei uns sorgt dieser Ansatz dafür, dass wir uns weniger Stress machen wegen der Naschgelegenheiten, die wir nicht beeinflussen können und die wir durchgehen lassen (müssen). Wir haben die Erfahrung gemacht (genau wie die Eltern, mit denen wir gesprochen haben), dass Kinder das problemlos akzeptieren, solange Sie einigermaßen konsequent sind. Vor allem, wenn Sie sie bei dem einbeziehen, was Sie ihnen geben. Backen Sie beispielsweise zusammen die Kekse oder erklären Sie, warum Sie sich für eine bestimmte Sorte Schokolade entschieden haben und nicht für die, die sie letzte Woche bei einem Freund bekommen haben. Auf diese Art und Weise wandeln Sie: „Nein, das bekommst du zu Hause nicht", elegant um in: „Das hier bekommst du zu Hause."

TIPP 3: BLEIBEN SIE KLAR

Wenn Ihren Kindern klar ist, wie es bei Ihnen zu Hause läuft und wie sich das von der Welt draußen unterscheidet, ist es für sie völlig logisch, dass zu Hause eben regelmäßig eine normale Mahlzeit oder ein gesunder Snack zwischendurch auf den Tisch kommt. Natürlich gibt es auch einmal Pfannkuchen, Pommes oder Pizza, aber dann eher eine nahrhaftere oder selbst gemachte Variante der beliebten Ps.

Die Kunst besteht darin, an Ihrer Basispalette festzuhalten. Vor allem in stressigen, hektischen Zeiten kann das eine ziemliche Herausforderung sein. Passt es gerade nicht ins Programm, dreimal am Tag selbst zu kochen? Wählen Sie dann die schnellen *Easy-Peasy*-Mahlzeiten. Kleinere Kinder verstehen die Botschaft: „Das essen wir hier zu Hause einfach nicht", leichter als: „Eigentlich essen wir das hier zu Hause nicht, aber diese Woche haben Mama und Papa viel Stress, deshalb geht es doch, nächste Woche aber nicht mehr." Und die älteren Kinder? Sie verstehen das oft sehr gut, aber sie verwenden es gegen Sie!

HILFE! MEIN MANN MACHT NICHT MIT

Wenn Sie eine Vorstellung davon haben, wie Sie es bei sich zu Hause gern hätten, gleich, in welcher Hinsicht, und mit Ihrem Partner nicht auf einer Linie sind, dann hilft das vorsichtig ausgedrückt nicht weiter. Nun sprechen wir oft mit Müttern (ja, in diesem Fall sind es doch öfter die Frauen), die ihren Mann nicht dazu bewegen können, bei einer gesunden Ernährung mitzumachen. Dabei brauchen sie ihn aber dringend, um die Kinder ohne allzu viel Drama dazu zu bekommen.

TIPPS FÜR ALLE MAMAS DORT DRAUSSEN (SORRY, DIE HERREN!)

Zu allererst: Es geht immer nach hinten los, wenn Sie Ihren Mann mit Superfoods und Gemüseaufläufen umziehen wollen, indem Sie sagen, dass es besser für ihn ist und dass er unbedingt etwas für seine Figur tun muss. Die meisten Männer müssen das Ziel oder die Herausforderung verstehen. Fitness zum Beispiel oder den Zusammenhang zum Sport. Oder eine bestimmte Zeitlang durchhalten: „Was hältst du davon, wenn wir nächsten Monat jeden Tag einen grünen Shake trinken?" Bleiben Sie flexibel und geben Sie ihm Raum. Nimmt er die Kinder mit, damit Sie ein bisschen Schlaf nachholen oder Sport treiben können? Lassen Sie ihn bestimmen, was sie dann auf diesem Ziegenbauernhof essen. Er weiß bestimmt, dass rosa Trinkjoghurt Ihnen nicht so recht ist, und wenn doch einer durchkommt, sind damit längst nicht alle Anstrengungen vergeblich.

Wenn er von den Vorteilen einer gesunden Ernährung nicht überzeugt ist, will er vielleicht doch mitmachen wegen der Kinder. Bitten Sie ihn, mit allen am Tisch zu essen, und seine geheimen Snacks außerhalb der Sichtweite der Kinder zu vernichten.

Seien Sie ehrlich. Manchmal ist er eine prima Ausrede, Ihr Mann, der nicht mitmacht. „Ich fange doch nicht an und koche zwei Mahlzeiten pro Abend!" Wenn Sie diejenige sind, die bei Ihnen einkauft und das Essen zubereitet, bestimmen Sie letzten Endes, was auf den Tisch kommt. Uns ist klar, dass das nicht gerade emanzipiert ist, aber die Rollenverteilung ist oft doch noch traditioneller, als wir uns wünschen würden. Erst recht, wenn Kinder da sind, sind es häufig eher die Mütter, die bestimmen, was gegessen wird, die einkaufen und in der Küche stehen.

WIE WÄR'S MIT BACON!

Es ist natürlich nicht gerade eine gesundheitsbewusste Entscheidung, und Sie können ebenso gut einen anderen Belag wählen, aber bei uns funktioniert es hervorragend. Insbesondere am Anfang, wenn sie noch nicht allzu viel Begeisterung für einen liebevoll zubereiteten Quinoa-Salat mit Feigen und Ziegenkäse aufbringen. Machen Sie Ihre gesunden Kreationen zugänglicher, indem Sie Fleisch zu einem Gericht geben oder es als Beilage servieren. Ein bisschen in den Salat, eine Zugabe zur Gemüselasagne, als Garnitur auf die Erbsensuppe — so bekommen doch alle ihre Extraportion Gemüse und Vollkorngetreide. Bevor Sie es richtig merken, probieren alle am Tisch auch gesunde Rezepte ohne Fleisch. Sie sind zufrieden, er ist zufrieden, alle sind zufrieden.

HILFE! VERSCHIEDENE ALTERSSTUFEN IN EINER FAMILIE

Haben Sie ein Baby von sechs Monaten, ein vierjähriges und ein sechsjähriges Kind im Haus? Oder eine Patchworkfamilie mit kleineren und größeren Kindern? Eine Mahlzeit für ein Haus voll kleiner Menschen zuzubereiten, die alle ihre eigenen Essgewohnheiten und Vorlieben haben, kann eine Herausforderung sein.

TIPPS

- Ändern Sie die Form oder Konsistenz, in der Sie das Essen anbieten, aber verwenden Sie dieselben Zutaten. Bereiten Sie beispielsweise Kürbislasagne für die Familie zu und stellen Sie etwas Kürbis zur Seite für den Babybrei.
- Wählen Sie eine Basis (Couscous zum Beispiel) und servieren Sie verschiedene gesunde Beilagen dazu. So kann sich jeder seine eigene Mahlzeit zusammenstellen.
- Lassen Sie jedes Kind, wenn es alt genug ist, an einem Abend in der Woche mit entscheiden, was gegessen wird. Zum Beispiel, indem es bestimmt, welches Gemüse zubereitet wird. Oder in welcher Form das Essen auf den Tisch kommt: zum Beispiel als Lasagne, mit Nudeln oder in Quesadillas. Stecken Sie aber einen klaren Rahmen ab, was die Auswahlmöglichkeiten betrifft, sonst sitzen Sie, bevor Sie es richtig merken, jeden Abend bei McDonald's.
- Bleiben Sie eindeutig. Bei Ihnen zu Hause gelten Ihre Regeln. Vor allem, wenn Sie es mit Stiefkindern zu tun haben, kann das eine Herausforderung sein. Zum Beispiel: Ihr Mann hat zwei Kinder aus einer früheren Ehe, und Sie haben gemeinsam ein Baby. Das Kleine ernähren Sie nach der *Easy-Peasy*-Methode. Den beiden Älteren haben Sie deutlich weniger zu sagen. Superschwierig, denn Sie wollen ja auch nicht die böse Stiefmutter sein. Unser Tipp: Reden Sie darüber. Mit Ihrem Mann, aber auch mit den beiden älteren Kindern. Erklären Sie zum Beispiel, dass sie als große Geschwister ein gutes Vorbild für das Kleine abgeben sollten. In Ordnung, wenn sie bei Mama nur Pasta ohne Sauce essen dürfen, hier nicht. Punkt.

HILFE! WIE FANGE ICH AM BESTEN AN?

Und jetzt? Sie haben alles gelesen, Sie sind motiviert. Aber wie geht es jetzt weiter? Wo fangen Sie an? Noch ein paar letzte Tipps: Verändern Sie nicht alles auf einmal. Das funktioniert vielleicht für Sie persönlich, wenn Sie der Alles-oder-nichts-Typ sind, aber für die meisten Kinder gilt, dass sie etwas mehr Zeit brauchen. Können Sie sich nicht vorstellen, dass sie ohne Murren ihre Zucchinetti (siehe S. 99) aufessen? Beginnen Sie dann mit einem Pastarezept, das sie kennen, und ersetzen Sie die Weißmehl-Penne durch Vollkorn- oder Dinkelnudeln. Servieren Sie beispielsweise zwei Dinge, die sie schon kennen (und mögen) und fügen Sie etwas Neues hinzu. Sie müssen es nicht komplett aufessen, zwei Bissen zum Probieren genügen. Geben Sie nicht sofort auf. Es geht bestimmt nicht von allein, und beim ersten Mal sind die Kinder vielleicht nicht begeistert, wenn Sie die Schokocreme gegen eine natürlichere Variante austauschen, aber hören Sie nicht gleich wieder auf, Neues anzubieten. Manchmal erfordert es eine kleine Anpassung oder eine andere Art der Zubereitung. Einfach noch ein bisschen durchhalten!

Bei manchen Dingen gilt: Für den ersten Eindruck gibt es keine zweite Chance. Wenn es Ihnen sinnvoll erscheint, zu Hause grüne Smoothies einzuführen, fangen Sie nicht gleich mit einer extremen, übergrünen Variante an, mit Weizengras zum Beispiel. Dann werden Sie Ihre Lieben kaum dazu bewegen können, einen zweiten Schluck zu probieren, wenn der Shake schon so grün aussieht.

Denken Sie daran, mit den Kindern zu besprechen, dass sich Dinge verändern werden und sagen Sie auch, warum. Sie verstehen das ohne Probleme, und ab einem bestimmten Alter können Sie sie auch fragen, wo sie anfangen wollen.

REZEPTE

FRÜHSTÜCK

NACH EINEM GUTEN FRÜHSTÜCK KÖNNEN DIE KLEINEN IN DER SCHULE BESSER MITARBEITEN UND BRAUCHEN WENIGER PAUSENSNACKS. DESHALB IST ES SCHLAU, SICH DIE ZEIT FÜR EIN FRÜHSTÜCK ZU NEHMEN. ABER DIESE ZEIT HABEN WIR OFT NICHT. ALSO: LET'S KEEP IT SIMPLE. VIELE UNSERER FRÜHSTÜCKSREZEPTE KÖNNEN SIE SCHON AM ABEND ZUVOR ODER FÜR MEHRERE TAGE IM VORAUS ZUBEREITEN. BEI MANCHEN VARIANTEN MÜSSEN SIE VIELLEICHT DIE ZUTATEN AUFTREIBEN ODER EIN- BIS ZWEIMAL PROBIEREN, ABER WENN SIE DAS REZEPT ERST IM GRIFF HABEN, ZAUBERN SIE IM HANDUMDREHEN IHR EIGENES BROT ODER MÜSLI AUF DEN TISCH.

Eine unserer Food Regeln (die vierte, um genau zu sein) lautet: Green up! Das gilt auch für das Frühstück. Die einfachste Methode, morgens mehr Gemüse zu sich zu nehmen, ist ein Smoothie. Aber wir betrachten einen Smoothie nicht unbedingt als vollwertiges Frühstück: Die meisten Kinder mögen keine Gemüsesmoothies, deshalb mixen Sie ihre Smoothies mit reichlich Obst und ein bisschen Gemüse. Das ist hin und wieder nicht schlecht, aber als einziges Frühstück hat es doch deutliche Auswirkungen auf den Blutzuckerspiegel.

Geben Sie Ihren Kindern deshalb regelmäßig ein Frühstück, das ihnen lang anhaltende Energie liefert, mit gutem Getreide, Nüssen oder Ei zum Beispiel. Oder lassen Sie sie mit einem Smoothie starten und geben Sie ihnen nach rund zwanzig Minuten ein Frühstück mit Getreide oder Eiweiß. Wenn es morgens doch ein Smoothie sein soll: Die Rezepte stehen im Kapitel „Sport & Spiel".

BROT AUFBEWAHREN
WICKELN SIE BROTE ZUM BEISPIEL IN BACKPAPIER UND BEWAHREN SIE SIE IN EINER VERSCHLIESSBAREN DOSE AUF. AUF DIESE ART BLEIBEN SIE ETWA DREI TAGE FRISCH. NACH DEM ERSTEN TAG IST DAS FRISCH-AUS-DEM-OFEN-FEELING NATÜRLICH WEG, ABER DANACH SCHMECKT ES — ERST RECHT GETOASTET — NOCH GENAUSO GUT! SIE KÖNNEN DAS BROT AUCH IN SCHEIBEN SCHNEIDEN UND EINFRIEREN. STECKEN SIE ES MORGENS KURZ IN DEN TOASTER, UND FERTIG IST DAS FRÜHSTÜCKSBROT. BITTE SEHR.

BROTE

Rezepte für 1 Laib Brot

IM KAPITEL „DIE BASIS" HABEN WIR DIE BROTDISKUSSION SCHON KURZ ANGESPROCHEN. SELBST GEBACKENES BROT SCHMECKT NICHT NUR BESSER, BACKEN MACHT AUCH SPASS. AUSSERDEM IST ES WENIGER AUFWAND, ALS MAN GLAUBT – AUCH OHNE BROTBACKAUTOMAT. HIER SIND DREI UNSERER LIEBLINGSREZEPTE.

EINFACHES DINKELBROT

DIESES REZEPT HABEN WIR VON UNSERER FOOD-FREUNDIN JAKOMIJN BEKOMMEN UND SIE HATTE ES IHRERSEITS VON EINER ANDEREN FREUNDIN. EIN WUNDERBAR SCHLICHTES REZEPT! SIE BRAUCHEN NICHTS WEITER ZU TUN, ALS DEN TEIG 12 STUNDEN IM VORAUS ZUZUBEREITEN.

250 g Dinkelmehl
250 g feines Dinkelmehl
9 g Hefe
1 TL Salz
350 ml Wasser
2 EL Olivenöl
Rosinen, Nüsse oder Saaten (nach Wunsch)

Zuerst die trockenen Zutaten in einer großen Schüssel mischen, Wasser und Öl zufügen und zu einem Teig verrühren. Er muss zu diesem Zeitpunkt nicht geknetet werden. Die Schüssel zugedeckt bei Zimmertemperatur (oder etwas kühler) etwa 12 Stunden stehen lassen.
Den Backofen auf 200 °C vorheizen. Arbeitsfläche und Hände mit Mehl bestäuben. Den Teig aus der Schüssel nehmen und kurz kneten. In die gewünschte Form bringen (rustikal rund, geflochten – alles ist erlaubt!) oder einfach in eine Kastenform füllen (so machen wir es). Ein Stück Backpapier auf das Blech oder in die Form legen, damit das Brot sich leicht lösen lässt. Im vorgeheizten Ofen 50–60 Minuten knusprig backen. Nüsse, Saaten und Rosinen (falls verwendet) mit etwas Weißmehl mischen und dann erst in den Teig kneten; so sinken sie nicht alle nach unten. Auch lecker: zur Abwechslung (frische) Kräuter oder Gewürze in den Teig geben.

BANANEN-HAFERFLOCKEN-BROT

DIES IST UNSER ABSOLUTES LIEBLINGSBROT. EINE VARIANTE VON DIESEM REZEPT WAR AUCH SCHON IM *BLUEBELLE-BLOG* ZU LESEN UND GEHÖRTE DORT ZU DEN BELIEBTESTEN REZEPTEN. IDEAL, UM ES ABENDS ZU BACKEN UND IN DEN FOLGENDEN TAGEN ALS SCHNELLES, UNKOMPLIZIERTES, NAHRHAFTES FRÜHSTÜCK AUF DEN TISCH ZU BRINGEN.

120–140 g Haferflocken
1–4 TL Zimt (oder Kardamom)
1 TL gemahlene Vanille
½ TL Backpulver
1 Handvoll Rosinen
3 reife Bananen
2–3 Eier
ein Schuss Milch oder Kokossahne
1 TL Kokosöl oder Butter für die Backform

nach Belieben
1 Handvoll Walnusskerne
1 geriebene große Zucchini

Den Backofen auf 180 °C vorheizen. Alle trockenen Zutaten, auch die Walnüsse, falls verwendet, in einer Schüssel mischen. Die Bananen in einer zweiten Schüssel zerdrücken (oder mit dem Stabmixer pürieren) und Eier, Milch und, falls verwendet, geriebene Zucchini zufügen. Dann die flüssige Mischung zur trockenen geben und gut zu einer Masse verrühren. Kurz ruhen lassen. Den Teig in eine gefettete Kastenform füllen und 40–45 Minuten im Ofen backen. Klingt das Brot leicht hohl, wenn man mit einem Löffel daraufklopft, ist es fertig. Kurz abkühlen lassen, dann erst anschneiden.

FRÜHSTÜCKSKUCHEN SLOW JOE

FRÜHSTÜCKSRIEGEL TREIBEN DEN BLUTZUCKERSPIEGEL WIE WAHNSINNIG IN DIE HÖHE, NUR DAMIT ER ANSCHLIESSEND WIEDER IN DEN KELLER SACKT. DER TRADITIONELLE FRÜHSTÜCKSKUCHEN GILT ALS EINIGERMASSEN GESUND. WIR FRAGEN UNS ALLERDINGS, WARUM. WAHRSCHEINLICH LIEGT ES AN DEM GEDANKENGANG: „WENIG FETT, KAUM KALORIEN, ABER DAFÜR BALLASTSTOFFE." DESHALB PRÄSENTIEREN WIR HIER UNSERE ALTERNATIVE: SLOW JOE! EIN SUPER-NAHRHAFTER FRÜHSTÜCKSKUCHEN, DEN SIE DEN MINIS MIT GUTEM GEWISSEN SERVIEREN KÖNNEN. ER WIRD ÜBRIGENS MIT AHORNSIRUP GESÜSST. LASSEN SIE ES ALSO BEI EINER ODER ZWEI SCHEIBEN. REICHEN SIE SLOW JOE ZUM FRÜHSTÜCK (SCHMECKT SEHR GUT MIT BANANE), ALS VORMITTAGSIMBISS ODER NACH DEM SPORT.

- 195 g Dinkelmehl (oder Buchweizenmehl)
- 195 g feines Dinkelmehl (oder feines Buchweizenmehl)
- 1¼ TL Backpulver
- ½ TL Natron
- 2 TL gemahlene Vanille
- 4 TL Zimt
- ½ TL Muskat
- 2 reife Bananen
- 4 Medjoul-Datteln
- 3 EL Ahornsirup oder Honig
- 120 ml Orangensaft
- 80 ml Olivenöl
- 40 g Kokosöl
- 3 Eier
- 1 Prise Salz

Den Backofen auf 180 °C vorheizen. Die Mehlsorten in eine Schüssel sieben. Backpulver, Natron und die anderen trockenen Zutaten in einer Schüssel verrühren. In einer weiteren Schüssel die Bananen mit den Datteln pürieren und mit Ahornsirup, Orangensaft und Olivenöl mischen. Das Kokosöl in einem Topf im Wasserbad zerlassen und zufügen. Zum Schluss die Eier in die flüssige Mischung rühren. Die flüssigen mit den trockenen Zutaten zu einem glatten Teig verrühren. Eine Kastenform einfetten (oder mit Backpapier auslegen) und den Teig hineingeben. Den Frühstückskuchen 25 Minuten im Ofen backen, bis er gar ist. Er bleibt oft eher weich in der Mitte.

ROSINEN-KOKOSBROT

WIR SIND GROSSE FANS VON SARAH BRITTON UND IHREM BLOG MY NEW ROOTS. DAS ERZÄHLEN WIR AUCH GERN WEITER! SIE ERFINDET NICHT NUR DIE TOLLSTEN WHOLE-FOOD-REZEPTE, SIE IST AUCH EINE WUNDERBAR WITZIGE, OPTIMISTISCHE, STRAHLENDE PERSÖNLICHKEIT. SIE MACHTE UNS ZUERST MIT EINER NEUEN ART DES BROTBACKENS BEKANNT, ODER GENAUER GESAGT, MIT EINER NEUEN ART BROT: BROT OHNE WEIZEN. DAS FOLGENDE REZEPT IST VON IHREM CHANGING LOAF OF BREAD INSPIRIERT. WENN SIE DIE GRUNDLAGEN IM GRIFF HABEN, KÖNNEN SIE MIT ZUTATEN WIE NÜSSEN, SAATEN, KÖRNERN UND TROCKENOBST ENDLOS VARIIEREN. DIESES BROT IST IDEAL ALS SCHNELLES FRÜHSTÜCK, ALS SCHULBROT ODER FÜR UNTERWEGS.

- 2 EL Flohsamenschalen
- 150 g Haferflocken
- 100 g Rosinen
- 100 g Kokosraspel
- 150 g Sonnenblumenkerne
- 75 g Leinsamen
- 1 TL Salz
- 3 EL Kokosöl
- 1 EL Ahornsirup
- 500 ml Wasser

Alle trockenen Zutaten in einer Schüssel mischen. Im Wasserbad bei schwacher Hitze das Kokosöl zerlassen und den Ahornsirup zufügen. Diese Mischung zum Wasser geben und gut umrühren. Die Wassermischung zu den trockenen Zutaten geben und alles gut vermischen. Die Schüssel zudecken und 2–3 Stunden beiseitestellen. Den Backofen auf 180 °C vorheizen. Den Teig in eine (Silikon-)Kastenform füllen und 30 Minuten im Ofen backen. Die Form aus dem Ofen nehmen, ein Kuchengitter mit Backpapier auslegen und das halb gebackene Brot daraufstürzen. Die Kastenform abheben. Wieder in den Backofen schieben und weitere 20 Minuten backen. Klingt das Brot leicht hohl, wenn man mit einem Löffel daraufklopft, ist es fertig. Kurz abkühlen lassen, dann anschneiden.

FLOHSAMENSCHALEN SIND FASERN, DIE VOR ALLEM ALS VERDICKUNGS- UND BINDEMITTEL BEKANNT SIND UND DAZU MIT FLÜSSIGKEIT GEMISCHT WERDEN. DESHALB EIGNEN SIE SICH GUT ALS EI-ERSATZ ZUM BEISPIEL IN BROTREZEPTEN. DABEI WIRKEN SIE SICH POSITIV AUF DEN STUHLGANG AUS (NUR, DAMIT SIE BESCHEID WISSEN). FLOH-SAMENSCHALEN SIND IN VIELEN NATURKOSTLÄDEN ERHÄLTLICH.

7x
BROTBELAG

„ABER WOMIT SOLL ICH DIE BROTE BELEGEN?" DAS IST EINE DER AM HÄUFIGSTEN GESTELLTEN FRAGEN! KEIN WUNDER, WENN MAN DAS ANGEBOT IM SUPERMARKT BETRACHTET. DORT GIBT ES DIE SONDERBARSTEN SÜSSEN BROTAUFSTRICHE, ABER AUCH HERZHAFTES, DAS VOLLER ZUCKER, SALZ UND CHEMISCHER ZUSÄTZE STECKT. HIER KOMMEN UNSERE LIEBSTEN VARIANTEN.

Sauerteigbrot
MIT ROTE-BETE-HUMMUS UND ALFALFA

Dinkelcracker
MIT AVOCADO & FLEUR DE SEL

Reiswaffel
MIT SCHNELLER SCHOKOCREME*, KOKOS & HASELNÜSSEN

Roggenbrot
MIT ZIEGENKÄSE, APFEL, WALNÜSSEN, HONIG & THYMIAN

Reiswaffel
MIT NUSSMUS, BANANE & HANFSAMEN

Dinkelbrot
MIT APFELKRAUT, KÄSE & MOHN

* Schnelle Schokocreme: 2 TL Kokosfett schmelzen und 1 TL Kokosblütenzucker mit Rohkakao hinzufügen. Kurz mischen, fertig.

OVERNIGHT OATS

(oder auch kalter Haferbrei, und ja, der schmeckt prima)

BREI! UNSERER MEINUNG NACH KÖNNEN SIE DAMIT NICHT FRÜH GENUG ANFANGEN. BREI IST NAHRHAFT, SCHNELL FERTIG UND LEICHT AN JEDEN GESCHMACK ANZUPASSEN. HIER BIETEN WIR IHNEN DREI REZEPTE FÜR KALTE VARIANTEN, DIE SIE AM VORTAG ZUBEREITEN KÖNNEN (MÜSSEN) UND DIE SICH ETWA DREI TAGE HALTEN, WENN SIE IM KÜHLSCHRANK AUFBEWAHRT WERDEN. EINE PRAKTISCHE LÖSUNG FÜR FAMILIEN, DIE ES MORGENS IMMER EILIG HABEN! ZUSATZBONUS: VIELE GETREIDE, SAATEN, KÖRNER UND NÜSSE SIND LEICHTER VERDAULICH, WENN SIE ÜBER NACHT EINGEWEICHT WERDEN.

REISBREI MIT MANDELDRINK, BANANEN & ROTEN JOHANNISBEEREN

4 oder 6 kleine Portionen

DIESEN KALTEN REISBREI BEREITEN SIE AM VORABEND ZU, ZUM BEISPIEL AUS REIS, DER VOM ABENDESSEN ÜBRIG IST. SIE KÖNNEN DEN REISBREI NATÜRLICH AUCH MORGENS WARM ZUBEREITEN.

400 g gekochter Vollkornreis
250 ml Mandeldrink (oder Kokosmilch, dann wird der Brei besonders süß)
2 TL gemahlene Vanille (oder das Mark einer Vanilleschote)
2 Bananen, in Scheiben geschnitten (+ Scheiben zum Garnieren)
Rote Johannisbeeren, zum Garnieren
Hanfsamen
1 TL Honig (nach Wunsch)

Eine kleine Tasse Reis beiseitestellen, den Rest in einen Topf geben, Mandeldrink, Vanille und Bananen zufügen. Gut umrühren und leicht erhitzen. Die Reismischung grob pürieren. Danach den beiseitegestellten Reis hineingeben und das Ganze sanft köcheln lassen. Den Reisbrei sofort servieren oder in einem Glas oder einer Dose im Kühlschrank aufbewahren und am nächsten Morgen kalt servieren. Ergibt 4 große oder 6 kleine Portionen. Den Brei mit Roten Johannisbeeren, Bananenscheiben, Hanfsamen und nach Wunsch mit Honig garnieren.

BUCHWEIZENSMOOTHIE MIT ROTEN FRÜCHTEN
4 Portionen

DIESER KLEINE UND GESUNDE FRÜHSTÜCKSSNACK LÄSST SICH GANZ EINFACH SELBST HERSTELLEN. VERWENDEN SIE GEBRAUCHTE UND GEREINIGTE SCHRAUBGLÄSER ODER SCHALEN.

400 g Buchweizen
4 mittelgroße Gläser Pflanzendrink
1 Handvoll Brombeeren
1 EL Honig
1 Handvoll Granatapfelkerne
einige Haselnusskerne

Den Buchweizen über Nacht in Wasser einweichen. Am folgenden Morgen gut abspülen. Eingeweichten Buchweizen, Pflanzendrink, den größten Teil der Brombeeren sowie Honig in den Mixer geben, und alles glatt und cremig pürieren. Die Mischung auf vier Schalen oder Gläser verteilen und mit Granatapfelkernen, Haselnüssen und restlichen Brombeeren garnieren.

CHIA-HAFERFLOCKEN-PUDDING MIT MACADAMIA, MANGO & MARACUJA
4 Portionen

DIES IST EIN EXOTISCHES GERICHT MIT EINER ETWAS AUSSERGEWÖHNLICHEN KONSISTENZ. DIE KOMBINATION DER VERSCHIEDENEN AROMEN IST ABER EINFACH LECKER!

200 ml Mandeldrink
200 ml Wasser
6 EL Chiasamen
4 EL Haferflocken
½ Mango
8 EL Joghurt
2 Maracujas, halbiert
4–8 Macadamianusskerne

Mandeldrink, Wasser, Chiasamen und Haferflocken in ein großes Glasgefäß geben. Gut umrühren und mehrere Stunden in den Kühlschrank stellen, am besten am Abend zuvor. Den Chia-Pudding am folgenden Morgen aus dem Kühlschrank nehmen und auf 4 kleinere Schalen oder Becher verteilen. Die Mango schälen und in kleine Würfel schneiden. In jede Schale zwei Esslöffel Joghurt geben. Das Fruchtfleisch aus einer halbierten Maracuja auf dem Joghurt verteilen. Mit Mangowürfeln und Macadamianüssen garnieren.

CEREALS & CO
(aber ohne Zucker)

GETREIDE, NÜSSE, KÖRNER, SAATEN UND OBST SIND EINE BELIEBTE BASIS FÜR EIN UNKOMPLIZIERTES FRÜHSTÜCK. DOCH IN ALLEN FERTIGEN FRÜHSTÜCKSFLOCKEN STECKT JEDE MENGE SCHNELLER UND ÜBERFLÜSSIGER ZUCKER (ACHTEN SIE AUFS ETIKETT!). LASSEN SIE SIE ALSO IN ZUKUNFT IM REGAL STEHEN UND MACHEN SIE IHR MÜSLI SELBST. DAS IST VIELLEICHT ETWAS MEHR ARBEIT, ABER AUCH VIEL NÄHRSTOFFREICHER. WEGEN DER GROSSEN NACHFRAGE BRINGEN WIR SIE HIER NOCH EINMAL: DIE NUSSBAR! DIE FOLGENDEN REZEPTE KÖNNEN SIE PROBLEMLOS AM ABEND (ODER TAG) ZUVOR ZUBEREITEN.

In unserer Küche haben wir ein Regalbrett freigeräumt für allerlei Gläser, aber dieser Kasten ist auch nicht schlecht. Stellen Sie ihn einfach auf den Tisch. Dazu schmeckt (Pflanzen-)milch oder Joghurt.

GEMISCHTE NÜSSE
HAFERFLOCKEN
KOKOSRASPEL
WALNUSSKERNE
QUINOA-POPS
HANFSAMEN
GETROCKNETE MANGO
SAATEN & SUPERFOODMIX
(Sonnenblumenkerne, Kürbiskerne, Gojibeeren, Maulbeeren und Cranberrys)

KNUSPERMÜSLI
1 großes Glas

BEREITEN SIE IMMER EINE GRÖSSERE MENGE ZU UND BEWAHREN SIE SIE IN EINER FAMILIENPACKUNG AUF. SIE WIRD OFT SCHNELLER LEER, ALS SIE GLAUBEN, DENN DAS MÖGEN WIRKLICH ALLE.

- 100 g Walnusskerne (oder andere Nüsse)
- 5 getrocknete Aprikosen
- 3 EL Kokosöl
- 3 EL Honig (+ etwas zum Beträufeln)
- 300 g Haferflocken
- 3 EL Kokosraspel
- 1 EL Sonnenblumenkerne
- 1 EL Kürbiskerne
- 1 EL Sesam
- 1 EL Kakaonibs (Kakaosplitter)
- 100 g Buchweizen oder Quinoa (nach Wunsch)

Den Backofen auf 200 °C vorheizen. Die Nüsse fein hacken, die Aprikosen in kleine Stücke schneiden und in eine Schüssel geben. Das Kokosöl in einem Topf zerlassen, kurz abkühlen lassen und den Honig einrühren. In einer großen Schüssel mit den restlichen Zutaten vermischen, gut umrühren und auf einem mit Backpapier ausgelegten Backblech verteilen. Mit noch etwas Honig beträufeln und 20 Minuten im Ofen backen. Gelegentlich wenden, damit das Knuspermüsli gleichmäßig geröstet wird und nicht anbrennt. Kurz abkühlen lassen und in einem großen, luftdichten Gefäß aufbewahren.

HAFERFLOCKEN AUS DEM OFEN MIT APFEL, GETROCKNETEN BEEREN, ZIMT & AHORNSIRUP

DIE ÜBLICHEN HAFERFLOCKEN HABEN SIE BESTIMMT SCHON EINMAL ZUBEREITET. DIES IST EINE VARIANTE DES BASISREZEPTS UND VOR ALLEM BEI KINDERN SEHR BELIEBT. IDEAL FÜR HERBST ODER WINTER! ISST DIE GANZE FAMILIE MORGENS HAFERFLOCKEN? DIESES REZEPT IST FÜR MEHR PERSONEN GENAUSO UNKOMPLIZIERT.

- 100 g Haferflocken
- 1 EL Leinsamen
- 1 EL Sesam
- 1 Apfel, gerieben
- 1 TL Zimt
- 2 EL Maulbeeren
- 2 EL Rosinen
- 2 EL Walnusskerne, grob gehackt
- 2 EL Cranberrys
- 1 EL Kürbiskerne
- 1 EL Gojibeeren
- 200 ml Pflanzendrink

Alle Zutaten am Vorabend in eine Schüssel geben und in den Kühlschrank stellen. Am folgenden Morgen den Backofen auf 180 °C vorheizen, die Mischung noch einmal gut durchrühren und in eine Auflaufform füllen. Inzwischen unter die Dusche springen, die Kinder anziehen und nach 15 Minuten die Haferflocken aus dem Ofen holen. Fertig ist ein wunderbar wärmendes Frühstück.

TIPP: DAMIT ES BESONDERS SCHÖN WÄRMT, WÜRZEN SIE ES FÜR SICH MIT KARDAMOM, MUSKAT UND INGWERPULVER. FÜR DIE MEISTEN KINDER IST DAS NOCH ZU AROMATISCH.

FRÜHSTÜCKS-
SCHALEN

NICHT NUR BEI ERWACHSENEN, AUCH BEI KINDERN ESSEN DIE AUGEN MIT. MIT DIESEN FRÜHSTÜCKSSCHALEN BRINGEN SIE GARANTIERT FARBE AUF DEN TISCH! SIE ERINNERN EIN BISSCHEN AN DIE OVERNIGHT OATS, MIT DEM UNTERSCHIED, DASS SIE ERST MORGENS ZUBEREITET WERDEN. WENN DAS VON DER ZEIT HER NICHT KLAPPT, SIND SIE JEDENFALLS GUT FÜRS WOCHENENDE. TIPP: BEREITEN SIE DAS REZEPT ERST EINMAL FÜR SICH SELBST ZU. NICHTS WIRKT SO WUNDERBAR WIE: „MAMA, DARF ICH DEIN FRÜHSTÜCK PROBIEREN?" WENN SIE ES ERST PROBIERT HABEN, FRAGEN SIE BEIM NÄCHSTEN MAL VON SELBST DANACH!

ACAI-KOKOS-SCHALE
1 Portion

STELLEN SIE DIESES FRÜHSTÜCK AUF DEN TISCH UND ERZÄHLEN SIE DAZU, DASS ALLE COOLEN SURFER IN HAWAII DAS ZUM FRÜHSTÜCK ESSEN. DANN IST DIE WAHRSCHEINLICHKEIT HOCH, DASS SIE AUF JEDEN FALL PROBIEREN WOLLEN.

150 ml Kokos-Reisdrink
1 Handvoll gemischte Beeren (nach Belieben tiefgekühlt)
1 gefrorene Banane
½ Avocado
2 EL Acaipulver*
1 TL Macapulver (nach Wunsch)
1 TL gemahlene Vanille (nach Wunsch)
1 EL Cashewkerne (nach Wunsch)
Belag nach Wahl: Obst/Beeren, Nüsse, Saaten oder Superfood-Mix

Alle Zutaten, bis auf den Belag, im Mixer pürieren. In eine Schale geben und nach Lust und Laune garnieren.

Acai in Pulverform ist im Naturkostladen oder Reformhaus erhältlich und wird aus der gleichnamigen Beere hergestellt. Sie steckt voller Antioxidantien und wird zu recht zu den Superfoods gezählt.

JOGHURT MIT BEERENPÜREE & PISTAZIEN
1 Portion

DIESES FRÜHSTÜCK HABEN SIE IN FÜNF MINUTEN FERTIG. ES SIEHT SUPERTOLL AUS, DANK DER FARBKOMBINATION VON WEISSEM JOGHURT, ROTEM/ROSA PÜREE UND GRÜNEN PISTAZIEN. SIE KÖNNEN DAS OBST DURCH ZUCKERFREIE KONFITÜRE ERSETZEN.

5 Himbeeren
5 Erdbeeren
4–5 EL Joghurt
30 g Pistazien, nach Belieben zerkleinert
1 Tropfen Honig (nach Wunsch)
1 TL Pistazienöl (nach Wunsch)

Himbeeren und Erdbeeren mit dem Stabmixer pürieren. Den Joghurt in eine Schale geben und 1 Esslöffel Fruchtpüree einrühren. Mit Pistazien, Honig und Öl garnieren.

AMARANTBREI MIT HIMBEEREN, HEIDELBEEREN & HASELNÜSSEN
2 Portionen

AMARANT SIEHT AUS WIE EINE ART GRIESS UND HAT AUCH EINE ÄHNLICHE KONSISTENZ. ER IST SEHR NAHRHAFT UND ENTHÄLT REICHLICH VITAMIN B UND E. AM BESTEN IST ES, AMARANT ACHT STUNDEN EINZUWEICHEN. DENKEN SIE BEREITS AM VORABEND DARAN. WAHRSCHEINLICH IST DIESES REZEPT EHER ETWAS FÜRS WOCHENENDE.

75 g Amarant
200 ml Wasser
100 ml Kokosmilch (oder Mandeldrink)
1 Handvoll Heidelbeeren
1 TL Zimt
1 TL gemahlene Vanille
1 Prise Salz
15 g Haselnusskerne, grob gehackt
1 Handvoll Himbeeren
2 TL Ahornsirup
Kokosraspel (nach Wunsch)

Den Amarant rechtzeitig (ca. 8 Stunden) vorher in kaltem Wasser einweichen. Ist dafür wirklich keine Zeit? Dann mindestens 30–40 Minuten einweichen. Den Amarant abspülen und gut abtropfen lassen.
Den eingeweichten Amarant in einen Topf geben und Wasser, die Hälfte der Kokosmilch, Heidelbeeren und Gewürze zufügen. Zum Kochen bringen, dann zugedeckt weitere 15 Minuten sanft köcheln lassen. Den Brei im Topf leicht abkühlen lassen und die andere Hälfte der Kokosmilch einrühren. Den Brei in eine Schale füllen. Mit Haselnüssen, Himbeeren, Ahornsirup und nach Wunsch Kokosraspeln garnieren.

FRÜHSTÜCK MIT EI

ZUMINDEST AM WOCHENENDE KOMMT BEI UNS OFT EIN EI AUF DEN FRÜHSTÜCKSTISCH. FÜR UNS IST DAS EI DIE ULTIMATIVE ZUTAT, DIE SICH MIT GEMÜSE KOMBINIEREN LÄSST. GEMÜSE IST VIELLEICHT NICHT DAS ERSTE, WORAN MAN BEIM FRÜHSTÜCK DENKT, ABER – WHY NOT?! DIE FOLGENDEN REZEPTE MACHEN AUS DEM MORGENRITUAL EIN FRÖHLICHES FEST. KUCHEN ZUM FRÜHSTÜCK – WELCHES KIND MAG DAS NICHT? UND PRAKTISCHER ALS PAUSENBROT IST ER AUCH.

EI-MUFFINS
6 bis 8 Stück

200 g Gemüse (zum Beispiel Erbsen, Zucchini, Möhren, Brokkoli, Lauch, Tomaten oder Paprika)
130 g Quinoamehl (oder Buchweizen-, Dinkel- oder Kichererbsenmehl)
1 TL Backpulver
20 g Feta (aus Ziegenmilch), zerbröckelt
8 schwarze Oliven, zerkleinert
60 ml Milch (Ziegen-, Kuhmilch- oder Mandeldrink)
1 Schuss Olivenöl
2 Eier

Den Backofen auf 180 °C vorheizen. Das gewünschte Gemüse waschen und fein schneiden, hacken oder reiben. Das Mehl in eine Schüssel sieben und das Backpulver zufügen. Gut umrühren. Käse, Gemüse und Oliven zufügen. Die Milch mit dem Öl in einen Rührbecher geben, die Eier dazugeben und alles gut mischen. Die Milch-Ei-Mischung in die Schüssel gießen und rühren, bis alles gut vermischt ist. Den Teig in Muffinförmchen oder die Vertiefungen in einem (Silikon-)Muffinblech füllen. 15–20 Minuten im Ofen backen.

EI-WRAPS
2 dünne Wraps

2 Eier
1 Schuss Pflanzendrink
1 TL Butterschmalz
½ Avocado
¼ Gurke
½ Paprika
Mayonnaise (nach Wunsch)
Salz und Pfeffer

Die Eier mit dem Pflanzendrink verquirlen und mit Salz und Pfeffer abschmecken. Das Butterschmalz in einer flachen Pfanne erhitzen und darin einen dünnen Pfannkuchen backen. Die Avocados schälen, das Gemüse waschen und alles in dünne Streifen schneiden. Den Ei-Wrap auf ein Schneidebrett legen und nach Wunsch mit dem Gemüse belegen. Eventuell noch etwas Mayonnaise zufügen. Aufrollen und schräg durchschneiden.

EIERTÖPFCHEN
4 Töpfchen

2 EL Olivenöl (+ etwas für die Formen)
100 g Spinat
100 g magere Speckwürfel oder Räucherlachs (nach Wunsch)
½ Packung Cocktailtomaten, halbiert
4 Eier
3 EL Hüttenkäse (oder Ricotta oder Ziegenkäse)
Schnittlauch, fein gehackt
4 Glas- oder Keramikförmchen (Ramequins)
Salz und Pfeffer

Den Backofen auf 180 °C vorheizen. Die Förmchen mit etwas Öl einfetten. Den Spinat waschen. Das Olivenöl im Wok erhitzen, den Spinat darin anbraten, bis er zusammenfällt, und auf Küchenpapier legen. Die Speckwürfel, falls verwendet, kurz anbraten (nicht ganz auslassen!). Alle vier Förmchen mit Spinat, Tomaten und nach Geschmack den Speckwürfeln füllen. Jeweils ein Ei darüber aufschlagen und darauf etwas Käse geben. Die Förmchen in eine Auflaufform stellen und diese mit kochendem Wasser füllen, sodass die Förmchen zu drei Vierteln im Wasser stehen. Mit etwas Salz, Pfeffer und Schnittlauch bestreuen und in den Ofen schieben. Die Eiertöpfchen 10–15 Minuten backen. Dazu schmeckt ein Cracker oder Toast.

HAUPT-GERICHTE

Am liebsten würden wir jeden Tag in Ruhe die schönsten Kochbücher durchblättern, das perfekte Gericht für diesen Tag auswählen und anschließend ganz entspannt die nötigen Zutaten einkaufen. Wir dürfen zwar für unsere Arbeit regelmäßig blättern, einkaufen und kochen, aber uns ist schon klar, dass das bei den meisten von Ihnen an einem durchschnittlichen Arbeitstag nicht drin ist. Wir versuchen also, auf dem Boden der Tatsachen zu bleiben und hoffen, dass diese Grundrezepte gut ankommen und Ihnen eine Basis geben, auf die Sie jederzeit zurückgreifen können.

BLUEBELLE-PASTASAUCE MIT 6 SORTEN GEMÜSE (UND 100% ESSGARANTIE)

1 große Flasche

SO EINE FERTIGE TOMATENSAUCE AUS DEM LADEN IST SCHÖN PRAKTISCH UND, WENN SIE DIE RICHTIGE KAUFEN, AUCH GANZ IN ORDNUNG. ABER IN PUNCTO GESCHMACK GEHT NICHTS ÜBER EINE FLASCHE SELBST GEMACHTE PASTASAUCE. GROSSER VORTEIL: SIE KÖNNEN SO VIEL GEMÜSE HINEINSTECKEN, WIE SIE WOLLEN. MIT DIESER SAUCE VERWANDELN SIE AUF EINEN SCHLAG PASTA, LASAGNE, PIZZA UND WRAPS IN EINE VOLLWERTIGE MAHLZEIT MIT ALLEM, WAS SIE BRAUCHEN. WIR HABEN NOCH KEIN KIND GETROFFEN, DAS DIESE SAUCE NICHT GERN ISST. WAS ÜBRIG BLEIBT, FRIEREN SIE EIN – IMMER PRAKTISCH.

Den Backofen auf 180 °C vorheizen. Das Gemüse waschen und in große Stücke schneiden, die Zwiebeln würfeln und den Knoblauch, falls verwendet, fein hacken. Alles in eine große Auflaufform geben und großzügig mit dem Olivenöl beträufeln. Salz und Pfeffer daraufstreuen (bei den Allerkleinsten weglassen). 20 Minuten im Ofen backen, bis das Gemüse bissfest ist. Alles in einen Rührbecher geben, das Basilikum zufügen und mit dem Stabmixer zu einer Sauce pürieren. Die Sauce kann so grob oder fein werden, wie Sie wünschen. Nach Wunsch passierte Tomaten zufügen.

- 1 Zucchini
- 1–2 rote Paprika
- 3 große Tomaten (oder 6 Cocktailtomaten)
- 1 Stange Sellerie
- ½ Knolle Fenchel (oder Aubergine)
- 2 Zwiebeln
- 1 Knoblauchzehe (nach Wunsch)
- 3 EL Olivenöl
- 1 Handvoll frisches Basilikum
- 1 Prise Meersalz und Pfeffer (nach Wunsch)
- passierte Tomaten (nach Wunsch)

GEGRILLTES LACHSFILET MIT KRÄUTERKRUSTE, OFENKARTOFFELN & ROMANESCO

4 Personen

4 Lachsfilets (à 70 g)
400 g kleine Kartoffeln
2 EL Olivenöl
½ Zitrone, in Scheiben geschnitten
1 Knoblauchzehe
1 Romanesco
Meersalz

FÜR DIE KRÄUTERKRUSTE
1 Handvoll Petersilie
1 Handvoll Schnittlauch
Basilikumblätter
Korianderblätter
15 g Parmesan
3–4 getrocknete Tomaten
1 EL Kokosöl (oder Olivenöl)
Vollkorn-Semmelbrösel (oder japanische Semmelbrösel – Panko)

Den Backofen auf 180 °C vorheizen. Tiefgefrorenes Lachsfilet rechtzeitig aus dem Gefrierfach nehmen und auftauen.
Die Kartoffeln waschen, in eine Auflaufform legen, mit dem Öl beträufeln und einige Scheiben Zitrone, Knoblauch und Meersalz zufügen. 20 Minuten im Ofen backen, bis die Kartoffeln goldbraun sind.
In einem großen Topf Wasser zum Kochen bringen. Den Romanesco waschen und in Röschen zerlegen wie Brokkoli. Den Romanesco kurz blanchieren und gut mit kaltem Wasser abspülen, damit er schön knackig bleibt.
Für die Kräuterkruste alle Kräuter in der Küchenmaschine fein hacken und Käse, getrocknete Tomaten und Öl zufügen. Weiterhacken, bis alles gut gemischt ist, die Semmelbrösel zufügen und kurz weitermixen.
Die Lachsfilets in eine Auflaufform legen und jedes Filet mit einer Schicht Kräuterpaste bedecken. 15 Minuten im Ofen backen, bis der Lachs gar ist. Dann 2 Minuten unter den Grill schieben, sodass die Kruste schön knusprig wird. Den Romanesco kurz erhitzen, falls gewünscht (viele Kinder mögen gerade kaltes, knackiges Gemüse), und den Lachs mit den Kartoffeln servieren.

KNUSPRIGES HÄHNCHENFILET MIT GEMISCHTEM GEMÜSE & VOLLKORNREIS

4 Personen

300 g Vollkornreis
200 g Erbsen, gepalt
150 g grüne Bohnen, geputzt
4 Hähnchenfilets
1 Eigelb
60 g Kokosraspel
60 g Haferflocken (oder Buchweizen-, Amarant- oder Quinoaflocken, oder einfach Paniermehl)
2 EL Butterschmalz (oder Kokosöl)
1 Zwiebel
1 rote Paprika

In zwei Töpfen Wasser zum Kochen bringen. Im einen Topf den Vollkornreis nach Packungsangabe garen. Im anderen Erbsen und Bohnen blanchieren: Kurz kochen und mit sehr kaltem Wasser abspülen, damit der Kochvorgang unterbrochen wird und das Gemüse schön knackig bleibt. Die Hähnchenfilets waschen und in Stücke schneiden. Das Eigelb in einer Schüssel verquirlen. In einer zweiten Schüssel die Kokosraspel mit den Getreideflocken mischen. Die Fleischstücke erst im Eigelb wenden, dann in der Flockenmischung. 1 Esslöffel Butterschmalz im Wok oder in einer Pfanne erhitzen und das Geflügel unter Rühren goldbraun anbraten. Das Fleisch aus der Pfanne nehmen und zugedeckt beiseitestellen.
Zwiebel und Paprika putzen und in feine Streifen schneiden. Das restliche Schmalz im Wok oder in einer Pfanne erhitzen und darin Zwiebel und Paprika unter Rühren anbraten. Anschließend das grüne Gemüse zufügen und kurz erwärmen. Inzwischen den Reis abgießen. Das knusprige Hähnchen mit Reis und reichlich Gemüse servieren.

EINTOPF AUS KNOLLENSELLERIE, KICHERERBSEN & ROTE BETE MIT WÜRSTCHEN

4 Personen

300 g Kichererbsen (am besten getrocknet oder aus dem Glas)
1 Gemüsebrühwürfel
1 Knollensellerie
2–3 rohe Rote Bete
1 EL Butterschmalz
4 Würstchen*
3–4 EL Kokosmilch (oder normale Milch)

* Lieber keine Würstchen? Dann noch einige Haselnusskerne zufügen!

Die getrockneten Kichererbsen, falls verwendet, nach Packungsangabe kochen. Das dauert etwas länger, als gegarte Kichererbsen zu nehmen.
In einem großen Topf Wasser mit dem Brühwürfel zum Kochen bringen. Den Knollensellerie schälen, in große Stücke schneiden, in den Topf geben und kochen, bis die Stücke weich sind. Abgießen, dabei etwas Kochflüssigkeit auffangen. Inzwischen die Roten Beten schälen und fein reiben (mit der Hand oder in der Küchenmaschine).
Den Backofen auf 150 °C vorheizen. Das Butterschmalz auf mittlerer Stufe in einer Pfanne erhitzen und darin die Würstchen rundum anbräunen. Aus der Pfanne nehmen, in Alufolie wickeln und im Backofen bei 50 °C warm halten.
Den Knollensellerie mit der Kokosmilch zu einem glatten Püree stampfen. Kichererbsen und Rote Bete in das Püree rühren.
Mit einem Würstchen und/oder Haselnüssen servieren.

FISCHPÄCKCHEN MIT BLUMENKOHL-BROKKOLI-KÄSE-KROKETTEN

4 Personen

DAS WIRD GARANTIERT EIN HIT BEI DEN KINDERN ODER IHREN GÄSTEN. RECHNEN SIE ABER MIT ETWAS MEHR DURCHEINANDER IN DER KÜCHE, VOR ALLEM, WENN SIE DAS REZEPT ZUM ERSTEN MAL ZUBEREITEN. P.S.: WENN JEMAND WIRKLICH KEINEN FISCH ISST, BEREITEN SIE EIN GEFLÜGELPÄCKCHEN ZU. WENN KROKETTEN IHNEN ZU EXOTISCH ERSCHEINEN, ERSETZEN SIE SIE DURCH POMMES, REIS, NUDELN ODER EINFACH SALZKARTOFFELN.

1 Gemüsebrühwürfel
10 grüne Mini-Spargel (oder grüne Bohnen oder Zuckererbsen)
1 Brokkoli
1 Blumenkohl
1 Zitrone
70 g Feta
4 Kabeljaufilets (à 70–100 g)
2 EL Olivenöl
1 Handvoll Koriander
Salz und Pfeffer
Spritzbeutel mit gezackter Tülle

Den Backofen auf 180 °C vorheizen. In einem mittelgroßen Topf reichlich Wasser mit dem Brühwürfel zum Kochen bringen. Ein Backblech mit Backpapier auslegen und vier weitere Stücke Backpapier bereitlegen.
Das Gemüse waschen. Von den Spargelstangen das harte untere Ende abschneiden, Brokkoli und Blumenkohl in große Stücke und die Zitrone in Scheiben schneiden.
Brokkoli und Blumenkohl in der Brühe gar kochen und abgießen. Mit dem Feta in eine Schüssel geben und zu einer glatten Masse pürieren. Die Konsistenz sollte an Kartoffelpüree erinnern, nicht zu dünn!
Die vier Stücke Backpapier bereitlegen und auf jedes Stück ein Kabeljaufilet legen. Mit Olivenöl beträufeln. Auf jedes Stück Fisch einige Stangen grünen Spargel, Zitronenscheiben und Korianderblätter geben. Mit Salz und Pfeffer würzen und das Päckchen an der Oberseite zusammenfalten. In eine Auflaufform legen und in den Ofen schieben. Den Fisch 20 Minuten backen, bis er gar ist. Inzwischen das Püree in den Spritzbeutel füllen, das mit Backpapier ausgelegte Backblech bereitstellen und 9–12 Kroketten daraufspritzen. Sie sollten nicht zu groß und nicht zu flach werden. Das Blech zum Fisch in den Ofen schieben, am besten auf eine Schiene darüber. Den Fisch aus dem Ofen nehmen und kurz den Grill einschalten, damit die Kroketten schön braun werden.

ABENDESSEN

DAS ABENDESSEN IST EINE LEICHTERE MAHLZEIT, DIE NICHT ALLZU VIEL ZEIT KOSTET. ES IST IDEAL NACH EINEM NAHRHAFTEN, WARMEN MITTAGESSEN. SIE KÖNNEN DIESE GERICHTE EBENSO GUT MITTAGS ODER BEI EINER ANDEREN GELEGENHEIT SERVIEREN, WENN EIN LEICHTERES ESSEN ANGEBRACHT IST.

*Experimentieren Sie ruhig mit den Mehlsorten. Backen Sie Maistortillas? Fügen Sie dann etwas Backpulver hinzu, damit der Teig gut bindet, Maismehl enthält nämlich wenig Gluten.

WRAPS!

WRAPS SIND IDEAL FÜR EINE SCHNELLE MAHLZEIT. ALLE SIND VERRÜCKT NACH IHNEN. IN DIESEM KAPITEL BACKEN WIR ÜBRIGENS BURRITOS: UNKOMPLIZIERT IN DER VORBEREITUNG, UND ALLE KÖNNEN IHR ESSEN SELBST AUFWÄRMEN, WANN ES PASST. PRAKTISCH FÜR DIE SPORTABENDE!

VOLLKORNWRAPS
4–6 Wraps

GENAU WIE BEI FLADENBROT IST ES NICHT IMMER LEICHT, EINEN WRAP ZU FINDEN, DER NICHT ALLERLEI KONSERVIERUNGSSTOFFE UND ANDERE UNNÖTIGE ZUSÄTZE ENTHÄLT. LESEN SIE NUR DIE ETIKETTEN! WENN SIE WENIGER ZEIT HABEN, KAUFEN SIE FERTIGE WRAPS, VORZUGSWEISE AUS VOLLKORN. WENN SIE DIESE DANN NOCH MIT REICHLICH GEMÜSE FÜLLEN, HABEN SIE EINE WUNDERBARE GESUNDE MAHLZEIT. WOLLEN SIE ES LIEBER SO UNVERFÄLSCHT WIE MÖGLICH, KÖNNEN SIE DIE WRAPS AUCH SELBST HERSTELLEN. DAS DAUERT KAUM LÄNGER, UND ES LOHNT SICH, ES EINMAL ZU PROBIEREN!

250 g Vollkornmehl*
3 EL Olivenöl (+ etwas für die Pfanne)
1 Prise Meersalz
180–200 ml warmes Wasser

Das Mehl mit Olivenöl und Salz mischen. Langsam unter Rühren das warme Wasser angießen, sodass ein Teig entsteht. Die Arbeitsfläche mit Mehl bestäuben und den Teig etwa 10 Minuten in der Küchenmaschine kneten. Zugedeckt in einer Schüssel ruhen lassen. Den Teig in 4–6 Kugeln teilen und diese jeweils zu einem Wrap ausrollen. Einen Tropfen Olivenöl in eine flache Pfanne geben (nicht zu viel!) und die Wraps backen.

KIDNEYBOHNEN MIT GEMÜSESAUCE, CRÈME FRAÎCHE & AVOCADODIP
4 Personen

DIESE TORTILLAS SIND DER HIT BEI CLAIRES MÄNNERN! SEHR PRAKTISCH IST ES, SIE SCHON AM MORGEN VORZUBEREITEN (ZUM BEISPIEL AM WOCHENENDE) UND DIE AUFLAUFFORM FÜR DEN BABYSITTER IN DEN KÜHLSCHRANK ZU STELLEN.

1 Zucchini
1 Fenchelknolle
1 rote Zwiebel
1 (rote) Paprika
2 EL Olivenöl
450 g Kidneybohnen
100 ml passierte Tomaten
4 große oder 6 kleine Vollkornwraps
(oder selbst gemachte, siehe links)
4 EL Crème fraîche (2 TL pro Wrap)
Ziegenkäse, gerieben (nach Wunsch)

FÜR DEN AVOCADODIP
2 reife Avocados
einige Korianderblätter
Zitronensaft
1 Schuss Olivenöl
1 Prise Cayennepfeffer
Salz und Pfeffer

Den Backofen auf 180 °C vorheizen. Das Gemüse waschen und in Würfel schneiden. In eine Auflaufform legen, mit Olivenöl beträufeln und mit etwas Salz bestreuen. 25 Minuten im Ofen backen.
Die Kidneybohnen nach Packungsangabe kochen. Oder fertige Bohnen aus der Dose nehmen, dann aber eine Bio-Sorte, und wenn es geht, eher ein Glas als eine Dose. Die Bohnen gut abspülen.
Das gegrillte Gemüse aus dem Ofen nehmen und mit Bohnen und passierten Tomaten mischen. Eine oder zwei Auflaufformen bereitstellen. Auf jeden Wrap etwas von der Gemüse-Bohnen-Mischung und 2 Teelöffel Crème fraîche geben. Den Wrap schließen und in die Auflaufform legen. Mit geriebenem Ziegenkäse bestreuen, falls gewünscht. Die Burritos 10 Minuten unter den Grill schieben.
Inzwischen den Avocadodip zubereiten: Die Avocado schälen und zerdrücken, den Koriander fein hacken. Die Avocado mit Zitronensaft, Olivenöl, Koriander und Cayennepfeffer mischen. Mit Salz und Pfeffer abschmecken. Die Burritos mit dem Avocadodip servieren.

KNUSPRIGER TOFU MIT SCHWARZEN BOHNEN, TOMATEN, GUACAMOLE & ZITRONE

4 Personen

DIESES REZEPT SIEHT GROSSARTIG AUS, UND SO SCHMECKT ES AUCH!

1 Block Tofu
schwarze Bohnen (nach Belieben aus dem Glas)
3 vollreife Tomaten
2 reife Avocados
Saft von ½ Zitrone
1 TL Sesamöl
1 TL Sesamsaat
4 große oder 6 kleine Vollkornwraps
  (oder selbst gemachte, siehe S. 89)
1 Handvoll Koriander
1 Limette, in Scheiben geschnitten

FÜR DIE TOFUMARINADE
2-cm-Stück frische Ingwerwurzel
1–2 EL Olivenöl
Zitronensaft
1 Prise Chilipulver
½ TL Kreuzkümmel
2 EL Nussmus
1 Prise Salz und Pfeffer

1 Stunde im Voraus beginnen: Den Tofublock zwischen dicke Schichten Küchenpapier legen. Einen schweren Gegenstand daraufstellen und gut abtropfen lassen. (Geht auch mit Geschirrtüchern.)
Die getrockneten schwarzen Bohnen nach Packungsangabe kochen oder schwarze Bohnen aus der Konserve verwenden.
Den Backofen auf 180 °C vorheizen. Den abgetropften Tofu in Würfel schneiden und 20 Minuten im Ofen backen.
Für die Tofumarinade den Ingwer schälen und in sehr kleine Würfel schneiden. In einer Schüssel Ingwer, Olivenöl und Zitronensaft mit den Gewürzen mischen. 2 Esslöffel Nussmus einrühren. Den abgekühlten Tofu in der Marinade wenden und 15 Minuten ziehen lassen.
Die Tomaten waschen und in Würfel schneiden. Die Avocados schälen, in Würfel schneiden und mit Zitronensaft beträufeln, damit sie nicht braun werden.
Einen Wok erhitzen und die marinierten Tofuwürfel knusprig anbraten. Den Herd ausschalten und den Tofu mit etwas Sesamöl beträufeln (Achtung: Das Öl nicht erhitzen!) und mit Sesam bestreuen.
Die Wraps 2 Minuten in einer Pfanne oder im Backofen aufwärmen. Mit Tomaten, Avocados, schwarzen Bohnen und mariniertem Tofu belegen und mit Koriander und Limette garnieren.

KICHERERBSEN-LAUCH-CURRY MIT WEISSFISCH & ZIEGENKÄSE

4 Personen

SCHMECKT AUCH SEHR GUT MIT REIS STATT IM WRAP, ODER AUCH OHNE KOHLENHYDRATE.

2 große Lauchstangen
2 EL Kokosöl
1–2 TL Currypulver
3–4 EL Kokosmilch
400 g Kichererbsen, vorgekocht (nach Belieben aus dem Glas)
Weißfischfilets (a 70 g), z. B. Scholle, Kabeljau
  oder Heilbutt aus nachhaltiger Fischerei
4 große oder 6 kleine Vollkornwraps
  (oder selbst gemachte, siehe S. 89)
Zitronensaft
65 g Ziegenfrischkäse
Pfeffer (oder Chilipulver)
Koriander, fein gehackt (nach Wunsch)

Den Backofen auf 180 °C vorheizen. Den Lauch waschen und in feine Ringe schneiden. Im Wok 1 Esslöffel Kokosöl erhitzen, den Lauch darin unter Rühren garen und das Currypulver zufügen. Umrühren, Kokosmilch, 1 Schuss Wasser und Kichererbsen zufügen. Kurz schmoren lassen, bis die Flüssigkeit leicht einkocht.
In einer Pfanne das restliche Kokosöl erhitzen und den Weißfisch darin braten. Auf ein oder zwei Auflaufformen bereitstellen. Auf jeden Wrap etwas von der Currymischung geben und 1 Fischfilet darauflegen. Mit Zitronensaft beträufeln, mit Pfeffer würzen und mit Ziegenkäse und Koriander bestreuen. Die Wraps offen lassen oder schließen und 10 Minuten unter dem Grill bräunen.

PITA-TASCHEN

WIR SIND FANS VON VOLLKORNPITAS. LEIDER IST ES NICHT IMMER LEICHT, EINE GUTE, GESUNDE SORTE ZU FINDEN, DIE MÖGLICHST WENIGE ZUSATZSTOFFE ENTHÄLT. TROTZDEM IST DAS VERTRETBAR, WEIL SIE DIE PITAS MIT ALLERLEI GESUNDEM FÜLLEN KÖNNEN. UND KINDER MÖGEN PITAS, DIE FÜLLUNG IST IHNEN DABEI FAST EGAL, SIE WERDEN AUF JEDEN FALL PROBIEREN.

SÜSSKARTOFFEL & HACKFLEISCH MIT JOGHURT-MINZE-DIP

4 Pitabrote

1 große Süßkartoffel
1 EL Olivenöl
1 EL Butterschmalz
200 g Rinderhackfleisch
4 Vollkorn-Pitas
Meersalz und Pfeffer

FÜR DEN JOGHURT-MINZE-DIP
8 Minzeblätter
4 EL Joghurt
1 TL Honig
Zitronensaft

Den Backofen auf 180 °C vorheizen. Die Süßkartoffel schälen und grob hacken. Die Stücke in eine Auflaufform legen, mit dem Olivenöl beträufeln und mit etwas Salz bestreuen. 20 Minuten im Ofen garen.
In einer Pfanne das Butterschmalz erhitzen und das Hackfleisch krümelig anbraten. Mit Salz und Pfeffer abschmecken.
Für den Dip die Minze waschen, fein hacken und mit Joghurt, Honig und Zitronensaft verrühren. Die Pitabrote im Toaster (oder im Backofen) rösten und halb aufschneiden. Jedes Brot mit ein paar Löffeln Süßkartoffel, einem Löffel Hackfleisch und etwas Salz sowie Joghurt-Minze-Dip füllen.

HÜTTENKÄSE, LACHS & AVOCADO

4 Pitabrote

2 Lachsfilets (oder Räucherlachs)
1 reife Avocado
4 Vollkorn-Pitas
4 EL Hüttenkäse
Salz und Pfeffer
1 EL Avocadoöl

Den Lachs braten oder dämpfen (oder Räucherlachs verwenden) und in kleinere Stücke zerteilen. Die Avocado schälen und in Streifen schneiden oder mit einer Gabel zerdrücken. Die Pitabrote im Toaster (oder im Backofen) rösten und halb aufschneiden. Jedes Brot mit Lachs, einem Löffel Hüttenkäse, einigen Avocadostreifen, Salz, Pfeffer und Avocadoöl füllen.

TAHINI-HÄHNCHEN MIT GURKE & MANGO

4 Pitabrote

2 Hähnchenfilets
1 EL Kokosöl (oder Butterschmalz)
½ Gurke
1 Mango
Korianderblätter
2 EL Tahini
1 EL Sesam

Die Hähnchenfilets in dünne Streifen schneiden. Das Kokosöl in einer flachen Pfanne erhitzen und die Filets goldbraun anbraten. Die halbe Gurke schälen und mit dem Sparschäler lange, dünne Locken abhobeln. Die Mango schälen und in kleine Würfel oder Scheiben schneiden. Den Koriander fein hacken. Die Pitabrote im Toaster (oder im Backofen) rösten und halb aufschneiden. Jedes Brot innen mit Tahini bestreichen und mit Gurkenstreifen, Hähnchenfilet, Koriander und Mangowürfeln füllen. Mit dem Sesam garnieren.

SUPPEN

STÄRKEND, NAHRHAFT, UNKOMPLIZIERT UND BEI DEN MEISTEN KINDERN BELIEBT. PRAKTISCH ALS SCHNELLES MITTAGESSEN ODER LEICHTES ABENDESSEN. HIER FOLGEN EIN PAAR INSPIRATIONEN, UM EINMAL ETWAS ANDERES ALS DIE ÜBLICHE TOMATEN- ODER ZUCCHINISUPPE AUF DEN TISCH ZU BRINGEN.

TOPINAMBUR-PASTINAKEN-SUPPE MIT BIRNE & PETERSILIENÖL

4-6 kleine Schalen

PASTINAKEN HABEN EINEN CREMIGEN, LEICHT SÜSSEN GESCHMACK, DESHALB MÖGEN VIELE KINDER DIESE SUPPE. WENN SIE KEINE TOPINAMBUREN BEKOMMEN KÖNNEN, SCHMECKT AUCH DIE KOMBINATION BROKKOLI & PASTINAKE HERVORRAGEND.

2 EL Butterschmalz
1 Zwiebel, fein gehackt
1 Knoblauchzehe, fein gehackt (nach Wunsch)
1 Liter Wasser
1 Gemüsebrühwürfel
250 g Topinamburen, geschält und in Stücke geschnitten
250 g Pastinaken, geschält und in Stücke geschnitten
1 Birne, gewaschen und in große Stücke geschnitten
1 Handvoll Pinienkerne
4 Stängel frische glatte Petersilie, Blätter abgezupft
1 EL Olivenöl

Das Butterschmalz in einer großen flachen Pfanne erhitzen und darin die Zwiebel und den Knoblauch, falls verwendet, anbraten. Das Wasser im Topf oder im Wasserkocher zum Kochen bringen und den Brühwürfel darin auflösen. Die Zwiebel mit etwas Brühe ablöschen und kurz einkochen lassen. Dann die Topinambur- und Pastinakenstücke zufügen. Mehr Brühe angießen, bis das Gemüse gerade bedeckt ist. Etwa 15 Minuten köcheln lassen. Die Birnenstücke hineingeben und weitere 10 Minuten köcheln lassen.
Inzwischen die Pinienkerne in einer trockenen flachen Pfanne rösten. Pinienkerne, Petersilie und Olivenöl mit dem Standmixer oder im Mixer pürieren.
Die Suppe vom Herd nehmen und mit dem Stabmixer oder im Mixer glatt pürieren. Die Suppe auf die Teller verteilen und mit dem Petersilien-Pinienkern-Öl beträufeln.

ROTE-BETE-KOKOS-SUPPE

4-6 kleine Schalen

DAS IST CLAIRES LIEBLINGSSUPPE, SCHON ALLEIN, WEIL SIE SO SCHÖN ROSA IST. DIE EINE ODER ANDERE KLEINE DAME FREUT SICH VIELLEICHT ÜBER DIESE PRINZESSINNENSUPPE. ABER SIE SCHMECKT AUCH OHNE TITEL.

1 kg rohe Rote Beten (oder vorgekochte, wenn es schnell gehen soll, schmeckt aber weniger gut)
500 ml Wasser
1 Gemüsebrühwürfel
200 ml Kokosmilch
1 Spritzer Zitronensaft
1 TL gemahlener Kreuzkümmel
1 Schuss Olivenöl
etwas Salz und Pfeffer
gehobelte Mandeln (nach Wunsch)

Den Backofen auf 200 °C vorheizen. Die Roten Beten einzeln in Aluminiumfolie einschlagen, etwas Wasser zugeben und die Päckchen schließen. Dann in eine Auflaufform legen. 30 Minuten im Ofen backen und abkühlen lassen.
In einem Topf das Wasser mit dem Brühwürfel zum Kochen bringen. Die abgekühlten Roten Beten schälen und in die Brühe geben. Kurz erwärmen und die Kokosmilch angießen. Den Topf vom Herd nehmen und die Suppe mit dem Stabmixer pürieren. Sie darf ruhig etwas dicker sein; lieber am Ende noch mit ein wenig Wasser verdünnen, als sie jetzt schon zu wässrig zu machen. Die Suppe mit Zitronensaft, Kreuzkümmel, Olivenöl, Salz und Pfeffer abschmecken. Nach Wunsch mit Mandeln garnieren.

SCHNELLE SAOTO-SUPPE
4–6 kleine Schalen

UNS IST SCHON KLAR, DASS UNSER REZEPT AN DIE TRADITIONELLEN INDONESISCHEN SAOTO-SUPPEN NICHT HERANKOMMT. DAHER DER ZUSATZ „SCHNELL". ABER ES IST TROTZDEM EINE INTERESSANTE, UNKOMPLIZIERTE SUPPE FÜR DIE GANZE FAMILIE AM SONNTAGMITTAG, MIT DER JEDER SEINE SCHALE FÜLLEN KANN.

1 Liter Wasser
2 Gemüsebrühwürfel
300 g Vollkorn-Basmatireis
4 Eier
4-cm-Stück frische Ingwerwurzel
2 Stängel Zitronengras
2 Lorbeerblätter
frischer Koriander
1 Hühnerbrust
½ Weißkohl
150 g Bohnensprossen
2 Frühlingszwiebeln
1 rote Chilischote (nach Wunsch)

In einem großen Topf das Wasser mit den Brühwürfeln zum Kochen bringen. Zwei weitere Töpfe Wasser aufsetzen. In dem einen Topf den Reis nach Packungsangabe garen. Im anderen Topf die Eier hart kochen, abgießen und pellen. Den Ingwer schälen und in kleine Stücke schneiden. Die Zitronengrasstängel in je 3 Stücke hacken und leicht zerdrücken. In den Topf mit der Brühe geben, ebenso die Lorbeerblätter und den Koriander. Überschüssiges Fett von der Hühnerbrust abschneiden und das Fleisch für ca. 10 Minuten in der Brühe garen. Zum Kochen bringen und bei schwacher Hitze gut durchgaren. Eventuell aufsteigendes Fett zwischendurch abschöpfen. Die Hühnerbrust aus dem Topf nehmen und in kleine Stücke schneiden. Das Fleisch in eine separate Schüssel legen.
Den Weißkohl in feine Streifen schneiden. Die Bohnensprossen abspülen und die Frühlingszwiebeln fein hacken. Diese Zutaten in separaten Schüsseln auf den Tisch stellen, dazu den Topf mit der Brühe. Nach Wunsch noch etwas Chili hineingeben, aber es sollte für die Kinder nicht zu scharf sein! Jeder füllt seinen Teller mit Weißkohl, Bohnensprossen, Reis, einem Ei und etwas Huhn, dann kommt die Brühe darauf. Mit fein gehackter Frühlingszwiebel garnieren.

PASTA PESTO

WENN SIE EIN KIND FRAGEN, WAS ES ESSEN WILL, LAUTET DIE ANTWORT IN SIEBEN VON ZEHN FÄLLEN NUDELN. DIE ANDEREN DREI SIND POMMES, PIZZA UND PFANNKUCHEN. MIT DEN FOLGENDEN REZEPTEN WOLLEN WIR IHNEN ZWEI VORSCHLÄGE MACHEN:

1. Machen Sie selbst Pesto zu den Nudeln. Das kann jeder, und mit hochwertigem Öl und frischen Kräutern bekommt die Pasta gleich einen gesunden Dreh!

2. Nehmen Sie Dinkel- oder Vollkornnudeln und experimentieren Sie mit verschiedenen Gemüsesorten. Es gibt auf der übernächsten Seite zum Beispiel ein Rezept für Kürbisetti, also Spaghetti auf Kürbisbasis. Viel Spaß mit diesen drei ein bisschen anderen Pasta-Pesto-Rezepten.

ZUCCHINETTI MIT ZWIEBEL-ZITRONEN-PESTO

4 Personen

DIESE ZUCCHINETTI SIND EINE SCHÖNE PASTA-PESTO-VARIANTE FÜR MENSCHEN, DIE KEINE MILCHPRODUKTE ESSEN. ALLERDINGS EINE EHRGEIZIGE KOMBINATION: PASTA AUS GEMÜSE PLUS EIN RECHT EXOTISCHES PESTO. WIR FINDEN ES WUNDERBAR, ABER UM EHRLICH ZU SEIN, WAREN UNSERE KLEINEN DIE ERSTEN PAAR MALE NICHT SO BEGEISTERT. PROBIEREN SIE ES AUS ODER KOMBINIEREN SIE DIE ZUCCHINETTI MIT EINER LEICHTER ZUGÄNGLICHEN ROTEN SAUCE ODER EINEM KÄSEPESTO.

gemischte Cocktailtomaten (orange, rot, gelb)
1–2 feste Zucchini
4 EL natives Olivenöl extra
1 Gemüsezwiebel
½ reife Avocado (nach Wunsch)
3 Zitronen
10 Paranusskerne
1 Prise Chilipulver oder Cayennepfeffer
Meersalz oder Himalajasalz
1 TL Honig
1 große Handvoll Kräuter nach Wahl (zum Beispiel Koriander oder Basilikum)
Hanfsamen und/oder Ziegenkäse (nach Wunsch)

Den Backofen auf 180 °C vorheizen. Cocktailtomaten und Zucchini waschen. Die Tomaten in eine Auflaufform legen, mit 1 Esslöffel Olivenöl mischen und 15 Minuten in den Ofen schieben, bis sie gebraten und saftig sind.
Inzwischen Zwiebel und Avocado, falls verwendet, schälen und in große Stücke schneiden. Die Zitronen auspressen. Zwiebel, Paranüsse, Zitronensaft, Chili, Salz, Honig und Kräuter mit 3 Esslöffeln Olivenöl verrühren und in der Küchenmaschine zu Pesto mixen oder mit dem Stabmixer pürieren. Die Avocado, falls verwendet, zufügen und kurz weitermixen. Probieren, ob die Zwiebel nicht zu scharf ist, und bei Bedarf den Geschmack mit mehr Nüssen oder Honig abmildern. Für die Zucchinetti das obere und untere Ende der Zucchini abschneiden und mit einem Spiralschneider zu Spaghetti verarbeiten. Oder mit dem Sparschäler in lange, dünne Streifen schneiden. Das Pesto mit den rohen Streifen mischen, mit den Tomaten garnieren und nach Wunsch mit Hanfsamen oder Ziegenkäse bestreuen.

BUNTE PASTA MIT BASILIKUM-AVOCADO-PESTO, GRÜNEM SPARGEL & FETA

4 Personen

KINDER SIND TOTAL BEGEISTERT DAVON, BUNTE NUDELN ZU ESSEN. IN GUT SORTIERTEN SUPERMÄRKTEN, FEINKOSTGESCHÄFTEN ODER NATURKOSTLÄDEN FINDEN SIE AUCH BUNTE NUDELN MIT NATÜRLICHEN FARBSTOFFEN AUS ROTER BETE, SPINAT UND KURKUMA. SIE KÖNNEN NATÜRLICH AUCH NORMALE DINKELNUDELN IN LUSTIGEN FORMEN NEHMEN.

300 g bunte Nudeln (mit natürlichen Farbstoffen)
8 Stangen grüner Spargel
1 Avocado, entkernt
65 g Pinienkerne
70 g Feta
2–3 EL Olivenöl
Saft von 1 Zitrone
1 Handvoll Basilikumblätter
je 1 Prise Salz und Pfeffer

Die Nudeln nach Packungsangabe garen. Inzwischen den Spargel in einem Topf mit reichlich kochendem Wasser blanchieren. Alle anderen Zutaten im Mixer oder in der Küchenmaschine zu einem Pesto verarbeiten. Das Pesto anschließend unter die Nudeln heben und das Ganze mit Gemüse servieren, das die Kinder mögen. In diesem Fall also grüner Spargel, aber Brokkoli, Zucchini oder Zuckererbsen passen ebenso gut. Aus dieser leichten Mahlzeit lässt sich mit einem Stück Weißfisch oder Fleisch auch ein Hauptgericht zaubern.

KÜRBISETTI MIT NUSS-KÄSE-PESTO
4 Personen

WENN SIE DIESES REZEPT ZUM ERSTEN MAL LESEN UND ZUBEREITEN, DENKEN SIE WAHRSCHEINLICH: „WAS MUSS ICH DA MACHEN?", UND VIELLEICHT AUCH: „ROHER KÜRBIS STATT SPAGHETTI, DAS ESSEN SIE DOCH NIE!" ABER WENN SIE ES EINMAL GEMACHT HABEN, WISSEN SIE, DASS ES GAR NICHT KOMPLIZIERT IST, UND MIT EIN BISSCHEN GLÜCK FINDEN DIE KINDER ES WITZIG UND EIGENTLICH AUCH GANZ LECKER.

1 Flaschenkürbis
1 Handvoll Basilikumblätter
70 g gemischte Nüsse
40 g Feta (+ etwas zum Garnieren)
3 EL Olivenöl
1 EL Avocadoöl (oder ein anderes aromatisches Pflanzenöl)
1 Spitzer Zitronensaft
1 TL Honig
2 Medjoul-Datteln (nach Wunsch)

Zuerst die Kürbisetti zubereiten: Dazu mit einem Spiralschneider den Kürbis in Spaghetti schneiden. Alternativ mit der Handreibe lange, dünne Streifen raspeln. Wir empfehlen, den Kürbis kurz zu kochen und erst dann zu Spaghetti zu verarbeiten: Dazu den ganzen Kürbis in einem schmalen, hohen Topf kurz blanchieren. Den Kürbis der Länge nach in vier Stücke schneiden. Diese Stücke in Streifen scheiden oder reiben.
Für das Pesto alle Zutaten im Mixer oder in der Küchenmaschine pürieren. Ist das Pesto zu trocken? Dann etwas Öl oder Wasser zufügen. Zu flüssig? Dann etwas Käse oder mehr Nüsse dazugeben.

TIPP: DIE KÜRBIS-SPAGHETTI EVENTUELL KURZ IM BACKOFEN ERHITZEN. DIE KÜRBISETTI ROH ZU ESSEN IST VIELLEICHT VON DEN KINDERN ETWAS VIEL VERLANGT.

NACHTISCH

WENN WIR UNS UMSCHAUEN, SEHEN WIR ZWEI ARTEN VON FAMILIEN. SOLCHE, IN DENEN EINE MAHLZEIT OHNE NACHTISCH NICHT VOLLSTÄNDIG IST UND SOLCHE, IN DENEN DER NACHTISCH NICHT AUTOMATISCH DAZUGEHÖRT UND ÖFTER VERGESSEN WIRD. WIR GEHÖREN EHER ZUR ZWEITEN GRUPPE. MANCHMAL GIBT ES NACHTISCH ALS LECKERES EXTRA, ABER BESTIMMT NICHT JEDEN ABEND. WENN SIE ES ANDERS MACHEN, IST DAS IN ORDNUNG, NUR SOLLTEN SIE DEN NACHTISCH NICHT ALS DRUCKMITTEL EINSETZEN. SONST BRINGEN SIE IHREM KIND NÄMLICH BEI, DASS GUTES BENEHMEN MIT ETWAS SÜSSEM BELOHNT WIRD, UND ES GEWÖHNT SICH DAS AUF-DEN-KÖRPER-HÖREN („DAS SCHMECKT MIR WIRKLICH NICHT", ODER „ICH BIN SATT") MEHR ODER WENIGER AB. KURZ GESAGT, OB ES NACHTISCH GIBT ODER NICHT, IST IHRE SACHE, ABER BLEIBEN SIE DANN BEI JA ODER NEIN, UNABHÄNGIG DAVON, WIE VIEL VORHER GEGESSEN WURDE.

CLOWN VON TANTE JEANNE

4 Clowns

WIR MÖGEN ES NICHT SO SEHR, MIT ESSEN ZU SPIELEN. GESICHTER ODER FIGUREN HERZUSTELLEN IST DESHALB NICHT UNSER DING, ABER FÜR DIESEN NACHTISCH MACHEN WIR EINE AUSNAHME. CLAIRES TANTE JEANNE HAT IHN FRÜHER ZUBEREITET, ALS IHRE NICHTEN NOCH KLEIN WAREN. INZWISCHEN IST DER CLOWN SCHON WIEDER EINE TRADITION BEI IHREN ENKELN. WENN ER AUF DEN TISCH KOMMT, LACHEN ALLE, GLEICH WELCHEN ALTERS.

Joghurt nach Wahl
50 g Schokolade (85 % Kakaoanteil)
8 Heidelbeeren
4 Erdbeeren
einige Tropfen Reissirup, Honig oder zuckerfreie Marmelade

Den Joghurt auf die Schüsseln verteilen. Dann das Gesicht herstellen: die geriebene dunkle Schokolade für das Haar, 2 Heidelbeeren als Augen und die Erdbeere als Nase. Mit dem Reissirup einen nach oben gebogenen Mund aufzeichnen.

TIPP: RESTLICHES OBST SEPARAT DAZU SERVIEREN. WENN DIE KINDER DAS GESICHT GEGESSEN HABEN, KÖNNEN SIE NOCH ETWAS OBST IN DEN JOGHURT GEBEN ODER EIN NEUES GESICHT MACHEN.

GEGRILLTER PFIRSICH MIT JOGHURT, MANDELN & HONIG

4-6 Portionen

SUPER EINFACH UND DER IDEALE SOMMERNACHTISCH, WENN DIE PFIRSICHE SÜSS UND SAFTIG SIND! SEHR PRAKTISCH ZUM MITNEHMEN ZU EINEM GRILLABEND IM FREIEN ODER FÜR DEN URLAUB.

4–6 reife Pfirsiche
2 EL Honig
1 Handvoll gehackte Mandeln
500 g Joghurt
Mandeldrink (nach Wunsch)

Den Backofen auf 180 °C vorheizen. Die Pfirsiche waschen, halbieren und den Stein herausnehmen. Die Pfirsichhälften mit der gewölbten Seite nach unten auf ein mit Backpapier ausgelegtes Backblech legen, jede mit einigen Tropfen Honig beträufeln und mit 1 Teelöffel gehackte Mandeln bestreuen. Das Blech in den Ofen schieben und die Pfirsiche backen, bis sie weich und goldbraun sind. Die gebackenen Pfirsichhälften in Viertel schneiden, den Joghurt auf vier oder sechs kleine Schüsseln verteilen und darauf pro Schale 4 Pfirsichviertel legen. Nach Wunsch noch etwas aufgeschlagenen Mandeldrink daraufgeben.

ERDBEER-BANANEN-EIS MIT VANILLE & MINZE
4 Personen

WENN SIE DEN TRICK MIT DEM SELBST GEMACHTEN EIS AUS EINGEFRORENEM OBST ERST EINMAL BEHERRSCHEN, WERDEN SIE GARANTIERT WEITER-EXPERIMENTIEREN. SIE KÖNNEN AUCH CASHEWKERNE (EINGEWEICHT UND SEHR FEIN GEMAHLEN) ODER KOKOSCREME HINEINGEBEN. WIR STELLEN HIER DIE EINFACHSTE VERSION VOR. VIELLEICHT KENNEN SIE SIE SCHON, UND WENN NICHT, AUF JEDEN FALL PROBIEREN!

250 g reife Erdbeeren (am besten vorher eingefroren)
2–3 eingefrorene Bananen
3 EL Mandeldrink
1 TL gemahlene Vanille (oder das Mark einer Vanilleschote)
Minzeblätter

Erdbeeren und Bananen aus dem Gefrierfach nehmen. Mit dem Mandeldrink in der Küchenmaschine zu einer sorbetähnlichen Konsistenz pürieren. Vanille und Minze zufügen und nochmals pürieren. Sofort servieren.

TIPP: DAS EIS NACH WUNSCH MIT ETWAS GERIEBENER DUNKLER SCHOKOLADE GARNIEREN. DAS GIBT DEN SUPER-EFFEKT: DIE KINDER BETRACHTEN DAS ALS ULTIMATIVE LECKEREI, DABEI SIND WENIGER ALS 2 GRAMM SCHOKOLADE AUF DEM EIS.

FAMILIE & BEKANNTE

„MEINE SCHWIEGERMUTTER PASST REGELMÄSSIG AUF UNSERE BEIDEN JUNGS AUF. SIE HAT IHRE EIGENE MEINUNG ÜBER MEINE ART ZU ESSEN UND ZU TRINKEN. DESHALB BEKOMMEN SIE BEI IHR GENAU DAS, WAS ICH IHNEN LIEBER NICHT GEBE. MIR FÄLLT ES SCHWER, MIT IHR DARÜBER ZU REDEN. KÖNNT IHR MIR EINEN TIPP GEBEN?"

Fleur, 39, Mama von Finn (5) und Jesse (8)

IN DIESEM KAPITEL FINDEN SIE ANTWORTEN AUF FOLGENDE FRAGEN:

WAS TUE ICH, WENN MEINE VERWANDTEN UND FREUNDE DIE SACHE ANDERS SEHEN?

WIE GEHE ICH MIT VERWÖHNENDEN GROSSELTERN UM?

WIE ZEIGE ICH AUF POSITIVE WEISE MEINE GRENZEN?

WIE GEHE ICH MIT AUSNAHMEN UND SÜSSIGKEITEN DRAUSSEN UM?

AUSSERDEM 22 FESTLICHE REZEPTE VON TORTEN BIS ZUM PICKNICK UND SNACKS FÜR FREUNDE!

ABGEWÖHNEN IST SCHWIERIGER ALS ANGEWÖHNEN

WIR SIND ZWAR SCHON EIN WENIG GEFÜRCHTET IN UNSEREM FREUNDESKREIS – „OJE, CLAIRE KOMMT ZUM ESSEN. WAS SOLL ICH DENN DA KOCHEN?", ODER: „ÄH, VERA, DAS ISST DU DOCH NICHT, ODER? SOLL ICH ETWAS ANDERES MACHEN?" – ABER WIR MÖGEN NICHTS LIEBER, ALS MIT FREUNDEN UND VERWANDTEN ZU ESSEN. WENN FREUNDE ZU UNS KOMMEN, VERSUCHEN WIR, UNSEREN GÄSTEN ETWAS GESUNDES NEUES ZU SERVIEREN. ETWAS, DAS SIE NOCH NICHT KENNEN UND ZU HAUSE WAHRSCHEINLICH EHER NICHT BEKOMMEN. ABER WENN WIR ZU JEMAND ANDEREM ZUM ESSEN KOMMEN, SIND WIR EIGENTLICH RECHT FLEXIBEL. NA JA, MEISTENS JEDENFALLS.

Wenn es darum geht, was unsere Kinder anderswo angeboten bekommen, sind wir etwas strenger. Insbesondere bei den ganz Kleinen unter sechs. Das hat teilweise mit Allergien zu tun, aber auch mit der Tatsache, dass wir es nicht für nötig halten, sie jetzt schon mit Produkten bekannt zu machen, die unserer Meinung nach nicht gut für sie sind. Mit Produkten, die sie noch nicht kennen und um die sie bisher noch nicht gebeten haben. Sich etwas abzugewöhnen ist schwieriger, als es sich anzugewöhnen! Wenn sie zu Hause ein süßes Brot mit Honig oder Apfelkraut noch völlig in Ordnung (und lecker!) finden, warum müssen sie dann bei Oma unbedingt Zuckerstreusel kennenlernen, damit beim nächsten Mal die Begeisterung über das Honigbrot um Einiges geringer ausfällt? Außerdem ist die Wahrscheinlichkeit hoch, dass es von da an bei Oma immer Zuckerstreusel gibt. Und bevor Sie sich versehen, hören Sie sich sagen: „Na gut, ich kaufe dieses Mal auch Zuckerstreusel für euch, aber die gibt es nur am Wochenende." Denn das ist das Problem: Es geht nicht um das eine Mal, es geht darum, dass dieses eine Mal oft das erste von vielen Malen ist.

Größere Kinder (etwa ab 8, 9, 10) haben oft zu Hause oder außerhalb schon verschiedene Dinge probiert und gegessen. Dann sind Sie vielleicht weniger streng. Trotzdem können Sie das Gespräch mit ihnen suchen. Erklären Sie, wie Sie über bestimmte Dinge denken, damit auch die Kinder darüber nachdenken. Und halten Sie noch etwas an der Gewohnheit fest, dass sie wegen Ausnahmen bei Ihnen fragen müssen. Bevor Sie es richtig merken, sind die Kinder 12, kommen in die Pubertät und Sie können die Kontrolle abhaken. Investieren Sie also jetzt in eine gesunde Einstellung im Hinblick auf weniger nahrhaftes Essen.

Kinder, die zu Hause nicht daran gewöhnt sind, viel Zucker zu bekommen, die aber draußen ohne Weiteres probieren, davon abweichen und experimentieren können, haben die besten Voraussetzungen, auf ihre Grenzen zu achten, wenn die Eltern nicht in der Nähe sind. Und sehr oft fragen sie bei der Party nicht nach noch einem Stück Torte, noch einer Tüte Chips, noch mehr Süßigkeiten, weil sie viel zu beschäftigt sind mit Spielen.

TIPPS FÜR FESTE UND PARTYS

- Stecken Sie vorher zu Hause den Rahmen ab. Konzentrieren Sie sich dabei auf das, was sie dürfen. „Schatz, wir gehen jetzt zu der Feier von Tante Eva! Dort essen wir auch Kuchen. Mir wäre es recht, wenn du noch ein bisschen Platz fürs Abendessen lässt, denn das gibt es dann wieder zu Hause." Wir hören Sie schon denken: „Ja klar, da machen sie sich viel draus." Das bilden wir uns auch nicht ein. Aber bei Kindern funktioniert Wiederholung am besten. Wecken Sie also die Erwartung von etwas Leckerem, auf das sie sich freuen können (Kuchen), und setzen Sie die Grenzen (aber nicht zu viel, denn wir essen zu Hause wie sonst auch), schon im Voraus.
- Bei kleineren Kindern können Sie bei einer Geburtstagsfeier gemeinsam festlegen, welche Süßigkeiten erlaubt sind. Füllen Sie gemeinsam ein Schüsselchen und sagen Sie dazu, dass das alles ist. Wenn es weg ist, ist es weg.
- Überfliegen Sie, wenn Sie hineinkommen, schnell das Angebot. Legen Sie fest, welche Dinge Ihre Kinder nicht nehmen dürfen, aber vor allem auch, welche doch. Sagen Sie das deutlich, und geben Sie Ihnen (wenn möglich) Gelegenheit zu wählen: „Magst du lieber ein Stück Apfelkuchen oder eine Tüte Chips?" „Nein, in der bunten Piratentorte aus Zuckermarzipan sind zu viele Farbstoffe, das gefällt mir nicht. Aber du darfst dies oder das essen." „Ich frage Eva, ob sie Apfelsaft für dich hat. Leg das Limopäckchen ruhig wieder hin."
- Sprechen Sie die Kinder auf ihr Essverhalten an. Lassen Sie sich von den Blicken und Urteilen der anderen nicht einschüchtern. „Jungs, ihr dürft euch gern etwas Leckeres nehmen, aber wir futtern hier nicht den ganzen Tag Süßigkeiten. Das ist jetzt genug. Nehmt euch jeder noch eins, und dann ist Schluss. Geht spielen!" In neun von zehn Fällen bekommen Sie Beifall von etlichen anderen Gästen.
- Lesen Sie das Kapitel „Erziehungsstil und Essverhalten" noch einmal, bevor Sie gehen. Fühlen Sie sich nicht verpflichtet, das zu tun, was alle anderen tun, oder sich zu rechtfertigen. Seien Sie lieber eine Inspirationsquelle dafür, wie es anders sein kann!

NICHT BEKEHREN, SONDERN RESPEKTIEREN UND INSPIRIEREN!

Bei Verwandten oder Bekannten können Sie auf Hindernisse stoßen, wenn es Ihnen wichtig ist, was Ihre Kinder essen und trinken. Zum Glück gibt es immer mehr Eltern, die sich ebenfalls bewusster mit der Ernährung ihrer Kinder beschäftigen. Trotzdem werden Sie sich eher verteidigen und rechtfertigen müssen, wenn Ihre Kindern nicht die üblichen Süßigkeiten, Kekse, Chips und Limonaden bekommen.

Der beste Tipp, den wir Ihnen geben können, lautet: Versuchen Sie, nicht über die Entscheidungen zu urteilen, die Ihre Verwandten und Freunde in Sachen Essen treffen, und sagen Sie nur dann Ihre Meinung, wenn Sie danach gefragt werden. Gesunde Ernährung hat nicht bei allen die oberste Priorität. Lassen Sie los! Es ist nicht Ihre Aufgabe, andere zu bekehren. Vielleicht gelingt es Ihnen, sie zu inspirieren. Machen Sie also ruhig weiter das, was Sie wollen! Sobald jemand seine Meinung dazu sagt (negativ oder positiv), suchen Sie das Gespräch und finden Sie Gemeinsamkeiten, auch wenn Sie deutlich unterschiedlicher Ansicht sind. Oft entsteht Kritik vor allem aus Unsicherheit oder Frustration beim anderen. Das ist nicht leicht, aber oft lohnt es sich. Meist führt es dazu, dass sie von da an Ihre Entscheidung respektieren, ohne das Gefühl zu haben, einen Fehler zu begehen, wenn sie sich doch für Eis und Limo entscheiden. Und manchmal entsteht daraus sogar ein Gespräch, in dem Sie ihnen helfen können, bessere Entscheidungen zu treffen (oder umgekehrt, dass die Welt nicht untergeht, wenn Ihr Kind eine Tüte Chips isst).

Im Kapitel „Erziehungsstil und Essverhalten" stehen weitere praktische Tipps, die Ihnen dabei helfen, das Gespräch mit Ihrer Umgebung positiv zu halten und gleichzeitig dafür sorgen, dass Ihre Entscheidungen respektiert werden.

Denken Sie daran, dass es um Ihre Verwandten und Freunde geht! Wenn alles in Ordnung ist, schätzen sie Sie auch noch aus anderen Gründen, nicht wegen Ihrer Essgewohnheiten. Und umgekehrt ebenso. Seien Sie offen, erklären Sie, dass es Ihnen besser geht, wenn Sie das tun können, was sich für Sie richtig anfühlt. Dann besteht die Chance, dass Ihre Freundin beim Eis kaufen zu Ihren Kindern sagt: „Frag erst deine Mama, ob du auch eins haben darfst", anstatt ihnen einfach eins zu spendieren. Das ist immer noch schwierig genug, aber jetzt haben Sie die Möglichkeit, beispielsweise zu sagen: „Dieses Eis nicht, aber das da ist in Ordnung", oder „Ja, du darfst ein Eis haben, aber danach ist erstmal Schluss." Geht es mühsam voran, haben Sie bei manchen Freunden oder Verwandten immer das Gefühl, dass eine Staatsaktion daraus gemacht wird? Überlegen Sie dann, ob Sie nicht etwas anderes gemeinsam unternehmen können, sodass Essen und Trinken nicht im Vordergrund stehen.

VERWÖHNEN BEI OMA UND OPA – WAS TUN?

Unsere Umfrage ergab: Omas und Opas (und zwar insbesondere die Eltern des Partners) stecken den Kindern gern alles Mögliche zu. Die Wahrheit liegt wahrscheinlich irgendwo in der Mitte, aber wir hören regelmäßig, dass die eigenen Eltern oft mehr Verständnis zeigen und bei den „gesunden" Absichten gern kooperieren, die Schwiegerfamilie dagegen lieber verwöhnt. Es kann natürlich sein, dass die eigenen Eltern ihr Kind inzwischen gut genug kennen und die alte Methode „Was es nicht weiß, macht es nicht heiß", anwenden, die Schwiegerfamilie sich dagegen keiner Übeltat bewusst ist und stolz erzählt, wie viele Kekse an diesem Nachmittag verteilt wurden. Die Tatsache bleibt: Großeltern verwöhnen ihre Enkelkinder gern!

Aber vergessen Sie nicht: Es ist auch eine Generationenfrage. Viele ältere Menschen sind mit ganz anderen Essgewohnheiten aufgewachsen als wir. Lebensmittel hatten eine andere Funktion, sie waren knapp, das Essen war weniger hoch verarbeitet, und es war völlig normal, ein kleines Extra zu geben, um zu trösten. Zahlreiche Großeltern halten das Theater um gesunde Ernährung für übertrieben. „Gib dem Kind doch einen Keks. Das ist doch lächerlich!", oder: „Doch, Schatz, wenn du bei Oma bist, darfst du auch Schokostreusel aufs Brot haben." Es ist in Ordnung, wenn es bei Oma und Opa anders zugeht als zu Hause. Noch einmal: Kinder kommen mit diesen Unterschieden bestens zurecht. Versuchen Sie aber zu vermeiden, dass Sie und Ihre (Schwieger-)Eltern in einer Situation enden, in der nicht mehr offen darüber geredet wird, warum Sie tun, was Sie tun, und die Kinder aus Mitleid mit Süßigkeiten vollgestopft werden, wenn Sie nicht in der Nähe sind. Kümmern sich die Großeltern einen oder mehrere Tage in der Woche um die Kinder? Dann sieht die Sache anders aus und es lohnt sich auf jeden Fall, Vereinbarungen zu treffen.

TIPPS

- Erklären Sie, warum es Ihnen wichtig ist, dass bestimmte Regeln auch bei Oma und Opa gelten. Oft ist es kein böser Wille.
- Geben Sie in jedem Fall viele leckere, gesunde Dinge als Alternativen mit. So zeigen Sie, dass es auch anders geht, und Sie beantworten die Frage: „Was dürfen sie denn überhaupt noch essen?"
- Lassen Sie manche Dinge einfach zu. Wer hat keine schönen Erinnerungen an die Kekse oder andere Leckereien bei Oma und Opa? Claire und ihr Bruder zum Beispiel bekamen immer ein Stück Butterkuchen und Tee mit Milch und jede Menge Zucker aus einer schönen Porzellantasse mit Blümchen mit einem kleinen silbernen Löffel. Der Anblick, der Duft und der Geschmack – daran erinnern wir uns auch heute noch gut. Aber vor allem an das Gefühl: warm und gemütlich bei Oma und Opa am Tisch. Manchmal sind die Erinnerungen, die entstehen, mindestens ebenso wichtig.

FAMILIE & BEKANNTE

REZEPTE

KUCHEN & PANCAKES

IN DIESEM KAPITEL FINDEN SIE VOR ALLEM REZEPTE FÜR FESTLICHE GELEGENHEITEN. AUGENBLICKE, DIE WIR MIT FREUNDEN UND VERWANDTEN TEILEN UND BEI DENEN WIR OFT GEMEINSAM ESSEN. GEBURTSTAGE, GEMÜTLICHE ABENDE, FEIERN, PICKNICK BEI SCHÖNEM WETTER. DABEI WIRD OFT VEREINBART, DASS JEDER ETWAS MITBRINGT. WIR EMPFEHLEN: INSPIRIEREN SIE! ZEIGEN SIE, WIE ES GEHEN KANN UND WIE LECKER ES IST.

FAMILIE & BEKANNTE

KIRSCH-KÄSEKUCHEN
ca. 12 Stücke

DIESER KUCHEN SIEHT NICHT NUR SUPERLECKER AUS, ER SCHMECKT AUCH SO! WEIL SOWOHL DER BODEN ALS AUCH DER KÄSEBELAG GRÖSSTENTEILS AUS NÜSSEN BESTEHEN, IST ES IN JEDER HINSICHT EHER EIN SCHWERER KUCHEN. KURZUM, EIN KLEINES STÜCK GENÜGT!

FÜR DEN BODEN
50 g Haferflocken
180 g gemischte (oder Wal-)Nusskerne
120 g Datteln
30 g Haselnusskerne
100 g Kakao
½ TL Zimt
½ TL gemahlene Vanille (Bourbon-Vanille)
2 EL Kokosöl/Olivenöl
Wasser

FÜR DEN BELAG
110 g Kokosöl
600 g Nusskerne (Das traditionelle Rezept enthält Cashewkerne, aber nehmen Sie ruhig eine Mischung aus Cashewkernen, Mandeln und zum Beispiel Macadamianusskernen)
120 ml Zitronensaft (+ etwas abgeriebene Schale)
100 ml Ahornsirup (oder 80 ml Honig oder Reissirup)
125 ml Wasser
1 Prise Salz
1 Prise gemahlene Vanille (Bourbon-Vanille)
250 g Kirschen
gemischte Beeren (zum Garnieren)

Für den Boden alle Zutaten in die Küchenmaschine geben und zu einem klebrigen Teig verarbeiten. Ist er zu trocken und krümelig, noch etwas Öl oder Wasser zufügen. Den Boden einer Springform gut einfetten (oder mit Backpapier auslegen) und die Mischung etwa 1½ cm hoch darauf verteilen. Gut andrücken. In den Kühlschrank stellen. Für den Belag das Kokosöl im Wasserbad zerlassen und anschließend leicht abkühlen lassen. Das Fett mit Nüssen, Zitronensaft, gewünschtem Süßmittel, Wasser, Salz und Vanille in die Küchenmaschine geben und zu einem glatten Teig verarbeiten. Die Kirschen hineingeben und weiterrühren. Die Masse auf dem vorbereiteten Boden verteilen und den Kuchen in das Gefrierfach stellen. 15 Minuten vor dem Anschneiden wieder herausnehmen und mit Kirschen oder Beeren garnieren.

RAINBOW PANCAKES MIT ESSBAREN BLÜTEN
ca. 8 Pfannkuchen

DIESES REZEPT ENTHÄLT BUCHWEIZENMEHL UND HAT EINEN GRÜNEN, HERZHAFTEN BELAG. DIE ALLERKLEINSTEN HABEN NOCH KEIN PROBLEM DAMIT, WENN SIE IHNEN PFANNKUCHEN MIT SPINATAUFSTRICH VORSETZEN. EINIGE JAHRE SPÄTER WISSEN SIE NUR ALLZU GENAU, DASS MAN PFANNKUCHEN MIT ZUCKER UND SIRUP ODER ALLENFALLS MIT SCHINKEN UND KÄSE ISST. ALSO VERSTECKEN WIR DAS GEMÜSE EINFACH IM TEIG. AUCH KEIN PROBLEM.

FÜR DEN GEMÜSESAFT
300 g Spinat
5 mittelgroße Möhren
3 mittelgroße Rote Beten
Entsafter

FÜR DIE PFANNKUCHEN (PRO FARBE)
180 g Buchweizenmehl
300 ml Milch*
2 Eier
1 Prise Salz
1 EL Olivenöl
100 ml frischer Gemüsesaft (zum Beispiel Spinat-, Rote-Bete- oder Möhrensaft)
1 TL Butterschmalz (oder Kokosöl) zum Backen
1 EL Honig (oder Ahornsirup)
essbare Blüten (nach Wunsch)
rote Früchte, z. B. Erdbeeren, Brombeeren, Himbeeren (nach Wunsch)

Wählen Sie eine Milchsorte, die zu Ihnen passt, ein Pflanzendrink funktioniert auch sehr gut!

Für alle Pfannkuchensorten den Gemüsesaft zubereiten: Spinat, Möhren und Rote Bete jeweils separat entsaften.
Für den Pfannkuchenteig Mehl, Milch, Eier, Salz und Olivenöl vermengen und in diese Mischung einen der Gemüsesäfte gießen. Das Butterschmalz in einer Pfanne erhitzen und die Pfannkuchen darin backen. Nicht zu dunkel, damit die Farben noch erkennbar sind. Die Pfannkuchen mit Honig oder Ahornsirup beträufeln und nach Wunsch mit roten Früchten garnieren.

BLÄTTERTEIGTÖRTCHEN MIT APRIKOSEN, BROMBEEREN & HIMBEEREN

6 kleine Törtchen oder 1 große Torte

DIES IST DER UNKOMPLIZIERTESTE UND SCHNELLSTE KUCHEN, DEN SIE BACKEN KÖNNEN. TROTZDEM WERDEN SIE GENUG „OOH", „AAH!", UND: „HAST DU DEN ECHT SELBST GEMACHT?", VON ALLEN SEITEN HÖREN. ERST RECHT, WENN SIE VERSCHIEDENE SORTEN FRÜCHTE VERWENDEN UND SIE IN SCHÖNEN MUSTERN AUF DEN TEIG LEGEN.

1 Packung Vollkorn- oder Dinkel-Blätterteig*
250 g reife Früchte, z. B. Aprikosen, Brombeeren, Himbeeren (nach Wahl)
3 EL Joghurt (oder Quark)
1 TL Honig

* aus dem Naturkostladen. Sie können natürlich auch selbst einen Boden backen.

Den Backofen auf 180 °C vorheizen. Den Blätterteig aus dem Gefrierfach nehmen und auftauen. Eine große Backform mit Backpapier auslegen, den Boden mit dem Blätterteig bedecken und die Nähte gut andrücken. Oder mehrere Törtchen herstellen: Dazu die Blätterteigstücke einzeln auf ein mit Backpapier ausgelegtes Backblech oder in Tarteletteformen legen. Aprikosen, Brombeeren und Himbeeren waschen, Aprikosen entsteinen und in Spalten schneiden. Das Obst auf dem Blätterteig verteilen und die Form 25 Minuten in den Ofen schieben. Mit etwas „Schlagsahne" aus Joghurt und Honig servieren.

SCHOKO-HIMBEER-GUGELHUPF MIT ZUCCHINI & SÜSSKARTOFFEL

1 Kuchen

DIESEN KUCHEN MÖGEN WIR AUS VERSCHIEDENEN GRÜNDEN BESONDERS GERN. 1) ES IST EIN SCHOKOKUCHEN. 2) ES IST EIN SCHOKOKUCHEN. 3) OHNE DASS ES JEMAND MERKT, KÖNNEN SIE IHN EXTRA NAHRHAFT MACHEN, INDEM SIE GEMÜSE DARIN VERSTECKEN. VIELLEICHT KENNEN SIE SCHON DIE VERSION MIT ROTER BETE, ABER DIESE VARIANTE MIT ZUCCHINI UND SÜSSKARTOFFEL IST MINDESTENS GENAUSO LECKER!

100 g Kokosöl (+ etwas zum Einfetten)
1 kleine Zucchini
1 Süßkartoffel
50 g Schokolade (85 % Kakaoanteil)
150 g Buchweizenmehl
50 g feines Dinkelmehl*
5 EL Rohkakaopulver
2 TL Backpulver
1 Prise Salz
50 ml Olivenöl
100 ml Honig
3 Eier
1 TL Kokosraspel (nach Wunsch)
15 Himbeeren
Puderzucker, z. B. aus Kokosblütenzucker (nach Wunsch)
Joghurt (nach Wunsch)

*Das Dinkelmehl nach Belieben weglassen und 200 g Buchweizenmehl verwenden. Dadurch wird der Kuchen etwas luftiger.
Haben Sie nicht beide Gemüsesorten im Haus? Kein Problem! Statt der Süßkartoffel kann auch nur Zucchini verwendet werden.

Den Backofen auf 180 °C vorheizen. Eine Gugelhupfform mit etwas Kokosöl einfetten. Die Zucchini waschen, die Süßkartoffel schälen und beides in der Küchenmaschine fein reiben. Das Kokosöl im Wasserbad zerlassen und die Schokolade zufügen. Gut durchrühren und kurz abkühlen lassen.

Mehle und Kakaopulver in eine große Schüssel sieben. Backpulver und Salz untermischen.

Olivenöl und Honig in die abgekühlte Schokoladenmischung einrühren. Die Eier unterheben und das Gemüse zugeben. Zum Schluss die flüssigen mit den trockenen Zutaten mischen und zu einem glatten Teig verrühren.

Nach Wunsch 1 Teelöffel Kokosraspel in die Form streuen (dadurch lässt sich der fertige Kuchen besser lösen, was bei Gugelhupf mitunter schwierig sein kann) und die Hälfte des Teigs hineingeben. Die Himbeeren darauf verteilen und leicht einsinken lassen. Dann den restlichen Teig in die Form füllen und gut andrücken.

Den Gugelhupf 20 Minuten im vorgeheizten Ofen backen. Der Kuchen darf in der Mitte noch leicht feucht sein. Gut abkühlen lassen, dann erst aus der Form nehmen, sonst zerbricht er. Wer mag, bestreut den Kuchen mit etwas Puderzucker. Nach Wunsch mit Joghurt servieren.

GRILLEN & PICKNICKS

WAS GEBEN SIE IHREN FREUNDEN UND VERWANDTEN ZU ESSEN? GESUND ESSEN MUSS NICHT HEISSEN, DASS SIE SICH UND IHREN KINDERN ALLES MÖGLICHE VORENTHALTEN. IM GEGENTEIL. ES GIBT NICHT WENIGER, SONDERN MEHR. MEHR FARBE, MEHR GESCHMACK, MEHR ABWECHSLUNG, MEHR ENERGIE. ZEIGEN SIE DAS!

TIPPS

- Versetzen Sie sich in Ihre Gäste hinein. Nicht alle sind bereit, einen Rote-Bete-Linsenbratling zu probieren. Bei der Einladung zum Geburtstagsgrillfest rechnen sie eher mit einem normalen Hamburger im Brötchen. Sorgen Sie für Auswahl.
- Besorgen Sie das übliche Knabbersortiment, nur in gesund. Also Chips für die Kinder, aber natur, nicht mit allen möglichen Aromen. Es steht auch normale Limo auf dem Tisch, aber keine pappsüßen Getränkepäckchen, und das Baguette ist nicht weiß, sondern braun.
- Kombinieren Sie Bekanntes mit Neuem. Rohkost mit Dip kommt immer gut an, also bringen Sie einen überraschenden Dip. Quiche, ebenfalls ein Geburtstagsklassiker, können Sie leicht nahrhafter machen als die übliche Variante.
- Seien Sie begeistert und reden Sie darüber. Erzählen Sie, dass Sie diesmal etwas anderes gemacht haben, dass manche das vielleicht gewöhnungsbedürftig finden, aber dass es ihnen bestimmt schmecken wird, wenn sie es probieren. Fühlen Sie sich vor allem nicht persönlich angegriffen, wenn es manchen Leuten doch nicht schmeckt.

HAMBURGER VOM GRILL
6-8 Hamburger

ZUM GRILLEN GEHÖREN UNBEDINGT HAMBURGER. EIN HAMBURGER AUS 100% RIND-FLEISCH IST SCHNELL UND EINFACH UND KOMMT IMMER GUT AN! SIE KÖNNEN NATÜRLICH AUCH EINMAL EINE EXOTISCHERE VARIANTE PROBIEREN. HIER SIND DREI BURGER-INSPIRATIONEN: VEGETARISCH, HUHN UND FISCH.

ROTE-LINSEN-BURGER

250–300 g rote Linsen
80 g Vollkornreis
1 kleine rote Zwiebel
1 Bund Koriander
1 TL süßes Paprikapulver
½ TL gemahlener Kardamom
1 Ei
2 EL Olivenöl
2 TL Tahini
2 TL Sesamsaat
extra Gemüse (nach Wunsch)
extra Käse (nach Wunsch)
45 g Haferflocken
1–2 EL Vollkorn-Semmelbrösel (nach Wunsch)
Salz und Pfeffer
1 EL Olivenöl oder Kokosöl, zum Braten

Rote Linsen und Vollkornreis jeweils bissfest garen. Abspülen und gut abtropfen lassen. Die Zwiebel schälen und grob hacken. Linsen, Reis, Zwiebel, Kräuter und Gewürze in die Küchenmaschine geben und kurz pürieren (Achtung: Nicht zu lange! Die Mischung wird sehr schnell klebrig und die Burger dann hart, trocken und zäh). Ei, Öl, Tahini und Sesam zufügen und rühren, bis das Ei gut untergemischt ist. Wenn Gemüse und/oder Käse hinzugefügt werden sollen, ist jetzt der richtige Zeitpunkt. Zum Beispiel passen Erbsen und Feta oder geriebener Ziegenkäse. Zum Schluss Haferflocken und Semmelbrösel nach Wunsch zufügen, um das Ganze fester zu machen. Die Semmelbrösel weglassen, wenn die Masse schon fest genug ist. Kurz durchrühren und mit Salz und Pfeffer würzen. Wenn kein Ei verwendet werden soll, die Mischung kurz in den Kühlschrank stellen. Mit den Händen kleine, runde Frikadellen formen. 20 Minuten bei 180 °C im Ofen oder in einer flachen Pfanne mit etwas Olivenöl oder Kokosöl braten. Im letzteren Fall ist es wichtig, dass die Burger nicht zu hoch erhitzt werden, weil sonst die Außenseite anbrennt oder zu braun wird, das Innere aber noch nicht gar ist.

GEFLÜGELBURGER MIT TAMARI & SESAM

1 Zwiebel
1 Möhre
1 Stange Sellerie
3 Basilikumstängel
3 Petersilienstängel
1 große Handvoll Brunnenkresse
500 g Hähnchenfilet, in kleine Stücke zerteilt
1 EL Tamari (oder Sojasauce)
60 g Sesamsaat
Olivenöl oder Kokosöl, zum Braten

Zwiebel und Möhre schälen und mit Sellerie in Stücke schneiden. Basilikum, Petersilie und Brunnenkresse grob hacken. Gemüse und Kräuter in die Küchenmaschine geben und kurz mixen. Das Hähnchenfilet zugeben und einen Augenblick weitermixen (es soll Hackfleisch werden, keine Paste!) Die Mischung in eine Schüssel geben, die Tamari zufügen und gut verrühren. Abgedeckt 2 Stunden in den Kühlschrank stellen. Aus der Masse vier Frikadellen formen, mit dem Sesam panieren und in einer flachen Pfanne mit etwas Olivenöl oder Kokosöl braten.

QUINOA-GARNELEN-FRIKADELLEN

250 g Quinoa
4 Frühlingszwiebeln
1 rote Chilischote
2-cm-Stück frische Ingwerwurzel
4 Eier
5 EL Kichererbsenmehl
100 g Erbsen (tiefgekühlt)
150 g kleine Garnelen
Korianderstängel, gehackt
Salz und Pfeffer
Kokosöl

FÜR DEN DIP
Sesamöl
Reisessig
Sojasauce (nach Wunsch)
Sesamsaat

Die Quinoa nach Packungsangabe garen und abkühlen lassen. Die Frühlingszwiebeln waschen, fein hacken, die Samen aus der Chili entfernen und die Schote fein hacken. Den Ingwer schälen und fein hacken. Die Eier verquirlen und mit dem Kichererbsenmehl zu einer Paste verrühren. Quinoa, Frühlingszwiebel, Erbsen, Garnelen, Ingwer, Chili und Koriander in eine zweite Schüssel geben. Die Eimischung zugießen, gut umrühren und mit Salz und Pfeffer würzen. 10–15 Minuten in den Kühlschrank stellen.
Die Mischung aus dem Kühlschrank nehmen und Frikadellen aus dem Teig formen. In einer Pfanne etwas Kokosöl erhitzen und die Frikadellen auf beiden Seiten braten, bis sie goldbraun und gar sind. Für den Dip das Sesamöl mit dem Reisessig und nach Wunsch einem Spritzer Sojasauce mischen. Den Sesam zufügen.
Die Fischfrikadellen warm oder kalt mit dem Dip in einer separaten Schüssel servieren.

WRAP IT UP!

IST EIN PICKNICK GEPLANT? NEHMEN SIE WRAPS MIT! SIE LASSEN SICH GUT VOR-BEREITEN, HALTEN LANGE, MAN BRAUCHT KEIN BESTECK DAZU UND AUCH FÜR DIE KLEINSTEN GILT: ESSEN OHNE KLECKERN!

ROTKOHLWRAPS MIT KRÄUTER-NUSS-ROSINEN-HIRSE & HUMMUS

6 Wraps

DIESE WRAPS SCHMECKEN AUCH GUT MIT WIRSING ODER FESTEM EISBERGSALAT STATT ROTKOHL.

400 g Hirse
100 g gemischte Nusskerne
6 Petersilienstängel
6–8 Minzezweige
½ kleine Zwiebel
1 EL natives Olivenöl extra
1 Handvoll Rosinen
1 Rotkohl (Weiß-, Wirsing- oder Spitzkohl funktioniert auch)
1 TL gemahlener Kreuzkümmel nach Geschmack
1 Packung Hummus* (etwa 200 g)

* Hummus selbst machen? Siehe S. 137 für 6 Sorten Hummus.

Die Hirse nach Packungsangabe bissfest garen. Gut abspülen und abkühlen lassen. Beiseitestellen. Die Nüsse in der Küchenmaschine grob hacken. Die Kräuter waschen, fein hacken, mit der Zwiebelhälfte und dem Öl zu den Nüssen geben und kurz mixen. Die Kräutermischung mit der Hirse verrühren und die Rosinen zufügen. Den Kohl auf den Kopf stellen und mit einem scharfen Messer den Strunk herausschneiden. Den Kohl abspülen und die Blätter vorsichtig ablösen. In jedes Kohlblatt einen Löffel Kräuter-Nuss-Rosinenhirse sowie 1 Esslöffel Hummus geben. Mit den Händen aufrollen. Die Kohlwraps in etwas Backpapier wickeln und mitnehmen.

TIPP: HIER NOCH EIN SCHNELLER JOGHURT-MINZE-DIP DAZU: ½ GURKE HACKEN ODER REIBEN UND MIT 1 BECHER JOGHURT MISCHEN. FEIN GEHACKTE FRISCHE MINZEBLÄTTER UNTERRÜHREN UND MIT SALZ UND PFEFFER ABSCHMECKEN.

VOLLKORNWRAPS MIT MAKRELE, FELDSALAT, GURKEN & MAYO

6 Wraps

DIESE WRAPS SIND IN ZWEI MINUTEN FERTIG UND KOMMEN BEI UNS REGELMÄSSIG AUCH IN DIE BROTDOSE FÜR DIE SCHULE.

6 Vollkornwraps (oder selbst gemachte, siehe unten)
½ Gurke
2 EL Mayonnaise
6 Stücke geräucherte Makrele oder Forelle
1 Handvoll Feldsalat (nach Wunsch)
Kapern (nach Wunsch)
Salz und Pfeffer

Die Wraps kurz in einer flachen Pfanne oder im Ofen erhitzen. Die Gurke schälen und in dünne Streifen hobeln, zum Beispiel mit dem Sparschäler. Die Wraps mit Mayonnaise bestreichen und mit Gurkenstreifen und 1 Makrelenstück belegen. Nach Wunsch Feldsalat oder Kapern dazugeben und mit Pfeffer und Salz würzen. Die Wraps aufrollen und halbieren oder in mehrere kleine Stücke schneiden.

WRAPS SELBST BACKEN

OFT FINDET MAN VOLLKORNWRAPS ODER FLADENBROT OHNE ZUSATZSTOFFE IN MAROKKANISCHEN ODER TÜRKISCHEN LÄDEN. ABER SIE KÖNNEN WRAPS AUCH SEHR LEICHT SELBST BACKEN.

Das Rezept steht auf S. 89 in Kapitel 5.

FLAMMKUCHEN MIT SAUERKRAUT & WURSTSTÜCKCHEN

6 Kuchen

WIR SIND FLAMMKUCHEN-FANS. MANCHMAL DAUERT DIE SUCHE NACH DEM RICHTIGEN TEIG EIN BISSCHEN. IN BESTIMMTEN SUPERMÄRKTEN FINDEN SIE FERTIGEN TEIG IN DER GEFRIERTRUHE. SIE KÖNNEN IHN AUCH NACHAHMEN, INDEM SIE ZWEI BLÄTTER FILOTEIG NEHMEN UND ZURECHTSCHNEIDEN. TRADITIONELL WIRD FLAMMKUCHEN MIT CRÈME FRAÎCHE, SPECK UND KÄSE BELEGT. SIE KÖNNEN AUCH EINE ART ITALIENISCHE PIZZA DARAUS MACHEN, MIT TOMATEN UND GEMÜSE ZUM BEISPIEL. WIR VERWENDEN HIER SAUERKRAUT UND WÜRSTCHEN. TIPP: BACKEN SIE DEN FLAMMKUCHEN ZUERST UND BELEGEN SIE IHN DANN; DER TEIG IST SO DÜNN, DASS ER NICHT RICHTIG KNUSPRIG WIRD, WENN SIE IHN ZU DICK BELEGEN.

250 g Sauerkraut
2 EL Crème fraîche
1 EL Senf
1 EL Butterschmalz
3 Würstchen
1 kleine Handvoll Rosinen, eingeweicht
6 Flammkuchen

Den Backofen auf 180 °C vorheizen. Das Sauerkraut in einem Topf erwärmen. Die Crème fraîche mit dem Senf mischen. Das Butterschmalz in einer Pfanne zerlassen und die Würstchen bei starker Hitze rundum anbräunen. Die Pfanne vom Herd nehmen, die Würstchen in Alufolie wickeln, die Backofentemperatur auf 80 °C reduzieren und die Würstchen 10 Minuten im Ofen weitergaren. So wird vermieden, dass die Würstchen außen schwarz und innen noch roh sind. Die Würstchen aus dem Ofen nehmen und die Temperatur auf 200 °C erhöhen. Die Würstchen in kleine Stücke schneiden.
Die Flammkuchen auf ein mit Backpapier ausgelegtes Backblech legen und 3 Minuten im Ofen backen, bis sie braun und knusprig sind. Aus dem Ofen nehmen und jeden Flammkuchen mit der Sahne-Senf-Mischung bestreichen, dann mit Sauerkraut und Wurststücken belegen. Mit Rosinen bestreuen, in Stücke schneiden und genießen!

KINDERSICHERE SALATE

OFT STEHT BEIM GRILLEN, BEI EINEM PICKNICK ODER BEI EINER SOMMERLICHEN MAHLZEIT IM GARTEN DAS FLEISCH IM MITTELPUNKT. EIN WÜRSTCHEN, EIN HAMBURGER UND EIN FLEISCHSPIESS, DAZU BAGUETTE MIT KRÄUTERBUTTER ODER SAUCE – FERTIG. DAS DARF UNSERER MEINUNG NACH RUHIG ETWAS BUNTER UND NAHRHAFTER WERDEN, AUCH FÜR DIE KINDER. FÜR DIE ALLERKLEINSTEN SIND SIE VIELLEICHT NOCH ETWAS WÜRZIG, ABER AB ETWA ACHT JAHREN KÖNNEN KINDER DIESE SALATE OHNE WEITERES ESSEN. LASSEN SIE DIE KINDER IN DER KÜCHE BEI DER ZUBEREITUNG HELFEN, DAS TRÄGT OFT DAZU BEI, DASS SIE ZUMINDEST PROBIEREN.

QUINOA-HUHN IM GLAS MIT AVOCADO-ZITRONEN-DRESSING

6 Personen

- 4 Hähnchenfilets
- 1 Gemüsebrühwürfel
- 300 g rote oder schwarze Quinoa
- 250 g Cocktailtomaten
- 1 Salatgurke

FÜR DAS DRESSING
- 2 reife Avocados
- 1 Bund Basilikum oder Koriander oder beides
- 1 EL Olivenöl
- Saft von 2 Zitronen
- 30 ml Wasser
- Salz und Pfeffer

In einem Topf reichlich Wasser mit dem Brühwürfel zum Kochen bringen und darin die Hähnchenfilets garen. Das Fleisch in kleine, weiche Stücke zerpflücken. Die Quinoa nach Packungsangabe zubereiten und abkühlen lassen.

Die Cocktailtomaten waschen und halbieren, die Gurke in kleine Stücke schneiden.

Für das Dressing die Avocados schälen, entkernen und das Fruchtfleisch zerdrücken. Das Basilikum oder den Koriander fein hacken. Die zerdrückten Avocados mit Olivenöl, Kräutern, Zitronensaft und Wasser mischen. Mit Salz und Pfeffer abschmecken.

Das Hühnerfleisch unter die Avocadomischung heben und kurz durchziehen lassen.

Alles in ein Glasgefäß schichten: zuerst die Quinoa, dann die Fleischmischung und zum Schluss die Tomaten-Gurken-Mischung. Das Gefäß schließen, in den Picknickkorb stellen, vor Gebrauch kurz schütteln und auf Schalen verteilen. Oder den Salat direkt aus dem Glas essen.

TIPP: VERWENDEN SIE VERSCHIEDENE HÜBSCHE SCHRAUBGLÄSER, SODASS JEDES KIND EIN EIGENES BEKOMMEN KANN!

GRAUPENSALAT MIT GRÜNKOHL, FETA, MANDELN & GRANATAPFELKERNEN

6 Personen

VIELE KINDER FINDEN GRAUPEN LECKER. SIE KÖNNEN STATTDESSEN AUCH COUSCOUS NEHMEN, DER NOCH ETWAS BESSER ANKOMMT (ABER AUCH NICHT GANZ SO NAHRHAFT IST). WENN SIE BEI GRÜNKOHL DENKEN: „DAS ESSEN SIE NIE IM LEBEN", PROBIEREN SIE ES ZUERST MIT GEMÜSE, DAS DEN KINDERN SCHMECKT, ERBSEN ODER KLEIN GESCHNITTENE PRINZESSBOHNEN ZUM BEISPIEL.

300 g Perlgraupen
250 g Grünkohl
1 TL Kokosöl oder Butterschmalz
1 Handvoll Basilikum
1 Handvoll Minze
70 g Feta
50 g gehobelte Mandeln
Kerne von 2 Granatäpfeln

FÜR DAS DRESSING
Saft von 1 Zitrone
3 EL natives Olivenöl extra
Salz und Pfeffer

Die Graupen nach Packungsangabe garen, abgießen und mit kaltem Wasser abspülen. Gut abtropfen lassen. Den Grünkohl waschen, gut abtropfen lassen, den zähen Strunk aus den Blättern entfernen und diese in Streifen schneiden. Kokosöl oder Butterschmalz im Wok erhitzen und den Grünkohl unter Rühren kurz anbraten. Die Kräuter waschen und grob hacken. Die Graupen in eine Schüssel geben, den Grünkohl zufügen und mit den Kräutern bestreuen. Kurz mischen. Den Feta in Würfel schneiden.
Für das Dressing den Zitronensaft mit dem Olivenöl mischen und mit Pfeffer und Salz abschmecken. Das Dressing über dem Salat verteilen. Den Salat mit Feta, Mandeln und Granatapfelkernen garnieren.

KARTOFFELSALAT MIT AVOCADOS & KRESSE

6 Personen

1–1,5 kg kleine Kartoffeln (Drillinge)
2 reife Avocados
1 Kästchen Kresse
2 Zitronen
2 EL Olivenöl
1 EL Omega-Öl
2 Forellenfilets oder Makrele (nach Wunsch)
Koriander (nach Wunsch)
Salz und Pfeffer

In einem Topf mit reichlich Wasser und 1 Prise Salz die Kartoffeln bissfest garen. Die gegarten Kartoffeln halbieren und in eine große Schüssel geben. Die Avocados schälen, entkernen, in Würfel schneiden und zu den Kartoffeln geben. Die Hälfte der Kresse abschneiden und unter die Kartoffelmischung heben. Die Zitronen auspressen, den Saft mit dem Öl zu einem Dressing verrühren und mit Pfeffer und Salz abschmecken. Das Dressing über den Kartoffelsalat gießen und alles gut mischen. Nach Wunsch mit Fisch und fein gehacktem Koriander garnieren. Den Salat ein paar Stunden im Kühlschrank durchziehen lassen.

FAMILIE UND FREUNDE

GEMÜSE

DASS WIR FÜR MEHR GEMÜSE SIND, HABEN WIR SCHON ERWÄHNT, ODER? WIR SAGTEN ES BEREITS ZUM THEMA SALAT UND WIEDERHOLEN ES HIER ZUR SICHERHEIT: AUCH ESSEN IM FREIEN DARF ETWAS BUNTER WERDEN.

ROSENKOHL MIT SPECK
4 Personen

EIN KOCHBUCH ÜBER GESUNDES ESSEN FÜR KINDER, UND DANN EIN REZEPT MIT ROSENKOHL? DAS GEHT JA WOHL GAR NICHT! DIE ULTIMATIVE HERAUSFORDERUNG, UNS ETWAS AUSZUDENKEN, DAMIT AUCH KINDER ROSENKOHL ESSEN. KEINE LEICHTE AUFGABE, ABER WIR GEBEN UNS MÜHE!

800 g Rosenkohl (violett, falls erhältlich)
2 EL Vollkorn-Semmelbrösel
2 EL geriebener Parmesan
1 Packung magerer Speck

Den Backofengrill auf 200 °C vorheizen. Den Rosenkohl waschen, am unteren Ende ein Stück abschneiden und die äußeren Blätter entfernen. Den Rosenkohl in einem großen Topf mit Wasser zum Kochen bringen. 10 Minuten kochen lassen, bis das Gemüse bissfest ist. Abgießen und abkühlen lassen.
Semmelbrösel und Käse in einer kleinen Schüssel mischen. Den Speck in einer trockenen Pfanne anbraten (nicht zu lange!).
Rosenkohl und Speck in einer Auflaufform vermengen. Mit der Parmesanmischung bestreuen und unter den Backofengrill stellen, bis der Käse schmilzt.

BUNTE GEMÜSESPIESSE
8-10 Spieße

1 rote Paprika
1 gelbe Paprika
2 rote Zwiebeln
½ Kürbis
2 violette Kartoffeln*
1 Zucchini
3 kleine Rote Beten
½ Blumenkohl
10 Cocktailtomaten
10 kleine Champignons
10 Grillspieße oder lange Schaschlikspieße

* Hat Ihr Gemüsehändler keine violetten Kartoffeln? Keine Sorge, sie sind nicht unbedingt nötig. Wir fanden es nur spannend, sie zu verwenden und als Inspiration mit aufzuführen: Nehmen Sie hin und wieder etwas anderes. Gemüsespieße können Sie mit jedem Gemüse zubereiten, das Ihnen schmeckt.

Das Gemüse waschen und bei Bedarf schälen. Paprika, Zwiebel, Kürbis und Kartoffeln in große Stücke schneiden. Zucchini und Rote Bete in dicke Scheiben schneiden und den Blumenkohl in Röschen zerlegen.
Holzspieße mindestens ½ Stunde in Wasser einweichen, damit sie auf dem Grill nicht verbrennen.
Den Grill vorbereiten. Auf jeden Spieß Gemüse nach Wahl stecken.
Tipp: Am besten Gemüsesorten kombinieren, die ungefähr gleichzeitig gar sind. Also auch ein paar Spieße vorbereiten, die nur Kartoffel, Kürbis und Rote Bete enthalten, weil sie auf dem Grill etwas länger brauchen.
Die Spieße grillen und dabei regelmäßig wenden, damit das Gemüse nicht anbrennt!

GEGRILLTES GEMÜSE MIT KÄSE
4-6 Personen

DIESES GERICHT KOMMT BEI UNS REGELMÄSSIG AUF DEN TISCH. MIT KÄSE MÖGEN ES FAST ALLE KINDER UND WIR FREUEN UNS, DASS AUSSER DEM BISSCHEN KÄSE AUCH ALLES GEMÜSE AUFGEGESSEN WIRD.

1 Zucchini
2 große Tomaten
½ Blumenkohl
3 Stangen grüner Spargel
1 Knoblauchknolle (nach Geschmack)
2 EL Butterschmalz, zerlassen
geriebener Rohmilchkäse, Menge je nach Zielgruppe*

Nehmen Sie etwas mehr Käse für Kinder, die bei Gemüse die Nase rümpfen, aber machen Sie kein Käsefondue daraus!

Den Backofen auf 180 °C vorheizen. Das Gemüse waschen. Zucchini und Tomaten in dünne Scheiben schneiden, den Blumenkohl in Röschen zerteilen oder ebenfalls in dünne Scheiben schneiden. Die unteren Enden des Spargels abschneiden. Das Gemüse mit dem Knoblauch in eine große Auflaufform geben und mit dem zerlassenen Butterschmalz beträufeln.
Die Form 15 Minuten in den Ofen stellen, bis das Gemüse gerade bissfest ist. Mit dem geriebenen Rohmilchkäse bestreuen, den Backofengrill anstellen und 5 Minuten unter den Grill schieben.

KNABBEREIEN

IN EINEM KAPITEL ÜBER FAMILIE & BEKANNTE DARF DAS GEMÜTLICHE BEISAMMENSEIN NATÜRLICH NICHT FEHLEN. ANLÄSSE GIBT ES GENUG: SCHÖNES WETTER IST EIN GUTER GRUND, IM GARTEN EIN GLÄSCHEN ZU TRINKEN, WÄHREND MAN ES SICH BEI REGEN UND KÄLTE MIT KÄSEHÄPPCHEN AM KAMIN GEMÜTLICH MACHEN KANN.
WIR FINDEN ES SCHADE, DASS DIE KINDER DANN OFT MIT EINER TÜTE GESCHMACKSVERSTÄRKER-CHIPS ABGESPEIST WERDEN, WÄHREND WIR UNS FÜR DIE GROSSEN VIEL MEHR MÜHE GEBEN. EIN GEMÜTLICHES BEISAMMENSEIN IST EINE PRIMA GELEGENHEIT, FÜR JUNG UND ALT NEUE GESCHMACKSERLEBNISSE VORZUBEREITEN.

6x HUMMUS

HUMMUS IST LANGWEILIG? FINDEN WIR GAR NICHT. HIER SIND SECHS VARIANTEN. PRIMA ZU ROHKOST, AUF FLADENBROT ODER ALS DIP FÜR TACOCHIPS NATUR. FÜR ALLE VARIANTEN GILT, DASS SIE AM BESTEN EINE ORDENTLICHE PORTION ZUBEREITEN, SCHLIESSLICH SOLL ES FÜR MEHRERE PERSONEN REICHEN. AUSSERDEM KÖNNEN SIE HUMMUS – BIS AUF DIE AVOCADOVERSION – OHNE WEITERES EINIGE TAGE IM KÜHLSCHRANK AUFBEWAHREN.

KLASSISCHER HUMMUS

300–400 g Kichererbsen aus dem Glas
1–2 EL Tahini
2 EL Olivenöl
1 EL Zitronensaft
½ Knoblauchzehe

AVOCADO-ZITRONEN-HUMMUS

300–400 g Kichererbsen
2 EL Olivenöl
½ Avocado
2 EL Zitronensaft
1 Handvoll Koriander (Blätter)
1 Prise Chilipulver

GRÜNER KRÄUTERHUMMUS

300–400 g Kichererbsen
2 EL Olivenöl
1 Handvoll Basilikum, Petersilie, Estragon
1 EL Zitronensaft
30–40 g Feta
(mit Trauben garnieren!)

GRIECHISCHER HUMMUS

300–400 g Kichererbsen
2–3 EL Joghurt
1 Handvoll Petersilie, Schnittlauch
½ Knoblauchzehe

HUMMUS AUS WEISSEN BOHNEN

300–400 g weiße Bohnen
2 EL Omega-Öl
1 EL Zitronensaft
3–4 getrocknete Tomaten

HUMMUS AUS SCHWARZEN BOHNEN

300–400 g schwarze Bohnen
1 TL Tahini
2 EL Limettensaft
1 Handvoll Koriander
1 Prise Chilipulver

Hülsenfrüchte (Bohnen oder Kichererbsen), Öl oder andere fetthaltige Zutaten in der Küchenmaschine oder mit dem Stabmixer (Olivenöl, Avocados, Joghurt, Tahini) pürieren und die Aromazutaten zufügen (fein gehackte Kräuter, Gewürze, Zitronensaft).

GERÖSTETE KURKUMA-KICHERERBSEN MIT KOKOS

DIE GERÖSTETEN KICHERERBSEN SIND DIE NUMMER EINS BEI CLAIRES JUNGS, DESHALB BEKOMMEN SIE AUCH REGELMÄSSIG EINE PORTION MIT IN DIE SCHULE ALS PAUSENSNACK. SIE SIND SUPERNAHRHAFT UND GANZ LEICHT IN GRÖSSEREN MENGEN VORZUBEREITEN.

200 g Kichererbsen (aus dem Glas oder selbst gekocht)
2 TL geruchloses Kokosöl
1 EL Kurkuma
1 Prise Meersalz

Den Backofen auf 200 °C vorheizen. Die Kichererbsen kochen bzw. die Kichererbsen aus dem Glas gut abspülen. Gut abtropfen lassen und leicht trocken tupfen.
Das Kokosöl im Wasserbad zerlassen und mit der Kurkuma mischen. Die Kichererbsen in die Ölmischung geben und gut umrühren.
Die Kichererbsen auf einem mit Backpapier ausgelegten Backblech verteilen und 15–20 Minuten im Ofen knusprig backen (nicht erschrecken: sie knallen möglicherweise). Aus dem Ofen nehmen, mit etwas Meersalz bestreuen und abkühlen lassen.

GERÖSTETE CASHEWKERNE MIT CHILI & MEERSALZ

VON NÜSSEN UND SAATEN SAGEN WIR IMMER: AM BESTEN UNGERÖSTET UND OHNE SALZ, ABER MANCHMAL BRAUCHT MAN EINFACH DEN BISS, UND DANN KÖNNEN SIE DIE NÜSSE SELBST RÖSTEN UND SALZEN. SO KÖNNEN SIE SICHER SEIN, DASS GESUNDES FETT VERWENDET WURDE UND NICHT ALLZU VIEL SALZ DARIN STECKT.

2 EL Kokosöl (nach Wunsch geruchlos)
1 Frühlingszwiebel
¼ Chilischote (oder 2 TL Chilipulver)
150–200 g rohe Cashewkerne
1 Prise Meersalz

Das Kokosöl bei schwacher Hitze zerlassen. Die Frühlingszwiebel waschen und sehr fein hacken. Die frischen Chilis entkernen und die Schote in kleine Stücke hacken. Cashewkerne, Frühlingszwiebel und Chili in die Pfanne mit dem Öl geben und bei starker Hitze kurz anbraten. Dabei ständig wenden! Mit dem Meersalz bestreuen und kurz abkühlen lassen.

CHIPS
(alle Rezepte ergeben 4 Portionen Chips)

CHIPS KOMMEN BEI GROSS UND KLEIN IMMER GUT AN. GELEGENTLICH EIN CHIP RICHTET ZWAR KEINEN GROSSEN SCHADEN AN, ABER ES GIBT EINIGE DINGE, AUF DIE SIE ACHTEN KÖNNEN. IN DER REGEL RATEN WIR: WENN SIE CHIPS KAUFEN, DANN MÖGLICHST NATURBELASSEN. WOLLEN SIE DOCH ETWAS AROMA DAZU HABEN, MACHEN SIE ES SELBST! SO BLEIBEN KÜNSTLICHE GESCHMACKSVERSTÄRKER GARANTIERT AUSSEN VOR.

ZUCCHINICHIPS IN 3 GESCHMACKSRICHTUNGEN

FERTIGE GEMÜSECHIPS GIBT ES IM SUPERMARKT ODER IM NATURKOSTLADEN, ABER SIE KÖNNEN SIE NATÜRLICH AUCH SELBST HERSTELLEN. DAS MACHT VIEL SPASS, VOR ALLEM ZUSAMMEN MIT DEN KINDERN, UND ES IST EINFACHER, ALS SIE GLAUBEN.

1–2 Zucchini
2 EL geruchloses Kokosöl
Geschmackszutaten nach Wahl: Meersalz, Parmesan mit Semmelbröseln oder Curry

Den Backofen auf 200 °C vorheizen. Die Zucchini waschen und in 1–2 mm dicke Scheiben schneiden. (Dazu die Küchenmaschine oder einen Sparschäler verwenden, damit sie gleichmäßig dick sind.) Das Kokosöl im Wasserbad zerlassen und die gewünschte Geschmackszutat zufügen. Zucchinischeiben und aromatisiertes Öl vermischen, sodass sie dünn mit Öl überzogen sind. Die Zucchinischeiben nebeneinander auf ein mit Backpapier ausgelegtes Backblech legen. Im Backofen kurz knusprig backen. Nach der Hälfte der Garzeit wenden. Die Zucchinichips aus dem Ofen nehmen und gut abkühlen lassen. Kein Kokosöl? Dann Butterschmalz verwenden. Olivenöl geht zur Not auch, der Nachteil ist, dass es nicht über 180 °C erhitzt werden darf. Dadurch wird es schwierig, die Chips schön knusprig zu backen.

ROTE-BETE-CHIPS

2 Rote Beten
2 Gelbe Beten
2 rot-weiße Beten, z. B. Sorte Chioggia
2 EL geruchloses Kokosöl

Den Backofen auf 200 °C vorheizen. Die Beten waschen und schälen und in dünne, gleichmäßige 1–2 mm dicke Scheiben schneiden. (Dazu die Küchenmaschine oder einen Sparschäler verwenden, damit sie gleichmäßig dick sind.) Das Kokosöl im Wasserbad zerlassen. Öl und Gemüsescheiben mischen, sodass sie dünn mit Öl überzogen sind; eventuell überschüssiges Öl abgießen. Die Scheiben auf ein mit Backpapier ausgelegtes Backblech legen.
Im vorgeheizten Ofen 15–20 Minuten backen (eventuell etwas länger, je nach Ofen), bis sie knusprig sind. Nach der Hälfte der Garzeit wenden. Die Bete-Chips aus dem Ofen nehmen und gut abkühlen lassen.

GRÜNKOHLCHIPS

DAS SIND UNSERE ABSOLUTEN LIEBLINGSCHIPS! HIER BESCHREIBEN WIR DAS GRUNDREZEPT, DAS NACH BELIEBEN AUFGEPEPPT WERDEN KANN. IN FEINKOSTGESCHÄFTEN ODER NATURKOSTLÄDEN FINDET MAN IMMER ÖFTER GRÜNKOHLCHIPS IN VERRÜCKTEN GESCHMACKSRICHTUNGEN WIE WASABI-CASHEW. LECKER!

6–8 große Grünkohlblätter
2 EL Olivenöl
1 kräftige Prise Meersalz

Den Backofen auf 180 °C vorheizen. Die Kohlblätter waschen und den harten Strunk entfernen. Gut trocken tupfen und in Stücke schneiden. Die Kohlstücke mit dem Olivenöl vermischen, bis sie dünn mit Öl überzogen sind. Ein Backblech mit Backpapier auslegen und die Kohlstücke darauf verteilen. Im Ofen backen, bis sie knusprig sind. Nach der Hälfte der Garzeit wenden. Die Grünkohl-Chips aus dem Ofen nehmen, mit etwas Meersalz bestreuen und gut abkühlen lassen.

QUICHES &
HERZHAFTE KUCHEN

HERZHAFTE KUCHEN UND QUICHES KOMMEN AUF PARTYS IMMER GUT AN, ABER WIR SERVIEREN SIE AUCH ZU HAUSE ODER IM URLAUB ALS SCHNELLE MAHLZEIT. UND WEIL MAN HERZHAFTE KUCHEN AUCH SEHR GUT KALT ESSEN KANN, SIND SIE SUPERPRAKTISCH FÜR DIE TAGE, AN DENEN ALLE ZUM SPORT UNTERWEGS SIND, ODER ALS FÜLLUNG FÜR DIE BROTDOSE. NATÜRLICH KÖNNEN SIE DEN TEIG SELBST MACHEN, ABER FÜR DIE REZEPTE AUF DER NÄCHSTEN SEITE HABEN WIR EASY PEASY FERTIGEN TEIG GEKAUFT – SELBSTVERSTÄNDLICH DIE VOLLKORN- ODER DINKELVARIANTE. IM BIO-LADEN GIBT ES SOGAR VEGANEN TEIG!

SPINAT-LINSEN-FETA-TARTE
6–8 Personen

FÜR DIESE TORTE NEHMEN SIE AM BESTEN VOLL-KORN-FILO- ODER BLÄTTERTEIG, AUS DEM SIE MEHRERE KLEINE PORTIONEN MACHEN KÖNNEN. WENN DIE VOLLKORN-VERSION NICHT ERHÄLTLICH IST, NEHMEN SIE NORMALEN TEIG.

1 Paket Vollkorn-Filoteig oder -Blätterteig (oder Dinkel-Blätterteig)
160 g Linsen (aus dem Glas oder selbst gekocht)
50–60 g Feta
2 EL Olivenöl
Knoblauchzehe (nach Wunsch)
500 g Spinat (frisch oder tiefgekühlt)
Meersalz und Pfeffer
Eigelb (nach Wunsch)
1 Prise Cayennepfeffer, etwas Kurkuma oder Curry, frische Kräuter, Pinienkerne oder Sesam (nach Wunsch)
geruchloses Kokosöl, zum Braten

Den Backofen auf 200 °C vorheizen und den Filo- oder Blätterteig aus dem Kühl- bzw. Gefrierfach nehmen. Die Linsen gut abspülen (falls aus dem Glas) oder die getrockneten Linsen nach Packungsangabe garen. Inzwischen den Feta in Würfel schneiden. Das Olivenöl in einer Pfanne erhitzen und den Knoblauch (falls verwendet) darin anbraten. Den Spinat zufügen, zusammenfallen lassen und nach etwa 4 Minuten die abgetropften Linsen hineingeben. Mit Salz, Pfeffer und Kurkuma oder Cayennepfeffer nach Belieben abschmecken. Gehackte Kräuter, Kerne oder Sesam nach Wunsch zugeben. Zum Schluss die Fetawürfel zufügen. Abgießen und mit einem Spatel die überschüssige Flüssigkeit ausdrücken.

Kokosöl in einem kleinen Topf bei schwacher Hitze zerlassen. Ein Blatt Filoteig auf die Arbeitsfläche legen und leicht mit dem Öl bestreichen. Das Teigblatt mit der gefetteten Seite nach unten auf ein Backblech oder in eine Auflaufform legen. Den überschüssigen Teig am Rand überhängen lassen. Mit allen Filoteigblättern wiederholen, bis die ganze Form oder das Backblech abgedeckt ist. Die Blätter sollten sich überlappen. 2 Blätter Filoteig beiseitelegen. Die Spinatmischung auf dem Filoteigboden verteilen. Die letzten beiden Teigblätter auf die Füllung legen und die überhängenden Ränder nach innen falten. Mit dem restlichen Öl bestreichen, nach Wunsch auch mit Eigelb. Die Tarte in den Ofen schieben und 35–40 Minuten goldbraun backen.

Sollen es statt einer Tarte mehrere kleine Tartelett werden, 6 Scheiben Blätterteig auf ein mit Backpapier ausgelegtes Backblech legen. Die Spinat-Linsen-Mischung in die Mitte geben und die Päckchen verschließen. Die Oberfläche mit verquirltem Eigelb bestreichen. Das Blech in den Ofen schieben und die Tartelett 20 Minuten backen, bis sie goldbraun sind.

TOMATENTARTE MIT ZUCCHINI & ZIEGENKÄSE
4 Personen

1 Packung Vollkorn- oder Dinkel-Blätterteig
1 Zucchini
500 g Cocktailtomaten
50 g Ziegenkäse, zerbröckelt
1 Handvoll Pinienkerne
Balsamicocreme (nach Wunsch)

Den Backofen auf 200 °C vorheizen. Den Blätterteig aus dem Gefrierfach nehmen und auftauen. Die Zucchini waschen und mit dem Sparschäler in lange, dünne Scheiben schneiden. Eine flache, längliche Backform mit dem Blätterteig auslegen und die Nähte gut andrücken. Die Zucchinischeiben auf den Blätterteigboden legen und die Form mit den Tomaten füllen. Nach Wunsch mit etwas Balsamicocreme beträufeln. Mit Käse und Pinienkernen bestreuen und in den Ofen schieben. Etwa 25 Minuten backen, bis die Tomatentarte gar ist.

GEMÜSEQUICHE

1 Packung Vollkorn- oder Dinkel-Blätterteig
½ Fenchelknolle
1 rote Zwiebel
½ Zucchini
½ Brokkoli
½ rote Paprika
2 EL Olivenöl (+ etwas für die Form)
2–3 Eier
150 g Hüttenkäse (oder weicher Ziegenkäse)
100 ml Milch (oder Sojamilch)
Salz und Pfeffer
frische Kräuter, z. B. Petersilie oder Koriander (nach Wunsch)

Den Backofen auf 180 °C vorheizen. Den Blätterteig aus dem Gefrierfach nehmen und auftauen. Das Gemüse waschen und in große Stücke schneiden. In eine Auflaufform geben, mit Öl beträufeln und 20 Minuten rösten. Abkühlen lassen.

Die Eier in einer Schüssel verquirlen, Hüttenkäse und Milch zufügen und mit Salz und Pfeffer würzen. Das gegrillte Gemüse mit in die Schüssel geben und gut vermischen. Gehackte Kräuter nach Wunsch zugeben.

Die Auflaufform einfetten und ein Stück Backpapier auf den Boden legen. Den Boden und die Wände der Form mit dem Blätterteig auslegen und die Nähte gut andrücken. Die Gemüse-Ei-Mischung auf den Teig gießen. Die Quiche 20 Minuten in den Ofen stellen, bis sie gar ist. Gut abkühlen lassen, dann erst anschneiden.

SCHULE & FREUNDE

„AM ALLERSCHWIERIGSTEN FINDE ICH, DIE RICHTIGE BALANCE ZU FINDEN. EINERSEITS WILL ICH MEINEN KINDERN EINE GUTE, NAHRHAFT GEFÜLLTE BROTDOSE MITGEBEN, UND ANDERERSEITS WOLLEN MEINE KINDER GENAUSO SEIN WIE DIE ANDEREN. DER DRUCK, DAZUZUGEHÖREN, FÄNGT SCHON FRÜH AN. ‚MAMA, TUST DU MIR MORGEN AUCH EINE SÜSSIGKEIT FÜR DIE PAUSE DAZU?'"

Marieke, 43, Mama von Tijn (9), Lotte (6) und Fien (2,5)

IN DIESEM KAPITEL FINDEN SIE ANTWORTEN AUF FOLGENDE FRAGEN:
WIE IST DIE OFFIZIELLE LINIE DER SCHULE UND WIE GEHE ICH DAMIT UM?
WAS BRINGT MEIN KIND IN DIE SCHULE MIT, WENN ES GEBURTSTAG HAT?
TIPPS: WAS MACHE ICH, WENN MEIN KIND ZU FREUNDEN SPIELEN GEHT?
TIPPS: WAS MACHE ICH, WENN ANDERE KINDER ZUM SPIELEN ZU UNS KOMMEN?
WAS MACHE ICH MIT DER FRAGE: „DARF ICH NOCH ETWAS LECKERES HABEN?"
ALLERGIEN — WAS KANN ICH TROTZDEM MITGEBEN?

AUSSERDEM 24 REZEPTE FÜR DIE BROTDOSE, ZUM MITBRINGEN UND ZUM NASCHEN!

SEIEN SIE FLEXIBEL

WENN DIE KINDER ERST IN DIE GRUNDSCHULE GEHEN, VERÄNDERT SICH EINIGES. DIE WELT WIRD BUCHSTÄBLICH EIN STÜCK GRÖSSER. OB IHR KIND GERADE ERST IN DIE SCHULE KOMMT ODER IHR JÜNGSTES SCHON IN DIE MITTELSTUFE AUFRÜCKT, WIR MÜSSEN ALLE UNSERE LEKTIONEN IN SACHEN LOSLASSEN LERNEN. WENN SIE ANFANGS NOCH ALLES ÜBER IHRE KLEINEN WUSSTEN, GIBT ES HEUTE TAGE, AN DENEN SIE NUR HÖREN, DASS ES IN DER SCHULE „GANZ GUT" WAR. DAS LOSLASSEN BEZIEHT SICH AUCH AUF DAS, WAS SIE IN DEN MUND NEHMEN. DENN WIE SIE ES DREHEN UND WENDEN, ES FÜHRT KEIN WEG DARAN VORBEI, DASS SIE ANDERSWO OHNE IHRE AUFSICHT ESSEN UND TRINKEN.

Das zweite Kapitel „Erziehungsstil und Essverhalten" geht ausführlich auf die Frage ein: „Welche Art Eltern wollen Sie sein?". Für manche Mütter und Väter ist es kein Problem, standhaft zu bleiben und die Brotdose ungerührt mit Buchweizenpfannkuchen, Avocados und Rohkost zu füllen, während andere es sehr schwierig finden, durchzuhalten, wenn das Töchterchen mit Piepsstimme erzählt, wie ihre Klassenkameraden über ihr gesundes Pausenbrot lästern. Keine Sorge, auch wir holen regelmäßig halbvolle Brotdosen aus der Schultasche und schließen daraus, dass die Möhren wohl nicht so gut ankamen.

TIPPS GEGEN DEN „WAS-HAST-DU-DENN DABEI?"-DRUCK

- Beobachten Sie Ihr Kind und sprechen Sie mit ihm darüber. Jedes Kind ist anders. Vielleicht hat Ihr Jüngstes kein Problem mit einem weniger alltäglichen Pausenbrot, die Älteste reagiert dagegen äußerst empfindlich auf das, was ihre Freundinnen sagen. Natürlich wollen sie dazugehören und es macht keinen Spaß, wenn man sich ständig Kommentare anhören muss. Aber dasselbe gilt für Schuhe, Kleidungsstil und Frisur. Zum Aufwachsen gehört auch, dass ein Kind widerstandsfähiger wird. Bis zu einem gewissen Grad ist es gut, nachzugeben, schaffen Sie aber trotzdem Raum für Erklärungen und Selbstvertrauen.
- Machen Sie das Problem nicht größer, als es ist. Je mehr Emotionen Sie in die Sache stecken, desto stärker projizieren Sie diese auf Ihr Kind. Wenn die Kinder selbst keine große Sache daraus machen, sollten andere das auch nicht tun.
- Tun Sie, was sich in der jeweiligen Phase für Sie am besten anfühlt. Kleinkinder befassen sich in der Regel noch nicht mit dem Inhalt der einzelnen Brotdosen, in der dritten Klasse kann das dagegen ein ziemliches Problem sein.
- Seien Sie ehrlich: Wie sieht es bei Ihnen aus? Sind es Ihre Kinder, die keine gesunden Sachen in der Brotdose haben wollen, oder haben Sie keine Zeit dafür, und es geht einfach schneller, ein Päckchen Saft, einen Apfel und ein belegtes Brot mit Käse oder Wurst einzupacken?
- Nehmen Sie ab und zu den goldenen Mittelweg: Es gibt belegte Brote, aber auch ein Stück Gurke.
- Denken Sie daran: Zu Hause ist die Basis. Wenn Sie in der Schule ab und zu mit dem Strom schwimmen, ist noch nichts verloren.

SPIELEN BEI FREUNDEN | DRAUSSEN SPIELEN

Auch wenn Ihr Kind zu Freunden oder Freundinnen spielen geht, habe Sie kaum noch Einfluss darauf, was gegessen wird. Sie können dem Kind natürlich einen laminierten Zettel mit den Food Regeln mitgeben, die es dann brav den Eltern des betreffenden Freundes überreicht, aber das geht doch etwas zu weit.

Wir empfehlen: Tun Sie, was zu Ihnen passt. Wollen Sie Ihr Kind wirklich 100 % zuckerfrei erziehen? Dann kommen Sie nicht darum herum, mit den Eltern der Freundinnen und Freunde das Gespräch zu suchen. Gleichzeitig sagen wir aber auch: Lassen Sie los und bleiben Sie in Kontakt. Mit Ihrem Kind und mit den Eltern. Fragen Sie Ihr Kind, was es beim Spielen zu essen bekommen hat. Ist etwas dabei, von dem Sie auf keinen Fall wollen, dass Ihr Kind es bekommt? Sagen Sie es dann und erklären Sie, warum. Die meisten Kinder haben zwei oder drei beste Freunde und es kommt bestimmt eine Gelegenheit, bei der Sie mit den Eltern über Ernährung sprechen können.

Und vergessen Sie nicht: Es gibt auch etliche Eltern, von denen Sie noch etwas lernen können! Wir beobachten beispielsweise bei Freunden (die sich ganz und gar nicht mit Ernährung beschäftigen), dass bei ihren Kindern und deren Freunden, die zum Spielen kommen, Süßigkeiten und Kekse nicht im Mittelpunkt stehen. Bei ihnen zu Hause gilt die ungeschriebene Regel: Nach der Schule gibt es ein Glas zu trinken und einen Vollkornkeks, und das war's.

Wenn Allergien im Spiel sind, sieht die Sache natürlich anders aus. Bei den meisten Eltern ist es übrigens kein Problem, darüber zu reden, schließlich kann das Kind ziemlich darunter leiden.

FREUNDE UND FREUNDINNEN MITBRINGEN | ZU HAUSE SPIELEN

Einfacher wird es, wenn Ihr Sohn oder Ihre Tochter jemanden zum Spielen mit nach Hause bringt. Bei Ihnen zu Hause gelten Ihre Regeln, oder? Unserer Meinung nach ja. Um ehrlich zu sein fällt die Antwort auf Bemerkungen wie: „Das schmeckt aber komisch", oder: „Habt ihr keine normale Limo?", allerdings nicht immer leicht. Außerdem wollen Sie ja, dass die Freunde Ihrer Kinder gern zu Ihnen kommen. Zum Glück spielt dabei nicht nur das Angebot an Snacks und Getränken eine Rolle. Trotzdem haben wir auch schon gehört, dass so etwas vorkommt und manche Kinder am liebsten dort spielen, wo die Süßigkeiten immer frei zugänglich sind.

Wir raten Ihnen: Nutzen Sie die Gelegenheit zum Inspirieren! Hier haben Sie die Möglichkeit, auch anderen Zwergen etwas Gesundes mitzugeben.

TIPPS ZUM SPIELEN ZU HAUSE

- Alle Kinder mögen Aufmerksamkeit. Echte Aufmerksamkeit. Vielleicht haben Sie nicht immer Zeit dazu, aber es ist trotzdem schön für Ihr Kind, wenn es mit einem Freund oder einer Freundin und Ihnen zusammen etwas backen kann.
- Haben Sie wenig Zeit? Die Gelegenheit, sich für eine kleine Leckerei an den Tisch zu setzen, sollten Sie trotzdem wahrnehmen. Oft geht es dann gar nicht so sehr darum, was es gibt, wichtiger ist, wie gemütlich es ist. Oder machen Sie Ihre Besucher neugierig, indem Sie etwas Spannendes darüber erzählen, was es gleich zu essen gibt und warum das gut für sie ist.
- Bieten Sie mehrere Alternativen an. Ihre Kinder sind wohl schon an selbst gebackenen Bananenkuchen ohne Zucker oder Gemüse-Obst-Smoothies gewöhnt, aber für Ihre Besucher ist das vermutlich völlig neu. Jedes Kind ist anders.

SPRECHEN SIE ÜBER SÜSSE MITBRINGSEL UND/ODER ERNÄHRUNG IN DER SCHULE

Es gibt zwar immer mehr Schulen, die Obsttage anbieten oder Chips und Süßigkeiten als Mitbringsel ablehnen, trotzdem tun auch sehr viele das noch nicht. Hin und wieder eine Süßigkeit als Mitbringsel schadet nicht allzu sehr, aber wenn Zucker die Norm ist, kommen schnell rund dreißig ungesunde Mitbringsel zusammen. Dabei zählen wir die ganzen Feiertage noch gar nicht mit.

Für dieses Buch haben wir mit einer großen Anzahl Eltern gesprochen. Auffällig war, dass in allen Gesprächen erwähnt wurde, wie viele Eltern die Mitbringsel in der Schule lieber anders geregelt hätten. Das macht Hoffnung, dass vielleicht doch eine echte Veränderung in Gang kommen kann. Dass es bald völlig uncool ist, zum Geburtstag etwas Ungesundes mit in die Schule zu bringen. Bei diesen Gesprächen bekamen wir auch etliche wunderbare Tipps, die wir Ihnen nicht vorenthalten wollen.

TIPPS & TRICKS FÜR DIE SCHULE

- Reden Sie über das, was Ihnen auffällt. Es gibt bestimmt mehr Eltern, als Sie glauben, die derselben Meinung sind. Kandidieren Sie für die Elternpflegschaft, helfen Sie einen Tag in der Woche bei der Schulverpflegung. Vermutlich können Sie nicht alles verändern, aber ein Obsttag sollte sich doch machen lassen, oder?
- Schlagen Sie vor, die Mitbringsel zum Geburtstag abzuschaffen und stattdessen eine andere Tradition zu schaffen: Singen und bestimmen, was an diesem Tag als erstes gemacht wird zum Beispiel.
- Zu radikal? In etlichen Schulen steht ein Topf mit kleinen Süßigkeiten in den Klassen. Wenn jemand Geburtstag hat, wird gesungen und er oder sie geht dann mit dem Topf herum. Das ist für alle gleich, es gibt keinen Wettbewerb mehr um Schokoriegel oder Chipstüten.
- Vereinigt Euch. Mehr Eltern, als Sie glauben, sitzen im selben Boot. Es ist für Sie und auch für Ihr Kind doch viel schöner, wenn Sie nicht die Einzigen sind, die gesundes Essen mit in die Schule bringen.

MITBRINGSEL FÜR KINDER MIT ALLERGIEN

Zum Schluss noch ein paar Worte über Allergien. Als Miles und Dean in die Grundschule kamen und Claire sagte, dass beide allergisch auf Erdnüsse, manche Nüsse und Kuhmilch reagieren, waren sie bei Weitem nicht die Einzigen. Es gab sogar ein spezielles Regal mit verschiedenen Behältern für alternative Mitbringsel für Kinder mit Allergien. An und für sich ist das natürlich keine gute Nachricht, Allergien sind alles andere als toll. Aber in manchen Fällen kann es ganz praktisch sein. Zum Beispiel, als jemand eine Runde Cornetto-Eis ausgab: „Das ist aber schade, Miles und Dean sind dagegen allergisch. Leider nein. Das dürfen sie nicht essen."

Claire sorgt inzwischen dafür, dass in der Dose für Miles und Dean immer eine Alternative steckt, die sie auch mögen. Eine weitere Idee ist, sich mit den anderen Allergie-Eltern abzusprechen, reihum etwas zu backen oder vorzubereiten, für die Tage, an denen etwas mitgebracht wird. Manche Nicht-Allergie-Eltern sind auch aufmerksam genug, darauf Rücksicht zu nehmen.

ERSATZ-MITBRINGSEL FÜR DIE ALLERGIKER-DOSE

- Dunkle Schokolade
- Trockenobst (Mangostreifen, Apfel- oder Ananasringe)
- Reiswaffel mit Schokolade
- Tüte gemischte Nüsse, Saaten und/oder Trockenobst
- Kekse (zum Glück gibt es immer mehr leckere, gesunde Exemplare zu kaufen!)
- Schauen Sie bei den Rezepten für Mitbringsel nach (Seite 150)

REZEPTE

BROTDOSEN

VIELLEICHT DIE HÄUFIGSTE FRAGE VON ELTERN, DIE GESUND ESSEN WOLLEN: „WAS GEBE ICH MEINEN KINDERN ALS PAUSENVERPFLEGUNG MIT IN DIE SCHULE?" SIE MÜSSEN NATÜRLICH AUSPROBIEREN, WAS IHR KIND AM LIEBSTEN MAG, ABER ES GIBT VIELE SPANNENDE UND LECKERE ALTERNATIVEN FÜR BELEGTE BROTE! ALLE IDEEN FÜR DIE BROTDOSE AUF DIESER SEITE SIND IM PRINZIP SO AUFGEBAUT, DASS SIE ETWAS AUS ALLEN LEBENSMITTELGRUPPEN ENTHALTEN. IM KAPITEL „SO WIRD'S GEMACHT" FINDEN SIE WEITERE PRAKTISCHE TIPPS FÜR DIE BROTDOSE!

GETREIDE (KOHLENHYDRATE) UND EIWEISS
1. Kürbismuffin und Vollkornpita mit Lachs
2. Buchweizenpfannkuchen
3. Reis-/Dinkelbrot mit Nussmus, Falafelbällchen
4. Naan, Frühstückskuchen, gekochtes Ei

SÜSSES & FRUCHTSNACKS
1. Heidelbeeren, Stück dunkle Schokolade
2. Nüsse, Saaten, Erdbeeren
3. Ananas, Kakaonibs (Kakaosplitter)
4. Mangostreifen

EXTRA GEMÜSE
1. Blumenkohl mit Tahini
2. Avocadohummus
3. Gurke

SCHULE & FREUNDE

HUMMUSDIP* MIT GURKE & NAAN, MANGOSTREIFEN, GEKOCHTES EI, FRÜHSTÜCKSKUCHEN (SLOW JOE)*

4x
BROTDOSE
- INSPIRATION -

BUCHWEIZENPFANNKUCHEN* MIT AVOCADOHUMMUS*, NUSS-SAATEN-SCHOKO-KEKS*, EIMUFFIN*, ERDBEEREN

HEIDELBEEREN & STÜCK DUNKLE SCHOKOLADE, BLUMENKOHL MIT TAHINIDRESSING, KÜRBISMUFFIN*, VOLLKORNPITA MIT HÄHNCHENFILET, HÜTTENKÄSE UND FELDSALAT*.

FALAFELBÄLLCHEN*, PISTAZIEN, ANANAS-KAKAONIBS (KAKAOSPLITTER), REIS-/DINKELBROT MIT NUSSMUS & KOKOS*

* Diese Rezepte sind im Buch enthalten.

ZUM MITBRINGEN

DARUM GING ES SCHON IN DER EINLEITUNG ZU DIESEM KAPITEL. MANCHE SCHULEN HABEN REGELN DAFÜR, ANDERE ÜBERLASSEN ES DEN ELTERN & KINDERN. IN JEDEM FALL WOLLEN WIR SIE MIT INTERESSANTEN REZEPTEN INSPIRIEREN, DIE SIE OHNE GROSSE MÜHE ZUBEREITEN KÖNNEN UND DIE DOCH ETWAS NAHRHAFTER SIND ALS FERTIGE CUPCAKES, BONBONKETTEN ODER POPCORN.

SCHOKOFRÜCHTE MIT KOKOSSTREUSEL
15–20 Stück

WENN ES NACH CLAIRES JUNGS GEHT, BRINGEN SIE AM LIEBSTEN SCHOKOFRÜCHTE MIT KOKOSSTREUSEL MIT. DAS IST EIN SUPEREINFACHES REZEPT MIT BEACHTLICHEM WOW-EFFEKT!

2 Kiwis (möglichst groß und fest)
2 Bananen (nicht zu reif)
2 feste Äpfel

ZUM BESTREUEN
2 EL Quinoa-Pops
2 EL Mandeln und/oder Haselnusskerne, fein gehackt
1 EL getrocknete Mango, fein gehackt
2 EL Kokosraspel
10–15 Eisstiele

FÜR DEN SCHOKOÜBERZUG
60 g Kokosöl
1 EL Honig
30 g Rohkakaopulver
1 Prise Salz
… oder 100 g dunkle Schokolade (85 % Kakaoanteil), im Wasserbad geschmolzen

Die Früchte schälen und in eher dicke Scheiben schneiden. Die Obstscheiben kurz ins Gefrierfach legen.
Für den Schokoüberzug das Kokosöl im Wasserbad zerlassen, den Honig zufügen und gut verrühren. Die Schüssel auf die Arbeitsfläche stellen und Kakaopulver und Salz hineingeben. Zu einer glatten Masse verrühren.
Das Obst aus dem Gefrierfach nehmen und an Eisstäbchen stecken. In die Schokolade tauchen, dann in die Streusel. Im Kühlschrank kurz fest werden lassen. Es macht auch Spaß, wenn Ihre Kinder die Süßigkeit selbst machen dürfen.

MANDEL-KÜRBIS-MUFFINS MIT MOHN
6 Stück

100 g Dinkel-Vollkornmehl (oder Buchweizen- oder Kichererbsenmehl)
150 g Mandelmehl
2 EL Backpulver
1 EL Natron
1 TL gemahlene Gewürznelken
1 TL Zimt
½ TL gemahlener Ingwer
1 Prise Muskat
2 EL Mohn
2 Eier
200 ml Kokosmilch
50 ml Olivenöl
3 EL Ahornsirup
300 g Kürbispüree*
Pekannusskerne (nach Wunsch)

* Kein Kürbispüree gefunden? Den Backofen auf 200 °C vorheizen. 1 Flaschenkürbis der Länge nach halbieren und mit der Schnittfläche nach unten auf ein mit Backpapier ausgelegtes Backblech legen. 20–30 Minuten im Ofen backen. Wenn die Schale Blasen wirft, ist das Fruchtfleisch gar. Den Kürbis auslöffeln, die Kerne entfernen und das Fruchtfleisch pürieren.

Den Backofen auf 180 °C vorheizen. Das Dinkelmehl in eine Schüssel sieben und Mandelmehl, Backpulver, Natron, Gewürze und Mohn zufügen. Gut mischen. In einer zweiten Schüssel die Eier verquirlen und Kokosmilch, Öl, Ahornsirup und Kürbispüree hineingeben. Die flüssigen Zutaten mit den trockenen zu einem glatten Teig verrühren. Den Teig auf die Muffinförmchen verteilen und 20–30 Minuten im Ofen backen, bis die Muffins gar und leicht gebräunt sind.

BROKKOLI-SCHOKOLADEN-MUFFINS
6 Muffins

3 reife Bananen
300 g Brokkoli, gedämpft oder blanchiert
60 g Kokosöl
2 Eier
2 TL Zitronensaft
3 EL Honig
120 g Mandelmehl (oder Buchweizen-Vollkornmehl)
50 g Kokosmehl
4 EL Rohkakaopulver
1 TL gemahlene Vanille
½ TL Natron
1 Prise Salz
dunkle Schokolade oder Kakaonibs (Kakaosplitter, nach Wunsch)
Puderzucker aus Kokosblütenzucker (nach Wunsch)

Den Backofen auf 180 °C vorheizen. Bananen und Brokkoli pürieren. Bei schwacher Hitze das Kokosöl in einem Topf zerlassen, danach abkühlen lassen. Eier, Zitronensaft und Honig zum Kokosöl geben und alles mit dem Bananen-Brokkoli-Püree vermengen. Mandelmehl, Kokosmehl, Rohkakaopulver, Vanille, Natron und Salz in eine weitere Schüssel sieben und mischen. Nach Wunsch die Kakaonibs unterheben.

Die flüssigen Zutaten zu den trockenen geben und zu einem glatten Teig verrühren. Auf die Muffinförmchen verteilen und 20–30 Minuten im Ofen backen, bis die Muffins gar und leicht gebräunt sind. Wer mag, siebt nach dem Abkühlen noch ein wenig Puderzucker darüber.

KOKOS-BEAUTIES
10 Stück

DIESE KOKOS-BEAUTIES SIND FÜR MAMA! NUR, WENN PAPA & CO. SEHR BRAV SIND, BEKOMMEN SIE AUCH EIN STÜCKCHEN AB. EIN KLEINES STÜCKCHEN.

FÜR DIE FÜLLUNG
60 g Kokosöl
2 EL Kokosnektar (oder Honig)
1 Prise Meersalz
Mark von 1 Vanilleschote (kein Vanillepulver, sonst wird die Füllung braun)
150 g Kokosraspel
1 Spritzer Wasser

FÜR DEN SCHOKOÜBERZUG
60 g Kokosöl
1 EL Honig
30 g Rohkakaopulver
sehr wenig Salz
... oder 100 g dunkle Schokolade (85 % Kakaoanteil), im Wasserbad geschmolzen

Für die Füllung das Kokosöl im Wasserbad zerlassen. Kokosnektar, Salz und Vanille in eine Schüssel geben. Gut umrühren. Die Kokosraspel mit dem Wasser und der Fettmischung in eine Schüssel geben und kräftig durchkneten.
Ein Backblech oder eine flache Auflaufform mit Backpapier auslegen und die Kokosmischung hineingeben. Die Masse gut andrücken und 30 Minuten in das Gefrierfach stellen.
Für den Schokoüberzug das Kokosöl im Wasserbad zerlassen, den Honig zufügen und gut verrühren. Die Schüssel auf die Arbeitsfläche stellen und Kakaopulver und Salz hineingeben. Zu einer glatten Masse verrühren.
Die Kokosmischung aus dem Gefrierfach nehmen und in Bounty-große Stücke schneiden.
Die Stücke einzeln durch die Schokolade ziehen und in eine mit Backpapier ausgelegte Auflaufform legen. 10–15 Minuten ins Gefrierfach stellen und fest werden lassen. Nach Wunsch mehrmals wiederholen, um einen dickeren Schokoüberzug zu erhalten.
Die Kokosriegel im Kühlschrank aufbewahren.

APFEL-ERDBEER-ANANAS-SCHMUCK
8–10 Stück

1 Tüte getrocknete Apfelringe
1 Tüte getrocknete Ananas (ungesüßt)
1 Tüte getrocknete Erdbeeren (ungezuckert, sonst getrocknete Mango verwenden)
Küchengarn
Nadel mit großem Öhr

Drei Schalen bereitstellen. In eine Schale die getrockneten Apfelringe geben. In die nächste Schale die getrocknete Ananas und in die dritte die getrockneten Erdbeeren füllen. Das Küchengarn in die Nadel fädeln und das Trockenobst auf den Faden ziehen. Für ein schönes Muster die verschiedenen Farben in einer passenden Reihenfolge auffädeln. Daraus eine Halskette oder ein Armband basteln.

POPCORN
1 große oder 6-8 kleine Tüten

ALS WIR DIESES BUCH VORBEREITETEN, LAG DIESES REZEPT SCHON BEREIT, UM ES MIT IHNEN ZU TEILEN. EINIGE WOCHEN SPÄTER SAHEN WIR GENAU DASSELBE POPCORN-SCHOKO-REZEPT IM BLOG EINER UNSERER WICHTIGSTEN INSPIRATIONSQUELLEN: THE GREEN KITCHEN. WAS TUN? WIR KAMEN ZU DEM SCHLUSS, DASS DIESES REZEPT FÜR EIN GENIALES MITBRINGSEL ZU GUT IST, UM ES NICHT MIT IHNEN ZU TEILEN. UNSERE FREUNDE VOM GREEN-KITCHEN-BLOG DENKEN OFFENBAR GENAUSO. UMSO BESSER!

SCHOKOPOPCORN
1 EL Kokosöl
1 Tasse Puffmais
100 g dunkle Schokolade (mindestens 85 % Kakaoanteil), fein gehackt
1 Prise Meersalz

ROSMARIN-PARMESAN-POPCORN
1 EL geruchloses Kokosöl
1 Tasse Puffmais
30 g Rosmarin
2 EL geriebener Parmesan

Das Kokosöl bei mittlerer Hitze in einem hohen Topf zerlassen. Warten, bis das Öl heiß genug ist, dann einen Teil der Maiskörner in den Topf streuen, sodass sie den Boden bedecken. Gut schütteln. Nach einer Weile beginnen die Maiskörner aufzupoppen. Liegen zwischen den Geräuschen mehrere Sekunden Pause, ist das Popcorn fertig. (Wird zu lange gewartet, kann das Popcorn anbrennen).
Das noch warme Popcorn in eine Schüssel geben und mit Schokostückchen und Meersalz bestreuen (nicht zu viel!) oder mit Rosmarin und geriebenem Parmesan. Kurz wenden und sofort servieren.

MINI-APFELTASCHEN
6 Stück

1 Packung Vollkorn- oder Dinkel-Blätterteig
100 g Rosinen
70 g Walnusskerne (nach Wunsch)
3 Äpfel
1 TL Zimt (+ etwas mehr nach Wunsch)
1 EL Kokosblütenzucker (nach Wunsch)
2 EL Kakaonibs (Kakaosplitter) nach Wunsch

Den Blätterteig aus dem Gefrierfach nehmen und die Scheiben auftauen. Den Backofen auf 200 °C vorheizen. Rosinen und Walnüsse, wenn verwendet, kurz in heißem Wasser einweichen und abgießen. Die Äpfel schälen und das Kerngehäuse entfernen. Das Fruchtfleisch in Würfel schneiden und mit ½ Teelöffel Zimt mischen. Alle Zutaten in einer Schüssel vermengen. Wer möchte, gibt noch Kakaonibs dazu. Auf jede Scheibe Blätterteig in die Mitte einen Löffel Apfelmischung geben, das Päckchen verschließen und die Ränder gut andrücken. Nach Belieben mit etwas Kokosblütenzucker und Zimt bestreuen. Die Mini-Apfeltaschen auf ein mit Backpapier ausgelegtes Backblech legen und 15 Minuten backen, bis sie goldbraun sind.

TIPP: LIEBER ETWAS HERZHAFTES? ERSETZEN SIE DIE APFELMISCHUNG DURCH EIN WÜRSTCHEN, DAS SIE KURZ GEGRILLT HABEN. DAS HERZHAFTE BLÄTTERTEIGPÄCKCHEN MIT VERQUIRLTEM EIGELB BESTREICHEN UND 15 MINUTEN BACKEN, BIS ES GOLDBRAUN IST. IN KLEINE STÜCKE SCHNEIDEN, DA ES EIN EHER MÄCHTIGER SNACK IST.

SÜSSIGKEITEN & KUCHEN

WIR HOFFEN VON HERZEN, DASS WIR EINES TAGES AUCH MIT UNSEREN JUNGS IN RUHE PLÄTZCHEN BACKEN KÖNNEN. BISHER GEHT ES IHNEN MEHR DARUM, DEN TEIG AUFZUESSEN, BEVOR WIR ÜBERHAUPT RICHTIG ANGEFANGEN HABEN. NACH FÜNF MINUTEN LIEGEN ALLE ZUTATEN AUF DEM BODEN UND SIE RENNEN IN DER KÜCHE HERUM.

DABEI BACKEN WIR DOCH SO GERNE PLÄTZCHEN. DESHALB TUN WIR DAS VORERST MIT UNSEREN NICHTEN UND KINDERN VON FREUNDINNEN. BEVOR SIE ANFANGEN, UNSERE *EASY-PEASY*-PLÄTZCHEN ZU BACKEN, LESEN SIE NOCH EINMAL DAS KAPITEL ÜBER NATÜRLICHE SÜSSMITTEL.

EASY PEASY COOKIES

IN DIESEN REZEPTEN WOLLEN WIR ZEIGEN, DASS SIE IMMER MIT EINEM NATÜRLICHEN SÜSSMITTEL UND EINER FETTART VARIIEREN KÖNNEN. SIE KÖNNEN ZUM BEISPIEL DEN REISSIRUP UND DIE DATTELN IN DEN ERDNUSSPLÄTZCHEN DURCH HONIG, AHORNSIRUP ODER KOKOSBLÜTENZUCKER ERSETZEN. ODER SIE NEHMEN KOKOSBUTTER, BUTTER ODER BUTTERSCHMALZ STATT OLIVENÖL.

SPECU-LOVE YOU'S*
10–15 Stück

- 60 g Kokosbutter
- 40 g Butter (oder Butterschmalz)
- 250 g feines Dinkelmehl
- 1 TL Backpulver
- 3 TL Lebkuchengewürz
- 110 g Kokosblütenzucker
- 1 Ei
- 30–40 ml Kokos-Reisdrink (oder ungesüßter Mandeldrink)

Cashewmus (nach Wunsch); siehe Rezept für gefüllte Kekse mit Cashewkernen auf Seite 165), um die Plätzchen mit Glasurtupfen zu verzieren. Ideal für die Weihnachtszeit!

Den Backofen auf 180 °C vorheizen. Kokosbutter und Butter im Wasserbad zerlassen (nicht zu heiß!) und kurz zum Abkühlen beiseitestellen. Das Dinkelmehl mit dem Backpulver in eine Schüssel sieben, Lebkuchengewürz und Kokosblütenzucker zufügen und gut verrühren. Die zerlassene Butter mit Ei und Pflanzendrink mischen und zu den trockenen Zutaten geben. Alles zu einem geschmeidigen Teig verkneten.

Den Teig mit dem Teigroller auf der mit Mehl bestäubten Arbeitsfläche 1½–2 cm dick ausrollen. Mit einer Herzform (natürlich geht es auch anders!) die Plätzchen ausstechen und auf ein mit Backpapier ausgelegtes Backblech legen.

15–20 Minuten im Ofen backen, bis sie goldbraun sind. Kurz abkühlen lassen und ... they will love you!

* Außer Spekulatius können Sie aus diesem Teig auch Lebkuchenmänner backen.

PEKANNUSS-CRANBERRY-BISCOTTI
10-15 Stück

DIES SIND CLAIRES LIEBLINGSPLÄTZCHEN. SIE SIND VÖLLIG UNKOMPLIZIERT UND SIE KÖNNEN DIE ZUTATEN NACH IHREM GESCHMACK ODER DEM IHRER KINDER ABWANDELN.

2 EL Butter
3 EL Ahornsirup (oder Honig)
100 g Pekannusskerne
150 g Mandelmehl
½ TL gemahlene Vanille
1 Prise Salz
½ TL Natron
60 g Cranberrys

Den Backofen auf 180 °C vorheizen. Die Butter im Wasserbad zerlassen. Die Schüssel auf die Arbeitsfläche stellen und den Ahornsirup hineingeben. Gut umrühren.
Die Pekannüsse grob hacken, dabei 10 Stück ganz lassen. Das Mandelmehl mit Vanille, Salz und Natron in eine Schüssel geben und gut mischen. Nüsse und Cranberrys zufügen und nochmals umrühren.
Die Buttermischung zugießen und alles zu einem glatten Teig verkneten.
Ein Stück Frischhaltefolie auf die Arbeitsfläche legen und den Teig länglich ausrollen. Mit der Folie fest aufrollen, die Rolle an einer Seite leicht eindrücken, um die echte Biscottiform zu erhalten, und etwa 15 Minuten im Kühlschrank ruhen lassen.
Die Folie abziehen und die Rolle in 1–2 mm dicke Scheiben schneiden. Die Plätzchen auf ein mit Backpapier ausgelegtes Backblech legen. Die Ofentemperatur auf 170 °C reduzieren und die Plätzchen 15–20 Minuten backen, bis sie goldbraun sind. Nach der Hälfte der Garzeit wenden. Das Blech aus dem Ofen nehmen und die Plätzchen (die jetzt noch weich sind), gut abkühlen lassen. Don't touch! Wenn sie abgekühlt sind, ergibt das wunderbare biscottiähnliche Plätzchen.

BOHNEN-ERDNUSSBUTTER-PLÄTZCHEN
10 Stück

SIE KÖNNEN UNS GLAUBEN: DIESE KEKSE KOMMEN BEI DEN KINDERN SUPERGUT AN. WAHRSCHEINLICH, WEIL SIE GLAUBEN, DASS ES DICKE, FETTE SCHOKOKEKSE SIND, UND NICHT WISSEN, DASS SIE EIGENTLICH AUS SCHWARZEN BOHNEN BESTEHEN. TATSÄCHLICH: AUS SCHWARZEN BOHNEN. IN DER ZUCKERFREIEN UND DER VEGANEN KÜCHE IST ES VÖLLIG NORMAL, BOHNEN FÜR SÜSSES GEBÄCK ZU VERWENDEN. WIR HABEN SIE HIER MIT ERDNUSSBUTTER KOMBINIERT!

250 g schwarze Bohnen (selbst gekocht oder aus dem Glas)
5 Medjoul-Datteln
2 EL Olivenöl
150 ml Haferdrink
2–3 EL Reissirup
2 EL Erdnussbutter (oder anderes Nussmus)
4 EL Rohkakaopulver
1 TL Backpulver
2 TL Zimt
1 Prise Meersalz
1 Prise Chilipulver

Den Backofen auf 180 °C vorheizen. Die Bohnen gut abspülen (auch die selbst gekochten) und abtropfen lassen. Die Bohnen mit den Datteln in der Küchenmaschine pürieren. Öl, Haferdrink, Reissirup und Erdnussbutter zufügen und mixen, bis eine glatte, luftige Mischung entsteht. Das Kakaopulver (bei Bedarf gesiebt) in eine Schüssel geben und Backpulver, Zimt, Salz und Chilipulver kurz einrühren. Diese Kakaomischung zu den pürierten Bohnen in die Küchenmaschine geben und nochmals mixen.
Mittelgroße Teighäufchen auf ein mit Backpapier ausgelegtes Backblech setzen und leicht rund formen. 20 Minuten im vorgeheizten Ofen backen und gut abkühlen lassen.

PLÄTZCHEN MIT CASHEWCREME-FÜLLUNG
16 Stück

130 g Haferflocken
80 g Buchweizenmehl
40 g Walnusskerne
120 g Kokosblütenzucker
1 TL Backpulver
1 TL Zimt
60 g Kokosöl (oder Butterschmalz oder Butter)
1 EL Tahini

FÜR DIE CASHEWCREME
130 g Cashewkerne, mindestens 6 Stunden in Wasser eingeweicht
2 TL Wasser
1 EL Kokosöl
1 EL Honig
1 TL gemahlene Vanille

Den Backofen auf 180 °C vorheizen. Haferflocken, Buchweizenmehl und Walnüsse in der Küchenmaschine mixen. Kokosblütenzucker, Backpulver und Zimt einrühren. Das Kokosöl im Wasserbad zerlassen. Zerlassenes Fett und das Tahini zur Mehlmischung geben und zu einem festen Teig verkneten. Den Teig auf der mit Mehl bestäubten Arbeitsfläche 1½–2 cm dick ausrollen. Schöne gerade runde Scheiben ausstechen und auf ein mit Backpapier ausgelegtes Backblech legen. 20 Minuten im Ofen backen, bis die Plätzchen gar sind. (Sie bleiben ein bisschen blass, das ist nicht schlimm.)
Inzwischen für die Cashewcreme alle Zutaten in der Küchenmaschine oder im Mixer zu einer glatten, geschmeidigen Creme verarbeiten. Auf ein Plätzchen eine dicke Schicht Cashewcreme geben und ein zweites darauflegen. Im Kühlschrank kurz fest werden lassen.

OCHSENAUGEN MIT MARMELADE ODER APFELKRAUT
10–15 Stück

200 g zarte Haferflocken
150 g Buchweizenmehl
1 TL Backpulver
1 Prise Natron
1 Prise Meersalz
2 Äpfel
250 ml Magerquark
1 Ei*
½ EL Ahornsirup (oder Honig)
100 g Kokosbutter
2 EL Aprikosenmarmelade
2 EL Apfelkraut (mit echten Äpfeln, kein Zuckersirup)
2 EL Himbeerpüree (gekauft oder selbstgemacht)

* Wenn kein Ei verwendet werden soll, eignet sich ein natürliches Bindemittel wie 2 Teelöffel Pfeilwurzelmehl (erhältlich im Naturkostladen, aber auch immer öfter im Supermarkt) oder Chiasamen.

Den Backofen auf 180 °C vorheizen. Haferflocken, Buchweizenmehl, Backpulver, Natron und Meersalz in einer großen Schüssel gut mischen.
Die Äpfel reiben. In einer Rührschüssel Quark, Ei, geriebene Äpfel und Ahornsirup kurz mischen.
Die Kokosbutter in kleine Stücke schneiden, zu den trockenen Zutaten geben und mit den Händen einkneten. Die Quarkmischung zufügen und unterrühren, bis ein körniger Teig entsteht. Danach mit den Händen weiterkneten, bis der Teig eine Kugel bildet. Zu feucht? Noch etwas Mehl zufügen. Zu trocken? Dann noch etwas Wasser!
Den Teig in 8–10 kleine Kugeln zerteilen und auf ein mit Backpapier ausgelegtes Backblech legen. Die Kugeln jeweils mit dem Daumen (oder einem kleinen Löffel) in der Mitte gut eindrücken, sodass eine tiefe Kuhle entsteht. Die Plätzchen 20 Minuten im Ofen backen, bis sie gar sind (sie dürfen im Inneren noch ein bisschen weicher sein). Das Blech aus dem Ofen nehmen, die Plätzchen abkühlen lassen und in jede Kuhle Marmelade, Apfelkraut oder Himbeerpüree geben.

NUSS-KÖRNER-SCHOKO-ECKEN
16 Stück

WARNUNG: WENN SIE DIESE ECKEN EINMAL GEBACKEN HABEN, IST DIE WAHRSCHEINLICHKEIT HOCH, DASS IHRE KINDER IMMER WIEDER DANACH FRAGEN. DAS SCHÖNE DARAN IST, DASS DAS IN DIESEM FALL GAR NICHT SCHLIMM IST. DIE PLÄTZCHEN SIND NÄMLICH LECKER UND NAHRHAFT ZUGLEICH. WAS WOLLEN SIE MEHR? SEHR PRAKTISCH ZUM MITNEHMEN ODER ALS SNACK IN DER PAUSE BEIM SPORT.

2 EL Sonnenblumenkerne
2 EL Kürbiskerne
5 Pekannusskerne
15 Cashewkerne
8 Macadamianusskerne
2 EL Gojibeeren
2 EL Cranberrys oder Rosinen
6 große, weiche Datteln ohne Stein (Medjoul-Datteln)
1–2 EL Reissirup

TIPP: DAZU KOMMT NACH WUNSCH NOCH EIN SCHNELLER SCHOKOBELAG AUS 2 ESSLÖFFELN KOKOSÖL UND 2 ESSLÖFFELN KOKOSBLÜTENZUCKER MIT ROHKAKAOPULVER. ACHTUNG: IN DIESEM FALL DEN REISSIRUP WEGLASSEN, SONST WIRD ES ZU SÜSS UND ENTHÄLT TROTZ ALLEM ZU VIEL ZUCKER!

Alle Zutaten in die Küchenmaschine geben. Die Maschine laufen lassen, dabei mehrmals anhalten und den Teig vom Rand der Schüssel schaben.
Ein Stück Backpapier in eine längliche Backform legen und diese mit der Kern-Frucht-Mischung füllen. Gut andrücken, sodass eine etwa 2 cm dicke Schicht entsteht. Ins Gefrierfach stellen.
Für den Schokobelag, falls gewünscht, das Kokosöl im Wasserbad zerlassen, die Schüssel auf die Arbeitsfläche stellen und kurz abkühlen lassen. Kokosblütenzucker und Rohkakao zufügen und gut mischen. Den Teig aus dem Gefrierfach nehmen, die Schokomischung darübergießen und wieder ins Gefrierfach stellen, damit die Schokolade fest wird. Zum Schluss in kleine Vierecke schneiden!

MADELEINES
12 Stück

80 g feines Dinkelmehl
80 g Mandelmehl
60 g Kokosblütenzucker
1 Pck. Vanillezucker
60 g Butter
2 Eier
Kokosblüten-Puderzucker (nach Wunsch)
Madeleine-Förmchen

Den Backofen auf 180 °C vorheizen. Dinkel- und Mandelmehl in eine große Schüssel sieben. Die Zuckersorten einrühren. Die Butter in kleine Würfel schneiden oder im Wasserbad zerlassen. Die zerlassene Butter mit den Eiern zu den trockenen Zutaten geben und mit den Händen zu einem glatten Teig verkneten.
Den Teig in 12 kleine Kugeln zerteilen und einzeln mit den Fingern in die Madeleineförmchen drücken. Die Ofentemperatur auf 150 °C reduzieren und die Madeleines 20 Minuten backen, bis sie goldbraun sind. Aus dem Ofen nehmen, nach Wunsch mit Puderzucker bestäuben und abkühlen lassen.

EASY PEASY HERZCHEN

Wenn Sie schöne Silikonformen (etwa Herzförmchen) besitzen, können Sie im Handumdrehen lustige und gesunde Süssigkeiten herstellen. Alternativ können Sie auch Eiswürfelformen verwenden.

JOGHURT-FRUCHTHERZEN & -BÄLLCHEN

15–20 Stück

15 Erdbeeren
15 Himbeeren
2 TL Honig
500 g Joghurt
1 Schale Heidelbeeren

Erdbeeren und Himbeeren im Mixer oder mit dem Stabmixer pürieren, nach Geschmack die Kerne heraussieben und den Honig zufügen. Die Hälfte des Joghurts dazugeben und mit dem Spatel mischen (nicht im Mixer). Die Mischung in Herzförmchen füllen und ins Gefrierfach stellen.

Die Heidelbeeren mit einem Spieß einzeln durch den Joghurt ziehen und in eine Schale legen. Ebenfalls ins Gefrierfach stellen, bis alles gut gefroren ist.

Die Herzen bleiben etwas länger fest als die Beeren mit Joghurt. Also schnell aufessen.

SCHOKOFUDGE
10–12 Stück

IST IHNEN SCHON EINMAL AUFGEFALLEN, DASS WIR HERZEN MÖGEN – ODER I-LOVE-YOUS, WIE CLAIRES JUNGS IMMER SAGEN? DESHALB HABEN WIR AUF DEM FOTO DIESE LECKEREN KARAMELLSTÜCKCHEN IN HERZFORM ABGEBILDET. WENN SIE KEINE PASSENDE FORM IM HAUS HABEN, KÖNNEN SIE SIE NATÜRLICH AUCH EINFACH IN WÜRFEL SCHNEIDEN. TIPP: EIN STÜCK ODER ZWEI SIND MEHR ALS GENUG, WEIL DIE ZUTATEN SEHR VIEL ENERGIE LIEFERN!

75 große, weiche Datteln ohne Stein (Medjoul-Datteln)
2 EL Mandelbutter
1 EL Ahornsirup
1 EL Kokosöl
2 TL Vanilleextrakt
1 Prise Meersalz

Alle Zutaten im Mixer oder in der Küchenmaschine zu einem weichen Karamell vermischen. Die Mischung in eine kleine, flache Backform drücken oder in die gewünschten Silikonformen füllen und maximal 30 Minuten ins Gefrierfach stellen. Nach Geschmack den Karamell noch mit einer Schicht flüssiger Schokolade überziehen (Rezept siehe Kokos-Beauties, S. 154) Die Schokoschicht ebenfalls im Gefrierfach festwerden lassen und danach in Würfel schneiden.

NATÜRLICHE WEINGUMMIS
15 Stück

WEINGUMMIS SIND SO UNGEFÄHR DIE CHEMIEHALTIGSTE SÜSSIGKEIT, DIE SIE IHREN KINDERN KAUFEN KÖNNEN. WIRKLICH NICHTS AN EINEM WEINGUMMI IST NATUR. EINE SCHÖNE HERAUSFORDERUNG ALSO, SICH DAZU EIN PAAR NATÜRLICHE VARIANTEN ZU ÜBERLEGEN.

125 g Mango (oder anderes süßes Obst)
1 Zitrone
1 Grapefruit
1 EL Honig
6 g Agar-Agar

Die Mango schälen, entsteinen und in Stücke schneiden. Zitrone und Grapefruit auspressen und den Saft in einen kleinen Topf geben. Zum Kochen bringen, Mangostücke und Honig zufügen und kurz einkochen lassen. Das Agar-Agar einrühren und kurz kochen lassen. Die Masse dickt dann schon etwas an. In eine Schüssel oder Backform füllen und einige Stunden im Kühlschrank fest werden lassen. Das Weingummi ist fertig, wenn man mit dem Finger daraufdrücken kann und es leicht mitfedert. Wenn die Mischung zu dünn bleibt und der Finger glatt durchgeht, beim nächsten Mal mehr Agar-Agar verwenden. In quadratische Stücke schneiden und die sauren Mango-Weingummis in einem verschlossenen Behälter im Kühlschrank aufbewahren (höchstens 3 Tage).

SPORT & SPIEL

„DIENSTAGS MUSS MEINE TOCHTER UM VIER UHR ZUM STREETDANCE, UM FÜNF UHR GEHT MEIN SOHN ZUM FUSSBALL, UND MEIN MANN GEHT NACH DEM ESSEN ZUM LAUFTRAINING. HABT IHR NOCH TIPPS FÜR SCHNELLE, NAHRHAFTE MAHLZEITEN, DIE MAN AUFWÄRMEN KANN, WENN ES GERADE PASST?"

Anouk, 39, Mama von Sam (8) und Floor (6,5)

IN DIESEM KAPITEL FINDEN SIE ANTWORTEN AUF FOLGENDE FRAGEN:

WARUM IST BEWEGUNG SO WICHTIG?

WAS BRAUCHE ICH (ODER WAS BRAUCHT MEIN KIND) VOR, BEIM UND NACH DEM SPORT?

AUSSERDEM 20 REZEPTE FÜR SPORTGETRÄNKE, POWER-SNACKS & UND SCHNELLE MAHLZEITEN.

GESUND ESSEN UND BEWEGEN

BEWEGUNG IST MINDESTENS EBENSO WICHTIG WIE GESUNDE ERNÄHRUNG, BESONDERS FÜR KINDER. GERADE WEIL SIE FÜR VIELE KINDER (UND ERWACHSENE) NICHT MEHR SELBSTVERSTÄNDLICH IST. BEVOR SIE ES RICHTIG MERKEN, GEWINNT DAS IPAD GEGEN EINE RUNDE STRASSENFUSSBALL.

Auch der Stundenplan in der Schule könnte von uns aus mehr Bewegung enthalten. Die ein, zwei Stunden Sportunterricht in der Woche reichen für Kinder nicht aus. Außerhalb der Schule Sport zu treiben ist also nicht so abwegig. Sie werden davon nicht nur stark und entwickeln eine gute Kondition, auf dem Sportplatz entdecken Kinder auch ihren Körper und seine Grenzen und erlernen allerlei soziale Fertigkeiten. Sie bauen Selbstvertrauen auf, lernen, im Team zu funktionieren, zu warten, bis sie an der Reihe sind, zu verlieren und zu gewinnen, Disziplin, dass man durch Übung besser werden kann, teilen und einstecken – alles Fähigkeiten, die sie später gut gebrauchen können.

Zum Glück nimmt die Anzahl von Kindern und Jugendlichen in Bewegung in den letzten Jahren wieder zu. Dennoch ist eine gute Ernährung entscheidend für einen gesunden Körper.

Kurze Randbemerkung: Übergewicht oder nicht ist nicht der einzige Maßstab dafür, ob der Körper gesund ist oder nicht. Erst recht nicht bei Kindern. Manche Kinder haben nun einmal nicht die Anlage, um schnell zuzunehmen. Auch für diese Kinder gilt, dass ungesundes Essen sich negativ auf den Gewebeaufbau, die Stabilität des Blutzuckerspiegels, die Funktion der Organe, die Konzentration usw. auswirkt.

Die Moral von der Geschicht ist also gesund essen und bewegen. Wir überlegen gern mit Ihnen zusammen, was Sie Ihren Sport treibenden Kindern geben können. Nicht nur zum Training oder beim Wettkampf, sondern auch abends, wenn vor lauter Ballettstunden und Fußballtraining alle zu unterschiedlichen Zeiten essen. Deshalb finden Sie in diesem Kapitel vor allem schnelle Gerichte, die sich gut aufwärmen lassen. Außerdem haben wir uns diverse Rezepte für energiereiche Snacks und Getränke überlegt, die man gut in der Sporttasche mitnehmen kann. (Und bei anderen Gelegenheiten schmecken sie auch sehr lecker!)

REZEPTE

GETRÄNKE

FRUCHTSÄFTE UND GRÜNE SMOOTHIES SIND IDEAL, UM DAS GEMÜSEFACH IM KÜHLSCHRANK UND DIE OBSTSCHALE ZU LEEREN. AM BESTEN SCHAUEN SIE ALSO, WAS SIE ZU HAUSE HABEN, UND DENKEN SICH EIN PASSENDES REZEPT AUS. EXPERIMENTIEREN SIE DAZU AUSGIEBIG UND ENTWICKELN SIE EIN GEFÜHL DAFÜR. DESHALB GEBEN WIR IN DIESEM KAPITEL KEINE REZEPTE FÜR GRÜNE SMOOTHIES UND FRUCHTSÄFTE, SONDERN ZEIGEN NUR DIE RICHTUNG AN. MIT DEM PRAKTISCHEN SCHEMA UNTER „SO WIRD'S GEMACHT: SMOOTHIES" (S. 225) KÖNNEN SIE GLEICH LOSLEGEN. AUSSERDEM FINDEN SIE HIER SCHÖNE REZEPTE FÜR SHAKES MIT ENERGIENACHSCHUB UND EINIGE REZEPTE FÜR SELBST GEMACHTE „MILCH".

EISTEE

Kochen Sie eine Kanne Ihres Lieblingstees (lose) mit leicht abgekühltem Wasser (ca. 80 °C). Für Kinder ist zum Beispiel Hibiskustee interessant: Er ist ein bisschen rosa und ein bisschen süß. Geben Sie einige Zitronen- oder Orangenscheiben in die Kanne, nach Wunsch auch etwas Minze. Lassen Sie den Tee im Kühlschrank gut abkühlen. Geben Sie Eiswürfel hinein und servieren Sie ihn schön kalt.

FRUCHTWASSER

Nehmen Sie eine Kanne Wasser und Ihr Lieblingsobst (nach Wunsch geschält und in schöne Scheiben geschnitten) und mixen Sie beides. Sie können auch Minze oder andere Kräuter zufügen.

KOKOSWASSER

Inzwischen ist es (fast) überall erhältlich. Achten Sie aber immer auf die Zutatenliste, damit Sie nicht doch eine Variante mit Zucker oder Süßstoff erwischen.

KOMBUCHA

Mitunter auch Tea of Life genannt. Wer es noch nicht kennt: Kombucha ist ein vergorenes Getränk aus Tee, Zucker und einer Mischung aus Bakterien und Schimmelpilzen. Wir müssen zugeben, dass das nicht gerade appetitlich klingt, aber es schmeckt gut und ist gesund. Selber machen würden wir es nicht unbedingt, denn die Sache mit den Bakterien kann leicht schiefgehen. Inzwischen gibt es auch genügend leckere Varianten fertig in der Flasche zu kaufen.

EIWEISSSHAKES

Geben Sie ruhig einen Löffel pflanzliches Eiweisspulver, zum Beispiel aus Vollkornreis oder Hanfsamen, in Ihren Shake. Dieses zusätzliche Eiweiss liefert eine Menge nützliche Energie. Das ist praktisch für nach dem Sport, zur Erholung und zum Muskelaufbau, oder bei Gelegenheiten, wenn Sie weniger anderes Eiweiss (zum Beispiel Fleisch) essen.

ROSA EIWEISS-POWERSHAKE
2 Shakes

1 gefrorene Banane
100 g rotes Obst
½ reife Avocado
½ Glas Kokoswasser
1 TL gemahlene Vanille
1 EL Pflanzenöl
1 EL pflanzliches Eiweißpulver
1 TL Camu-Camu-Pulver
 (Vitamin-C-haltiges Nahrungsergänzungsmitttel, nach Wunsch)
1 TL Acaipulver (nach Wunsch)

Das Obst bei Bedarf schälen und in große Stücke schneiden. Zuerst das Kokoswasser in den Mixer geben, dann das Obst und die restlichen Zutaten zufügen. 30–60 Sekunden pürieren, bis der Smoothie schön glatt ist.

GRÜNER EIWEISS-POWERSHAKE
2 Shakes

100 g Mango (frisch oder tiefgekühlt)
200 g Spinat (oder anderes grünes Gemüse, zum Beispiel Grünkohl, frisch oder tiefgekühlt)
½ Glas Kokoswasser
1 EL (Kokos-)Öl
1 TL Spirulina
1 TL Camu-Camu-Pulver (Vitamin-C-haltiges Nahrungsergänzungsmitttel)
1 EL pflanzliches Eiweißpulver
1 TL Acaipulver
½ Avocado oder Banane (oder 1 TL Honig, nach Wunsch)

Das Obst bei Bedarf schälen und in große Stücke schneiden. Zuerst das Kokoswasser in den Mixer geben, dann das Obst und die restlichen Zutaten zufügen. 30–60 Sekunden pürieren, bis der Smoothie schön glatt ist.

MILKY DRINKS

ES IST EGAL, WIE ALT DIE KINDER SIND, MILCH (UND KAKAO) TRINKEN SIE IMMER GERN. DESHALB BIETEN WIR AUCH IN DIESEM BUCH ALTERNATIVEN ZU MILCHGETRÄNKEN AN. WIR ZEIGEN ZUM BEISPIEL, WIE SIE GANZ LEICHT NUSSMILCH SELBST HERSTELLEN, UND BESCHREIBEN DIE REZEPTE FÜR ZWEI ECHTE POWERDRINKS.

NUSSDRINK SELBST MACHEN
250 oder 500 g

Nüsse nach Wahl (je nachdem, welche Art Milch hergestellt werden soll), wir mögen am liebsten: Mandeln, Cashewkerne oder Pistazien
1 Liter Wasser
1–2 EL Honig (nach Wunsch)
1 TL gemahlene Vanille (nach Wunsch)
1 TL Kardamom (nach Wunsch)
Käseleinen oder feines Sieb

Die Nüsse mindestens 6–8 Stunden in kaltem Wasser einweichen, dann abgießen, das Wasser auffangen und die Nüsse mit der Hälfte des Wassers in eine gute Küchenmaschine oder in den Mixer geben. 3 Minuten pürieren.
Eine Schüssel mit einem sehr feinen Sieb (oder einem Sieb mit Käseleinen) bereitstellen und die Nussmilch hineingießen. Gut abtropfen lassen oder das Leinen an den Ecken aufnehmen und gründlich auswringen.

Die Nussreste nochmals in die Küchenmaschine oder in den Mixer geben, dazu das restliche Wasser, und weitere 2 Minuten pürieren. Durch das Sieb oder Käseleinen in die Schüssel gießen und gut abtropfen lassen.
Der Drink hält sich 4–5 Tage im Kühlschrank. Für ein wärmendes Getränk nach Wunsch Honig, Vanille oder Kardamom zufügen (sehr gut direkt vor dem Schlafengehen).

TIPP: DIE NUSSRÜCKSTÄNDE TROCKNEN LASSEN UND FÜR BROT, KUCHEN ODER PLÄTZCHEN VERWENDEN.

WARMER MACA-KAKAO
2 Becher

Nussdrink*
2 TL Rohkakaopulver
1 TL Macapulver
1 TL Honig oder Kokosblütenzucker (nach Wunsch)

Wasser zum Kochen bringen. Den Rohkakao und das Macapulver auf 2 Becher verteilen. In jeden Becher einen kräftigen Schuss kochendes Wasser geben und zu einem glatten Brei verrühren. Den Becher mit einem Nussdrink nach Wahl auffüllen. Der Kakao ist jetzt lauwarm und für die meisten Kinder ideal. Nach Geschmack stärker erwärmen!

Wenn es schnell gehen soll, einen „süßen", fertigen Drink nehmen, zum Beispiel Kokosreisdrink oder Mandeldrink, gesüßt mit Agavendicksaft, dann aber keinen zusätzlichen Süßstoff verwenden.

* Wir sind Fans von selbst gemachtem, ungesüßtem Macadamiadrink, aber Mandeldrink schmeckt in diesem Rezept auch sehr lecker. Wenn Sie eine ungesüßte Variante haben, können Sie noch etwas Honig oder Kokosblütenzucker zufügen. Eine superschnelle Version erhalten Sie mit dem Kokosblütenzucker mit Rohkakao; dann können Sie sogar das Macapulver weglassen.

GOLDEN MILK
1 großer Becher

KURKUMA WIRD IM FERNEN OSTEN AUCH GOLDENE MEDIZIN GENANNT. SIE ENTHÄLT VIELE NÄHRSTOFFE UND HAT HEILWIRKUNG. DESHALB STREUEN WIR KURKUMA NACH HERZENSLUST IN CURRYS UND SUPPEN ... UND IN GOLDEN MILK. KINDER FINDEN DIESES GETRÄNK ENTWEDER TOTAL TOLL ODER TOTAL EKLIG. IN JEDEM FALL IST ES AUCH GUT FÜR SIE, ALSO PROBIEREN SIE ES RUHIG AUS!

1 Tasse Mandeldrink (oder eine anderer Nuss- oder Pflanzendrink)
1 TL Kokosöl
Honig (nach Wunsch)

FÜR DIE KURKUMAPASTE
¼ Tasse gemahlene Kurkuma (oder Pulver)
½ TL gemahlener schwarzer Pfeffer
½ Tasse Wasser

Zuerst die Kurkumapaste herstellen: Die gemahlene Kurkuma mit dem schwarzen Pfeffer und dem Wasser in einen Topf geben und auf niedriger Stufe erhitzen. Mit dem Schneebesen zu einer dicken Paste verrühren. Abkühlen lassen und die Paste in einem Glas im Kühlschrank aufbewahren. Sie hält sich bis zu 2 Wochen.
Für die Golden Milk den Mandeldrink mit Kokosöl und ½ Teelöffel Kurkumapaste in einem kleinen Topf auf die gewünschte Temperatur erhitzen. Honig oder ein anderes Süßmittel nach Geschmack zufügen.

SCHNELLE MAHLZEITEN

DIE FOLGENDEN GERICHTE SIND ALLE LEICHT HERZUSTELLEN, WARM ZU HALTEN ODER WIEDER AUFZUWÄRMEN. UND BEVOR WIR ES VERGESSEN: AUFGEWÄRMT WIRD IM BACKOFEN ODER IM TOPF – NICHT ETWA IN DER MIKROWELLE. ALLE REZEPTE IN DIESEM KAPITEL SIND PRAKTISCH FÜR HEKTISCHE SPORTTAGE ODER ANDERE GELEGENHEITEN.

QUINOA-MAIS-FRIKADELLEN
6–8 Küchlein

DAS REZEPT FÜR DIESE FRIKADELLEN WAR EINS DER BELIEBTESTEN AUF UNSEREM BLUEBELLE-BLOG, DAMALS, IN DEN ALTEN ZEITEN. ES ENTHÄLT ZWAR VIEL PFEFFER, INGWER UND KRÄUTER, DARF ABER HIER AUF KEINEN FALL FEHLEN. DIE MEISTEN KINDER MÖGEN DIE FRIKADELLEN GERN, ERST RECHT KOMBINIERT MIT DEM SESAM-SOJA-DIP. MAN KANN SIE AUCH SEHR GUT KALT ESSEN, DESHALB PASSEN SIE PRIMA IN DIESES KAPITEL ÜBER SPORT & SPIEL. NEHMEN SIE SIE RUHIG AUCH ZUM PICKNICK ODER AUF EINE LANGE AUTOFAHRT MIT.

250 g Quinoa
4 Frühlingszwiebeln
1 Handvoll Koriander
1 rote Chilischote
2-cm-Stück frische Ingwerwurzel
3 Eier
5 EL Kichererbsenmehl
200 g Maiskörner
1 Prise Salz
2 EL Butterschmalz (oder Kokosöl)

FÜR DEN DIP
2 EL Sojasauce (Variante mit weniger Salz)
2 TL Reisessig
2 TL Sesamsaat

Die Quinoa nach Packungsangabe kochen. Frühlingszwiebeln und Koriander waschen und fein hacken. Die Samen aus der Chili entfernen und das Fruchtfleisch in Ringe schneiden. Den Ingwer schälen und fein hacken. Die Eier in einer Schüssel verquirlen und mit dem Kichererbsenmehl zu einem glatten Teig verrühren. Quinoa, Frühlingszwiebeln, Koriander, Chili, Ingwer, Maiskörner und Salz dazugeben und gut umrühren. Das Butterschmalz in einer Pfanne erhitzen, kleine Portionen der Quinoa-Mais-Mischung hineingeben, leicht flachdrücken und auf beiden Seiten goldbraun backen. Die Frikadellen auf einem Teller abkühlen lassen. Für den Dip Sojasauce, Reisessig und Sesam vermischen.

LASAGNE
1 große Portion

TRADITIONELLE LASAGNE MIT EXTRA GEMÜSE! FÜR DIESES REZEPT NEHMEN WIR DIE BLUEBELLE-PASTASAUCE MIT 6 GEMÜSESORTEN UND 100% ESS-GARANTIE AUS DEM KAPITEL „ZU HAUSE". DAVON LIEGT BEI UNS IMMER EINE PORTION IM GEFRIER-FACH, DIE WIR EINFACH IM WASSERBAD AUFTAUEN. MÖGEN SIE ES LIEBER VEGETARISCH? ERSETZEN SIE DANN DAS HACKFLEISCH DURCH ROTE LINSEN ODER ANDERE HÜLSENFRÜCHTE.

Bluebelle-Pastasauce (siehe S. 81)
1 EL Butterschmalz
400 g Rinderhackfleisch (oder Linsen für die vegetarische Version)
1 Packung Vollkorn- oder Dinkellasagneblätter
1 Mozzarella

Den Backofen auf 200 °C vorheizen. Die Pastasauce zubereiten oder eingefrorene Bluebelle-Pastasauce aus dem Gefrierfach nehmen. In einer kleinen Pfanne das Butterschmalz zerlassen und das Hackfleisch körnig anbraten bzw. die Linsen hineingeben. Die Pastasauce mit in die Pfanne geben und bei schwacher Hitze köcheln lassen, bis die Sauce fertig aufgetaut bzw. erhitzt ist.
Die Zutaten wie folgt in einer großen Auflaufform schichten: Zuerst eine dünne Schicht Sauce für den Anfang, dann eine Schicht Lasagneblätter, nochmals Sauce, Lasagneblätter. Wiederholen, bis alle Zutaten verarbeitet sind, und darauf achten, dass die letzte Schicht aus Sauce besteht. Den Mozzarella zerzupfen und daraufgeben. Die Auflaufform 30 Minuten in den Ofen stellen.
Tipp: Die Lasagne 15 Minuten im Ofen garen, dann herausholen. In gleich große Stücke schneiden. Jeder nimmt sich, soviel er mag, der Rest kommt in den Kühlschrank. Weitere 15 Minuten im Ofen garen. Die restlichen Stücke können aufgewärmt werden, wenn es passt.

KÜRBIS-SPINAT-LASAGNE MIT DATTELN & HÜTTENKÄSE
4-6 Portionen

DIESE LASAGNE MÜSSEN SIE UNBEDINGT EIN-MAL PROBIEREN! KÜRBIS UND DATTELN GEBEN DEM GERICHT EINEN MILDEN, LEICHT SÜSSEN GESCHMACK, DADURCH WIRD DAS GANZE FÜR DIE MEISTEN KINDER GANZ ANNEHMBAR. DER SPINAT LIEFERT DIE NÖTIGE MENGE GRÜN – UND DAMIT IST MAMA ZUFRIEDEN.

1 Flaschenkürbis
500 g Spinat
10 Walnusskerne (oder andere Nüsse)
4–5 große Datteln
1 Packung Vollkorn- oder Dinkellasagneblätter
200 g Hüttenkäse
Salz und Pfeffer

Den Backofen auf 200 °C vorheizen. Den Flaschenkürbis der Länge nach halbieren und mit der Schnittfläche nach unten auf ein mit Backpapier ausgelegtes Backblech legen. 20–30 Minuten backen. Wenn die Schale Blasen wirft, ist das Fruchtfleisch gar. Den Kürbis aus dem Ofen nehmen und gut abkühlen lassen.
Den Spinat waschen und gut abtropfen lassen. Die Walnüsse hacken und die Datteln in kleine Stücke schneiden. Den inzwischen abgekühlten Kürbis auslöffeln, die Kerne entfernen und das Fruchtfleisch mit einer Gabel grob zerdrücken. Die Zutaten in einer großen Auflaufform wie folgt schichten: Mit einer dünnen Schicht Kürbispüree beginnen, dann eine Schicht Lasagneblätter, eine Schicht rohen Spinat, darauf eine Schicht Kürbis, abschließen mit Salz und Pfeffer, Walnuss- und Dattelstückchen und etwas zerkrümeltem Hüttenkäse. Wiederholen, bis alle Zutaten verarbeitet sind, und darauf achten, dass die letzte Schicht aus Hüttenkäse besteht.
Die Lasagne 30 Minuten im Ofen garen.

NASI-SEITAN MIT TAHINISAUCE
4 Personen

ES KLINGT EXOTISCH, UND EIGENTLICH IST ES DAS AUCH. SEITAN IST EIN JAPANISCHES WEIZEN- ODER DINKELMEHLPRODUKT, DAS OFT ALS FLEISCHERSATZ GEGESSEN WIRD. ES LIEFERT REICHLICH EIWEISS (ALLE AMINOSÄUREN). MEHR ALS DIE ÜBLICHEN FLEISCHERSATZSTOFFE WIE TOFU! AUS DIESEM GRUND TAUCHT SEITAN OFT IN DER VEGETARISCHEN UND VEGANEN KÜCHE AUF. IN DER KONSISTENZ ERINNERT ES ENTFERNT AN FESTES BROT. AUF ENGLISCH WIRD SEITAN AUCH WHEATMEAT GENANNT. ZUM BEISPIEL AUF DER WEBSITE AMAN-VIDA.EU FINDEN SIE WEITERE INFORMATIONEN ÜBER SEITAN. UNS SCHMECKT SEITAN AM BESTEN IN ASIATISCHEN REZEPTEN.

400 g Vollkornreis
1 Stück Seitan (erhältlich in gut sortierten Supermärkten, Asia- und Naturkostläden)
2 EL Nasigewürz*
1 Möhre
1½ Stangen Lauch
1 Zwiebel
1,5-cm-Stück frische Ingwerwurzel
2 TL Kokosöl
1 Spritzer salzarme Teriyaki-Sauce (nach Wunsch)

Oder selbst im Mörser mischen: je ½ TL Knoblauchpulver, gemahlenen Ingwer, Korianderkörner, Kurkuma, Kreuzkümmel, Zimt, Salz und Chilipulver.

FÜR DIE TAHINISAUCE
3 EL Tahini
1 EL Sesamöl
Zitronensaft
1 Spritzer Wasser

Den Backofen auf 50 °C vorheizen. In einem großen Topf Wasser zum Kochen bringen und darin den Vollkornreis nach Packungsangabe garen.
Den Seitan in 1½ cm dicke Scheiben und diese in kleine Würfel schneiden.
Für die Sauce Tahini, Sesamöl, Zitronensaft und Wasser in eine Schüssel geben und gut verrühren.
Das Nasigewürz in etwas Wasser einweichen und das Nasi-Gemüse (Möhre, Lauch, Zwiebel) in kleine Stücke schneiden. Den Ingwer schälen und fein hacken. 1 Teelöffel Kokosöl im Wok erhitzen, das Nasi-Gemüse mit dem Ingwer unter Rühren braten, bis es bissfest ist. Das Nasigewürz zufügen und den Vollkornreis unterrühren. Das Nasi in eine Auflaufform geben und im Backofen warm halten.
1 weiteren Teelöffel Kokosöl in einer Pfanne erhitzen und den Seiten goldbraun braten; nach Wunsch mit Teriyakisauce ablöschen. Etwas Nasi auf jeden Teller geben und mit Seitanstückchen und Tahinisauce garnieren.

GRÜNER COUSCOUS MIT CHAMPIGNONS & CASHEWKERNEN

4-6 Personen

400 g Vollkorncouscous
500 g braune Champignons
1 Knoblauchzehe
frische grüne Kräuter, z. B. Petersilie, Koriander, Minze oder Basilikum
1 TL Butterschmalz
300 g Erbsen
150 g Cashewkerne (+ etwas mehr zum Garnieren)
2 EL Avocadoöl*
Saft von ½ Zitrone
1 Prise Salz und Pfeffer
1 Prise Cayennepfeffer

Falls kein Avocadoöl zur Hand ist, einfach ein anderes Pflanzenöl verwenden; extra einkaufen ist nicht nötig.

Den Couscous nach Packungsangabe garen. (Eigentlich wird Couscous schön langsam gekocht, wie Eltern mit marokkanischen Wurzeln sicher wissen. Wenn Sie das Geheimnis kennen, bereiten Sie Ihren Couscous auf diese Weise zu! Hier beschreiben wir die Quick-and-dirty-Variante.)
Die Champignons abbürsten und vierteln oder in Scheiben schneiden. Den Knoblauch und die Kräuter fein hacken. Das Butterschmalz in einer Pfanne erhitzen und Champignons und Knoblauch darin braten. Anschließend Erbsen und Cashewkerne hineingeben.
Für das Dressing das Avocadoöl mit Zitronensaft, fein gehackten Kräutern, Salz, Pfeffer und Cayennepfeffer mischen.
Die Champignons unter den Couscous rühren und mit dem Dressing übergießen. Alles gut mischen. Nach Wunsch mit Kräutern und Cashewkernen garnieren. Dieser Salat schmeckt auch kalt sehr gut, passt also prima für einen Sportabend. Auch lecker: Geben Sie Ihren Kindern am nächsten Tag noch eine Portion mit in die Schule!

SESAM-BUCHWEIZENNUDELN MIT BROKKOLI & HUHN
4 Personen

DIESES GERICHT KÖNNEN SIE KALT ODER LAUWARM ESSEN. WIR GEBEN NICHT ALLZU VIEL DRESSING DAZU, WEIL ES RECHT VIEL SALZ ENTHÄLT, ABER SIE KÖNNEN RUHIG VARIIEREN, WENN ES IHNEN SO ZU LANGWEILIG ERSCHEINT.

4 Hähnchenfilets
1 Knoblauchzehe
1–2 EL Tamari
500 g Brokkolini (oder Brokkoli)
500 g dünne Buchweizennudeln
1 EL Butterschmalz
1 Handvoll Koriander
3–4 TL Sesam
1 Handvoll Cashewkerne (nach Wunsch)

DRESSING FÜR DEN BROKKOLINI
2-cm-Stück frische Ingwerwurzel
2 EL Sojasauce
1½ EL Sesamöl

SAUCE FÜR DIE NUDELN
3 EL Sojasauce
2 TL Reisessig
1 EL Sesamöl
1 TL Honig

Zuerst das Dressing und die Sauce zubereiten. Für das Dressing den Ingwer schälen, in eine Schüssel reiben und mit Sojasauce und Sesamöl mischen. Für die Sauce die Sojasauce mit Reisessig, Sesamöl und Honig mischen.

Die Hähnchenfilets in kleine Stücke schneiden und gepressten Knoblauch und Tamari zufügen. Zugedeckt im Kühlschrank marinieren.

In zwei Töpfen Wasser zum Kochen bringen (einen für den Brokkolini, den anderen für die Nudeln). Den Brokkolini waschen, die unteren Enden der Stängel abschneiden und das Gemüse kurz in kochendem Wasser blanchieren. Den Brokkolini mit kaltem Wasser abspülen, damit er schön grün und knackig bleibt.

Inzwischen die Buchweizennudeln nach Packungsangabe garen. Abgießen und mit kaltem Wasser abspülen, damit die Nudeln nicht zusammenkleben.

Das Butterschmalz im Wok erhitzen und die marinierten Hähnchenfilets bei starker Hitze unter Rühren anbraten. Inzwischen den Koriander waschen und fein hacken.

Die Nudeln in eine große Schüssel geben, die Sauce darübergießen und mit Sesam und Koriander bestreuen. Gut mischen. In einer anderen Schale den Brokkolini mit dem Dressing mischen. Die Nudeln mit Brokkolini und Huhn servieren! Schmeckt besonders gut mit Cashewkernen garniert.

SPORT & SPIEL

SCHNELLES BLUMENKOHL-SÜSSKARTOFFEL-CURRY

4 Personen

DIESES CURRY IST UNKOMPLIZIERT, BRAUCHT ABER ETWAS ZEIT. UNSER TIPP: BEREITEN SIE DAS CURRY VOR, WENN SIE MEHR ZEIT HABEN. IM ALLGEMEINEN WERDEN CURRYS UND ANDERE SCHMORGERICHTE NUR NOCH BESSER, WENN SIE LÄNGER STEHEN. BEREITEN SIE DAS GERICHT ALSO VORMITTAGS ZU, ODER AUCH AM VORTAG, WENN SIE WISSEN, DASS SIE AN DEM BETREFFENDEN ABEND ABSOLUT KEINE ZEIT HABEN.

400 g Süßkartoffeln oder Möhren
1 rote Paprika
1–2 EL Olivenöl
400 g Vollkorn-Basmatireis
½ Blumenkohl
1 TL Kokosöl
1 gehäufter Esslöffel Currypaste*
400 ml Kokosmilch
½ Limette
Salz und Pfeffer
1 Handvoll Koriander
1 EL Kurkuma (nach Wunsch)
Wirsingstreifen, Spargelbohnen oder Bambussprossen (nach Wunsch)

Wenn Sie es wirklich wissen wollen, können Sie natürlich auch die Currypaste selbst machen. Wir nehmen lieber eine schnelle, fertige Version, achten dabei aber schon auf unnatürliche Zusatzstoffe und den Zuckeranteil.

In zwei Töpfen reichlich Wasser zum Kochen bringen. Den Backofen auf 180 °C vorheizen. Die Süßkartoffeln grob schälen (es darf ruhig etwas Schale hängen bleiben, this is the good stuff!) und mit der Paprika in Stücke schneiden. Das Gemüse in eine Auflaufform geben, mit etwas Öl beträufeln und 20 Minuten im Ofen backen, bis die Süßkartoffeln bissfest sind.
Inzwischen in einem Topf den Reis nach Packungsangabe garen. Den Blumenkohl waschen und in Röschen zerteilen. Die Blumenkohlröschen im zweiten Topf blanchieren. Mit kaltem Wasser abspülen und in einem Sieb zum Abtropfen beiseitestellen.

Das Kokosöl im Wok erhitzen und die Currypaste hineingeben. Kurz anbraten, dann die Kokosmilch angießen. Gut umrühren. Süßkartoffeln, Paprika und blanchierten Blumenkohl zufügen und kurz schmoren lassen. Alles abschmecken: Die halbe Limette über dem Gemüse auspressen und Salz, Pfeffer, Koriander und nach Wunsch Kurkuma zufügen. Nach Geschmack weiteres Gemüse wie Wirsing, Spargelbohnen oder Bambussprossen hineingeben. Mit dem Reis servieren.

AUCH IN DEN ANDEREN KAPITELN FINDEN SIE ALLERLEI INSPIRATIONEN FÜR SCHNELLE MAHLZEITEN, DIE SICH GUT FÜR ABENDE EIGNEN, BEI DENEN ES ZUGEHT WIE IM TAUBENSCHLAG. SCHAUEN SIE AUCH BEI DEN REZEPTEN FÜR LEICHTE MAHLZEITEN IM KAPITEL „ZU HAUSE" (AB SEITE 88) UND BEI DEN GEHALTVOLLEN SALATEN UND QUICHES IM KAPITEL „FAMILIE & FREUNDE" (AB SEITE 134) NACH.

QUESADILLAAAAS
Für 2 Personen

WIR SIND QUESADILLA-FANS UND UNSERE KINDER AUCH. SIE SIND IM HANDUMDREHEN FERTIG, MAN KANN SIE MIT ALLEM MÖGLICHEN FÜLLEN, UND SO SIND SIE EINE LECKERE UND OFT NAHRHAFTE ALTERNATIVE ZUM GUTEN, ALTEN KÄSETOAST. HIER STELLEN WIR IHNEN DREI VERSCHIEDENE FÜLLUNGEN VOR. DAMIT KÖNNEN SIE SO VIEL EXPERIMENTIEREN, WIE SIE MÖCHTEN.

ZIEGENKÄSE, CHAMPIGNONS, SCHNITTLAUCH & SPECK

200 g Champignons
1 Schalotte
1 Knoblauchzehe
1 Handvoll Schnittlauch
4 Scheiben Speck
40 g Ziegenfrischkäse
2 Vollkornwraps oder Fladenbrote (oder selbst gemachte, siehe S. 89)

Den Backofen auf 180 °C vorheizen. Die Champignons in Scheiben schneiden, Schalotte, Knoblauch und Schnittlauch fein hacken. In einer trockenen Pfanne den Speck anbraten, bis das Fett austritt, dann Schalotte, Knoblauch und Champignons darin kurz mitbraten. Den Speck aus der Pfanne nehmen und separat aufbewahren. Den Ziegenkäse mit dem Schnittlauch mischen.
Beide Wraps mit der Ziegenkäsemischung bestreichen. Auf einem Wrap die Champignonmischung verteilen und mit Speckscheiben belegen. Mit dem zweiten Wrap bedecken (die Seite mit dem Ziegenkäse nach unten), gut andrücken, und die Quesadilla 10 Minuten im Ofen backen. In vier Stücke schneiden.

AVOCADO, EI & KÄSE

1 Ei
1 reife Avocado
1 Handvoll geriebener (Ziegen-)Käse
Salz und Pfeffer
2 Vollkornwraps oder Fladenbrote (oder selbst gemachte, siehe S. 89)

Den Backofen auf 180 °C vorheizen. In einem Topf reichlich Wasser zum Kochen bringen und darin das Ei 6–8 Minuten kochen, bis es hart ist. Das Ei kurz abkühlen lassen, pellen und in Scheiben schneiden. Die Avocado schälen und das Fruchtfleisch in Scheiben schneiden. Beide Wraps mit etwas Käse bestreuen. Auf einem Wrap die Avocado- und Eierscheiben verteilen und mit Salz und Pfeffer würzen. Mit dem zweiten Wrap bedecken (die Seite mit dem Käse nach unten), gut andrücken, und die Quesadilla 10 Minuten im Ofen backen. In vier Stücke schneiden.

AZUKIBOHNEN, QUELLER, WIRSING, AVOCADO & RICOTTA

250 g Azukibohnen (getrocknet oder aus dem Glas)
1 TL Butter, Butterschmalz oder geruchloses Kokosöl
200 g Wirsing, in Stücke gezupft
1 Handvoll Queller
½ reife Avocado
30–40 g Ricotta
Pfeffer
2 Vollkornwraps oder Fladenbrote (oder selbst gemachte, siehe S. 89)
Thunfisch (nach Wunsch)

Den Backofen auf 180 °C vorheizen. Die Azukibohnen kochen, oder (die aus dem Glas) gut abspülen und abtropfen lassen. Das Öl im Wok oder in einer Pfanne erhitzen und Wirsing und Queller unter Rühren anbraten. Kohl und Queller in die Küchenmaschine geben und kurz mixen. Die halbe Avocado mit dem Ricotta und der Hälfte der Azukibohnen hineingeben. Zu einer groben, streichfähigen Paste verarbeiten.
Beide Wraps mit dieser Mischung bestreichen. Auf einem Wrap die restlichen Azukibohnen verteilen und nach Wunsch mit etwas Thunfisch belegen. Mit dem zweiten Wrap abdecken (die Seite mit der Avocadopaste nach unten), gut andrücken, und die Quesadilla 10 Minuten im Ofen backen.

CRACKER

INZWISCHEN GIBT ES ÜBERALL LECKERE, NAHRHAFTE CRACKER AUS WENIG VERARBEITETEM GETREIDE UND MIT NÄHRSTOFFREICHEM BELAG WIE NÜSSEN, SAATEN UND KRÄUTERN. ABER SELBST BACKEN IST AUCH NICHT SCHWER UND SIE SCHMECKEN TOLL! ES LOHNT SICH ALSO.

KICHERERBSEN-KRÄUTER-CRACKER
10–12 Cracker

- 180 g Kichererbsenmehl
- 70 g Roggenmehl
- ¼ TL Backpulver
- 1 Prise Meersalz
- 1 EL Kokosöl
- 100 ml Wasser
- 2 TL Oregano (oder andere frische Kräuter)
- 2 TL getrocknete Tomaten, gehackt
- 2 TL Mohn

Den Backofen auf 175 °C vorheizen. Die Mehle in eine Schüssel geben. Backpulver und Meersalz zufügen und gut verrühren. Das Kokosöl im Wasserbad zerlassen und das Wasser aufkochen. Das zerlassene Kokosöl zum Mehl in die Schüssel gießen und das kochende Wasser langsam unter Rühren zugeben, bis ein glatter, fester Teig entsteht. Kräuter und getrocknete Tomaten hineingeben. Ist der Teig zu feucht, noch etwas Mehl zufügen. Den Teig abgedeckt in einer Schüssel kurz ruhen lassen.
Die Arbeitsfläche mit Mehl bestäuben und mit dem Mohn und eventuell weiteren Kräutern bestreuen. Aus dem Teig eine Kugel formen und auf den Körnern ausrollen (sodass die Körner und Kräuter daran haften), bis ein ½ cm dicker Fladen entsteht. Den Teig in Rechtecke schneiden (10–12 Stück) und auf ein mit Backpapier ausgelegtes Backblech legen. Eventuell mit noch etwas Mohn bestreuen und 30 Minuten im Ofen backen. Die Cracker nach der Hälfte der Garzeit wenden, sodass sie rundum schön knusprig werden.

DINKEL-SAATEN-CRACKER
10–12 Cracker

- 250 g Dinkel-Vollkornmehl
- ¼ TL Backpulver
- 1 Prise Meersalz
- 1 EL Kokosöl
- 100 ml Wasser
- 2 TL Leinsamen
- 1 TL Sesam

Den Backofen auf 175 °C vorheizen. Das Dinkelmehl in eine Schüssel geben. Backpulver und Meersalz zufügen und gut verrühren. Das Kokosöl im Wasserbad zerlassen und das Wasser aufkochen. Das zerlassene Kokosöl zum Mehl in die Schüssel gießen und das kochende Wasser langsam unter Rühren zugeben, bis ein glatter, fester Teig entsteht. Ist der Teig zu feucht, noch etwas Mehl zufügen. Den Teig abgedeckt in einer Schüssel kurz ruhen lassen. Die Arbeitsfläche mit Mehl bestäuben und mit Leinsamen und Sesam bestreuen. Aus dem Teig eine Kugel formen und auf den Körnern ausrollen (damit die Saaten daran haften), bis ein ½ cm dicker Fladen entsteht. Den Teig in Rechtecke schneiden (10–12 Stück) und auf ein mit Backpapier ausgelegtes Backblech legen. Nach Geschmack mit extra Saaten bestreuen und 30 Minuten im Ofen backen. Die Cracker nach der Hälfte der Garzeit wenden, sodass sie rundum schön knusprig werden.

POWER-SNACKS

DIE IDEALEN SNACKS FÜR GELEGENHEITEN, BEI DENEN SIE ODER IHRE KINDER EXTRA ENERGIE GEBRAUCHEN KÖNNEN. BEIM SPIELEN DRAUSSEN ZUM BEISPIEL ODER BEIM SPORT. DIE QUESADILLAS SIND EINE VARIANTE DES GUTEN, ALTEN KÄSETOASTS UND STATT DER FLEISCHBÄLLCHEN AUS DEM SPORTLERHEIM ESSEN WIR LIEBER FALAFELBÄLLCHEN!

NO-BAKE-HAFERFLOCKEN-KOKOSRIEGEL

6 große oder 12 kleine Riegel

2 EL Butter (oder Kokosbutter)
3 EL Ahornsirup
7 EL Haferflocken
4 EL Kokosraspel
1 Handvoll gemischte Nusskerne
3 EL Hanfsamen
2 EL Kürbiskerne
4 EL Rosinen
3 getrocknete Aprikosen
3 Datteln
1 EL Lucuma- oder Vanillepulver

Die Butter auf niedriger Stufe in einem kleinen Topf zerlassen, den Ahornsirup zufügen, vom Herd nehmen und abkühlen lassen. Alle verbliebenen Zutaten in die Küchenmaschine geben und fein mixen. Die Mischung in eine Schüssel füllen und die zerlassene Butter mit dem Ahornsirup zufügen. Zu einer festen Kugel verkneten.
Eine kleine, quadratische Form mit Backpapier auslegen und die Masse in einer 2 cm dicken Schicht darauf verstreichen. Die Form mindestens 45 Minuten in den Kühlschrank stellen. In 12 Riegel schneiden.
Die Riegel im Kühlschrank oder im Gefrierfach aufbewahren. Morgens einen gefrorenen Riegel in die Schultasche stecken, und das Kind hat einen prima Pausensnack.

BLUEBELLES

15 Bällchen

INZWISCHEN GIBT ES UNENDLICH VIELE VARIATIONEN DIESER BÄLLCHEN. WIR BEGEGNEN IHNEN IN ALLERLEI KOCHBÜCHERN, AUF FOODBLOGS UND IN ZEITSCHRIFTEN. UNSERE VERSION STAMMT AUS DEN ANFANGSZEITEN VON BLUEBELLE UND DAS REZEPT IST NACH WIE VOR EIN HIT BEI UNS ZU HAUSE. DESHALB TEILEN WIR ES HIER NOCH EINMAL MIT IHNEN!

4 große Datteln (Medjoul-Datteln)
1 Handvoll Cranberrys
1 Handvoll Rosinen
1 EL Leinsamen
1 EL Kakaonibs (Kakaosplitter)
200 g gemischte Nusskerne, ungeröstet und ungesalzen
(wir nehmen Mandeln, Cashewkerne, Paranusskerne, Pekannusskerne und Haselnusskerne)
2 EL Kokosöl
2 EL Rohkakaopulver
2 EL Kokosraspel
Wasser nach Bedarf

Die Datteln entsteinen und in kleine Stücke schneiden. Datteln, Cranberrys, Rosinen, Leinsamen, Kakaonibs und Nüsse in der Küchenmaschine kurz mixen, sodass eine klebrige Masse entsteht. Das Kokosöl im Wasserbad zerlassen. Die Schüssel auf die Arbeitsfläche stellen und das Kakaopulver zum Öl geben und verrühren. Die Mischung zur klebrigen Nussmasse gießen und nochmals mixen. Die Kokosraspel in eine Schüssel geben. Aus der Nussmasse kleine Kugeln formen, in den Kokosraspeln rollen und fertig sind die Bluebelles! In einem Beutel oder in der Brotdose mit in die Schule geben. Auch sehr gut zum Verteilen in der Pause beim Hockey- oder Fußballspiel.

FALAFEL-NUSS-BÄLLCHEN
10 Bällchen

1 Schalotte
1 Knoblauchzehe
300 g Kichererbsen, gekocht oder aus dem Glas
1 Handvoll frische Kräuter, z. B. Koriander, Minze oder Basilikum
200 g gemischte Nusskerne (oder nur eine Sorte, z. B. Mandeln oder Pistazien)
1 Prise Cayennepfeffer
1 TL Backpulver
1 EL Mandelmehl (oder Dinkel-, Buchweizen- oder Quinoamehl)
1 TL gemahlener Kreuzkümmel
3 EL Olivenöl
1 Spritzer Zitronensaft
1 Prise Kurkuma (nach Wunsch)

Den Backofen auf 180 °C vorheizen. Schalotte und Knoblauch fein hacken. Die Kichererbsen abspülen. Die frischen Kräuter in die Küchenmaschine geben und fein hacken. Die Nüsse zufügen und weiterhacken. Die restlichen Zutaten zufügen und die Maschine nochmals kurz laufen lassen. Achtung: Die Mischung muss eher grob bleiben, sonst wird es Fensterkitt! Die Masse zu kleinen Kugeln rollen und auf ein mit Backpapier ausgelegtes Backblech legen.
15 Minuten im Ofen backen. Die Bällchen nach der Hälfte der Garzeit einmal schütteln, sodass sie rundum schön knusprig werden. Sehr lecker mit einem Joghurt-Minze-Dip (siehe S. 93).

QUINOA-RIEGEL MIT TROCKENOBST
6 große oder 12 kleine Riegel

2 getrocknete Ananasringe
6 getrocknete Aprikosen
4 Datteln
1 Handvoll Haselnusskerne
6 EL gekochte Quinoa
3 EL Kakaonibs (Kakaosplitter)
3 EL Ahornsirup
2 EL Leinsamen
2 EL Sesam
1½ EL gemahlene Vanille
1 Ei

Den Backofen auf 160 °C vorheizen. Ananasringe, Aprikosen und Datteln in kleine Stücke schneiden und in die Küchenmaschine geben. Die Haselnüsse zufügen und mixen. Die Mischung mit den restlichen Zutaten (bis auf das Ei) in einer Schüssel gut mischen. Dann das Ei hineingeben und mit den Händen zu einem festen Teig verkneten. Ein Backblech oder eine flache Auflaufform mit Backpapier auslegen und die Masse in einer 2 cm dicken Schicht darauf verteilen.
Die Form bzw. das Blech 30 Minuten in den Ofen stellen. Gut abkühlen lassen und in Riegel schneiden. Die Müsliriegel im Kühlschrank oder im Gefrierfach aufbewahren.

UNTERWEGS UND IM URLAUB

„WIR WAREN GERADE ZWEI WOCHEN IN ITALIEN. DA GAB ES EIS, EIS UND NOCH MEHR EIS. WIE KOMMEN WIR JETZT, WENN WIR WIEDER ZU HAUSE SIND, ZURÜCK ZUM GESUNDEN ESSEN?"

Maaike, 36, Mama von Jurre (8) und Puck (5)

IN DIESEM KAPITEL FINDEN SIE ANTWORTEN AUF FOLGENDE FRAGEN:

URLAUB UND HALBWEGS NORMALE ERNÄHRUNG, PASST DAS ZUSAMMEN?

REISETIPPS: WAS NEHME ICH MIT FÜR UNTERWEGS?

WAS SIND GUTE ALTERNATIVEN, WENN WIR NICHT SELBST KOCHEN?

AUSGEHTIPP: KÖNNEN WIR MIT DEN KINDERN IN EIN RESTAURANT GEHEN?

WIE FINDEN WIR NACH DEM URLAUB WIEDER ZU EINER GESUNDEN ERNÄHRUNG ZURÜCK?

DIESES KAPITEL ENTHÄLT KEINE SPEZIELLEN REZEPTE, ABER VIELE QUERVERWEISE AUF SCHNELLE MAHLZEITEN AUS VORHERGEHENDEN KAPITELN. ALLES UNKOMPLIZIERTE GERICHTE, DIE SIE AUCH IM URLAUB ZUBEREITEN KÖNNEN!

SPEISEPLAN FÜR DEN URLAUB

NATÜRLICH LASSEN AUCH WIR DIE ZÜGEL ETWAS LOCKER. BEI UNS UND BEI DEN KINDERN. WIR TRINKEN ÖFTER EIN GLAS WEIN, DIE KINDER BEKOMMEN ÖFTER EIN EIS, WIR ESSEN CROISSANTS ZUM FRÜHSTÜCK UND NICHT SO VIEL GRÜNES WIE ZU HAUSE. TROTZDEM IST DER UNTERSCHIED ZU UNSEREN NORMALEN ESSGEWOHNHEITEN NICHT ALLZU GROSS. WARUM NICHT? WEIL WIR WIRKLICH GESUND ESSEN WOLLEN. ES IST FÜR UNS KEIN ZWANG, WIR WOLLEN ES SO. DIESE EINSTELLUNG IST ENTSCHEIDEND, UM GESUNDE ESSGEWOHNHEITEN MIT DER GANZEN FAMILIE DURCHZUHALTEN. WAS MACHT SIE GLÜCKLICH? WO FINDEN SIE IHR GLEICHGEWICHT? WIE KÖNNEN AUCH SIE WOLLEN ANSTATT MÜSSEN? WIE KÖNNEN SIE ALLES DÜRFEN, ABER NICHT ALLES WOLLEN? WIE SORGEN SIE DAFÜR, DASS DER URLAUB NICHT ZUR PERFEKTEN AUSREDE WIRD, ALLES AUFZUGEBEN, WOFÜR SIE SICH NORMALERWEISE SO VIEL MÜHE GEBEN?

„Ich will meinen Kindern ja etwas Gesundes zu Mittag anbieten, aber es war eben nur ein Pfannkuchenhaus in der Nähe", oder: „Neben unserer Ferienwohnung war ein tolles Fischrestaurant, da gab es für die Kinder Fischstäbchen und Pommes. Das war eben das Einzige, was ihnen geschmeckt hat, und schließlich waren wir ja im Urlaub, oder?"

Pfannkuchen oder Fischstäbchen? Kein Problem für uns. Aber nicht aus der Überzeugung, dass Sie ja keine Wahl haben. Entscheiden Sie sich lieber bewusst für weniger gesundes Essen, als sich einzureden, dass Sie keine Wahl haben. Wenn gesunde Ernährung für Sie und Ihre Familie etwas ist, was Sie wollen und nicht müssen, ist es oft auch etwas, was Sie auch im Urlaub nicht unterbrechen wollen. Als zusätzlichen Vorteil haben Sie dann zu Hause nicht mit den Urlaubspfunden zu kämpfen, und für Ihre Kinder wird der Übergang zum gewohnten Tagesrhythmus eher fließend. Also: Seien Sie konsequent und lassen Sie die Leinen ein bisschen locker.

ZWEI VON DREI MAHLZEITEN GESUND
Die Wahrscheinlichkeit, dass Sie im Urlaub dreimal am Tag kochen, ist eher gering. Oft sind Sie zumindest bei einer Mahlzeit von dem abhängig, was es vor Ort gibt. Deshalb halten wir uns an folgendes Prinzip: Zwei Mahlzeiten am Tag sollen so gesund wie möglich werden. Dann ist bei einer Mahlzeit Platz für Pommes, Pizza oder ein belegtes Brötchen. Oder es gibt bei jedem Essen Platz für etwas, das Sie weniger nahrhaft und/oder gesund finden (Croissants, Pommes, Limo), dann achten Sie aber darauf, dass etwas Gesundes dabei ist, was Sie gern essen (Obst, Fisch usw.).

SNACKS ZWISCHENDURCH
Bieten Sie zwischendurch dasselbe wie zu Hause an, zum Beispiel Trockenobst, einen Shake oder Rohkost mit Dip. Machen Sie dann beim zweiten Snack am Tag ruhig eine Ausnahme: ein Eis, eine Tüte Chips oder etwas, das den Kindern angeboten wird und bei Ihnen nur Stöhnen auslöst.

DOSEN UND BEUTEL
Füllen Sie Frischhaltedosen oder Plastiktüten mit gesunden Snacks wie Tomaten, Gurkenstücken, Nüssen und Rosinen. Ideal für unterwegs und praktisch für den Strand. So können Sie Ihr Nein zu den allgegenwärtigen Strandsnacks umwandeln in: „Das hier darfst du haben."

ZUERST DAS GEMÜSE
Im letzten Skiurlaub schlug einer der Väter im Restaurant vor: „Wir können doch für den Kindertisch erst ein paar Schälchen Gemüse bestellen und das als Gemüsefest ankündigen. Den Rest gibt es dann später (also die Pommes)." Geniale Idee! Die Kinder malten eifrig und futterten dabei die Gemüseschälchen leer. (Danach fragten sie allerdings, ob es auch noch etwas zu essen gäbe, haha.) Wir haben es in diesem Urlaub noch ein paarmal so gemacht, immer mit Erfolg!

SAGEN SIE AUCH MAL NEIN
Zum dritten Eis am Tag, zu einer Tüte Süßigkeiten von einem Freund, nachdem sie gerade etwas gegessen haben, schon wieder Pommes, wenn sie noch nichts Nahrhaftes gegessen haben ... manchmal reicht es. Bevor Sie es richtig merken, geben Sie den ganzen Urlaub lang immer nach, weil Nein sagen so ungemütlich ist.
Extra-Tipp: Sagen Sie außer Nein immer auch gleich Ja. „Nein, jetzt keine Süßigkeiten mehr. Aber du kannst ein Stück Apfel haben." Oder: „Es gibt jetzt kein Eis mehr, morgen suchen wir uns wieder eins aus." Erklären Sie auch, warum etwas nicht geht. Wir vergessen das oft, aber keine Erklärung zu bekommen, ist für ein Kind genauso ärgerlich wie für einen Erwachsenen.

THERMOSFLASCHE & ZIPPERBEUTEL
mit Wasser, Tee oder Kokoswasser

AVOCADO UND EI
Vergessen Sie den Löffel nicht!

ROHKOST
nach Wahl & lecker mit Dip

CRACKER
auch lecker mit Dip

TROCKENOBST
Mango, Aprikose, Datteln

SCHOKOLADE
je dunkler, desto besser

NÜSSE, SAATEN ODER POPCORN
ungeröstet & ohne Salz

OBST
praktisch in der Dose oder im Beutel

KLEINE PORTIONEN

Pommes, Eis, Pizza, Chips ... im Urlaub kann man dem kaum entkommen. Sie können aber entscheiden, welches Eis die Kinder bekommen, wie viele Pommes Sie bestellen, ob sie eine ganze Pizza essen dürfen oder eine halbe und einen Salat dazu und ob Sie die Chips in kleine Dosen füllen oder sie aus der Tüte knabbern lassen.

LASSEN SIE DIE KINDER EINFACH MITESSEN

Dass viele Restaurants eine spezielle Kinderkarte haben, ist uns schon klar. Kinder essen schließlich kleinere Portionen und mögen kein Essen mit ausgeprägtem Geschmack. Aber warum auf der Kinderkarte auch heute noch so viele betrübliche Dinge stehen, verstehen wir ganz und gar nicht! Wir empfehlen: Reduzieren Sie die Unterschiede. Gehen Sie in ein Fischrestaurant? Warum essen die Kinder dann Spaghetti oder Würstchen mit Pommes? Bestellen Sie gebratenen Fisch für sie, dazu passen dann auch Pommes. Lassen Sie sie probieren, was Sie essen. Machen Sie sie neugierig. Dasselbe gilt für Knabbereien. Oliven und gemischte Nüsse sind ideal als Snack, auch für die Kinder.

TIPPS FÜR UNTERWEGS

Sagen wir es ruhig deutlich: Reisen ist ein Fest. In den Urlaub fahren (mitunter mehrmals im Jahr) ist Luxus. Aber die Fahrt von A nach B kann ziemlich anstrengend sein, vor allem, wenn Sie mit Kindern verreisen. Wenn Sie dann, was das Essen angeht, von dem abhängig sind, was es gerade gibt (Bordverpflegung im Flugzeug oder das Tankstellensortiment), ist so eine Reise oft ein Anschlag auf Ihre Energiereserven. Wir raten Ihnen: Sorgen Sie selbst für einen gesunden Vorrat.

GUT VERPACKT

Holen Sie die Dosen und Plastikbeutel zum Vorschein und machen Sie sich bereit für die Reise. Halten Sie die Portionen klein und kompakt. Dann lassen sie sich im Auto gut austeilen und alles bleibt schön frisch. Wollen Sie fliegen? Dann sind kleine Portionen praktisch für die Zollabfertigung. Je kleiner die Portion, desto größer ist die Wahrscheinlichkeit, dass Sie Ihre Rohkost mit selbst gemachtem Hummusdip durch die Sicherheitskontrolle bekommen. Grundsätzlich gilt: freundlich lächeln!
Nehmen Sie Produkte mit, die es mindestens 24 Stunden ohne Kühlung aushalten. Wählen Sie festes Gemüse (kein Blattgemüse), Trockenobst, Nüsse und Getreide. Oder bereiten Sie einen Couscous-, Reis-, Quinoa- oder Graupensalat mit Gemüse vor. Käse, Fleisch und Dinge, die schmelzen, sind weniger geeignet.

NEHMEN SIE KNACKIGE PRODUKTE MIT

Auf Reisen hat man oft mit Übelkeit zu kämpfen und das Essen unterwegs hat häufig kaum Biss (dafür zu viel Salz). Was Ihr Körper braucht, ist etwas Frisches, Knackiges. Nehmen Sie zum Beispiel Gurke, Möhre oder Paprika mit.

Auch sehr praktisch: ein Beutel Knuspermüsli oder ein Körnermix. Achtung: Nüsse und Erdnüsse dürfen nicht immer mit ins Flugzeug, weil sie Allergien auslösen können.

NEHMEN SIE PRODUKTE MIT, DIE NICHT AUSLAUFEN KÖNNEN

Flüssigkeit ist wichtig auf Reisen (achten Sie darauf, genug zu trinken, vor allem, wenn Sie fliegen!), aber nicht unbedingt in dem Essen, das Sie für unterwegs mitnehmen. Nehmen Sie zur Rohkost also lieber einen festen Hummus- als einen Joghurtdip mit. Das erhöht die Chance, am Flughafen durch die Sicherheitskontrolle zu kommen, und – auch nicht ganz unwichtig – auf entspannteres Essen ohne kleckern und auslaufen. Und wenn wir schon beim Kleckern sind: Ein gut gefalteter Wrap ist vermutlich praktischer als ein offenes Sandwich. Aus demselben Grund geben Sie auf einer Autofahrt vorzugsweise Trockenobst und verwöhnen beim Zwischenstopp (außerhalb des Autos) alle mit frischem Obst.
Was Sie in Ihren Dosen und Beuteln unterbringen können, lesen Sie auf Seite 224.

BITTE SETZEN

Sind Sie mit dem Auto unterwegs? Suchen Sie einen ruhigen Parkplatz und essen Sie nach Möglichkeit im Freien. Frische Luft und aufmerksames Essen tragen dazu bei, dass alle sich für die nächsten paar Stunden Fahrt entspannen können.

SORGEN SIE FÜR EINEN FESTEN RHYTHMUS

Um zu verhindern, dass die ganze Familie während der langen Reise nur vor sich hin futtert, raten wir, auch unterwegs einen festen Rhythmus durchzuhalten: dreimal am Tag eine Mahlzeit, zwei Snacks zwischendurch, zu festen Zeiten.

HILFE, ZWEI STUNDEN IM STAU!

Sorgen Sie für kleine Snacks, die Sie im Auto essen können. So haben Sie etwas in der Hinterhand, falls die Reise sich in die Länge zieht. Wählen Sie am besten etwas, womit die Kinder länger beschäftigt sind: eine Dose kleine Süßigkeiten, kleine Trockenfrüchte oder Chips zum Beispiel. Für diese Gelegenheiten gibt es im Handel prima Alternativen, die nahrhaft sind, keine Zusatzstoffe enthalten und mit einer transparenten Zutatenliste, sodass Sie in jedem Fall bewusst entscheiden können.

TIPPS FÜR DEN URLAUBSORT

JETLAG?

Die beste Möglichkeit, ihn zu bekämpfen, ist trinken, trinken, trinken. Und damit meinen wir natürlich Wasser. Vor allem bei Flugreisen trocknet der Körper stark aus, und das ist eine Ursache des Jetlag-Gefühls. Beginnen Sie am Vortag und trinken Sie nach der Ankunft noch einen Tag weiter. Achten Sie auch bei Ihren Kindern verstärkt darauf, dass sie viel trinken (ja, auch wenn das bedeutet, dass sie öfter aufs Klo müssen). Soll es doch nach etwas schmecken? Kokoswasser! Ein stark hydrierendes Getränk, weil es viel Kalium enthält. Sie dürfen es nicht immer mit ins Flugzeug nehmen, aber direkt vor oder nach dem Flug wirkt es ebenfalls.

KOCHGELEGENHEIT

Vielleicht klingt es Ihnen wie Musik in den Ohren, zwei Wochen lang nicht kochen zu müssen, aber Sie können uns glauben: So toll ist das nicht. Zwei Wochen lang dreimal am Tag mit den Kindern außer Haus essen, weil es keine Möglichkeit gibt, schnell selbst etwas zuzubereiten, das artet in Stress aus (und wird außerdem ziemlich teuer). Unserer Meinung nach ist es absolut notwendig, am Urlaubsort selbst kochen zu können, wenn Sie mit Kindern unterwegs sind. Das muss kein großes Menü sein, aber schnell ein Frühstück, ein belegtes Brötchen, eine Suppe oder Pasta zaubern zu können, ist schon praktisch.

PRÜFEN SIE DIE ESS-UMGEBUNG

Stellen Sie am besten vorher fest, ob in der Nähe Ihres Urlaubsdomizils ein paar schöne, kindertaugliche Restaurants zu finden sind. Bevor Sie es richtig merken, sitzen Sie jeden Abend in derselben Pizzeria. Die Kinder haben damit wahrscheinlich kein Problem, aber ein bisschen Abwechslung schadet nicht.
Verreisen Sie lieber all inclusive? Lesen Sie, bevor Sie buchen, die Rezensionen daraufhin, wie andere das Essen beurteilen. Die meisten Rezensenten schreiben etwas zu diesem Thema, und das Angebot fällt recht unterschiedlich aus. Nehmen Sie Basis-Zutaten und einen Stabmixer mit.
Haben Sie eine Unterkunft, wo Sie in gewissem Maß selbst kochen können? Haben Sie ein Kind mit Allergien? Nehmen Sie dann einen Stabmixer mit, damit Sie am Urlaubsort *Easy Peasy* das eine oder andere gesunde Basisrezept zubereiten können. Denken Sie an: Supersmoothies, Gemüsesaucen zur Pasta oder Suppe. Wenn wir mit dem Auto verreisen, haben wir eine Liste mit unseren Lieblingsprodukten, die wir immer mitnehmen (siehe Kasten).

SCHMECKEN SIE DIE KULTUR

Den allerwichtigsten Tipp dürfen wir Ihnen auf keinen Fall vorenthalten: Genießen Sie all das leckere Essen am Urlaubsort! Neben unseren Gesundheitstipps hoffen wir vor allem, dass Sie auf Entdeckungstour gehen nach neuen Geschmacksrichtungen und dass Sie Produkte kaufen und probieren, die Sie zu Hause nicht so leicht bekommen.
- Gehen Sie gemeinsam an Orte, wo man sehen kann, wo das Essen herkommt: zum Beispiel in den Fischereihafen, auf den Gemüsemarkt, zum Bäcker, in den örtlichen Supermarkt.
- Belohnen Sie Neugier auf neue Produkte, indem Sie sie kaufen und gemeinsam ausprobieren.
- Reisen Sie in ein fernes Land mit exotischen Essgewohnheiten? Was halten Sie von essen mit Stäbchen oder mit den Händen? Sich zum Essen auf den Boden setzen? Die meisten Kinder finden seltsame Tischsitten gerade cool, und so geht das Probieren wie von selbst.

TIPPS FÜR DAS RESTAURANT

BEGINNEN SIE JUNG

Beobachten Sie auch oft völlig erstaunt die braven (oft französischen) Kinder, die schön am Tisch sitzen bleiben und ihren Teller leer essen? Der Trick dabei ist, ihnen schon früh Geduld und das Essen am Tisch beizubringen. Also nicht vor dem Fernseher und nicht beim Herumlaufen. Gegessen wird im Sitzen an einem Tisch. Servieren Sie auch zu Hause, zum Beispiel am Wochenende, einmal zwei Gänge, etwa eine Vorspeise und ein Hauptgericht. Machen Sie es sich am Tisch gemütlich. Zünden Sie eine Kerze an, legen Sie eine Tischdecke auf und verteilen Sie Servietten. Lassen Sie die Kinder hin und wieder warten, ohne dass sie herumrennen dürfen. Bei uns führt das auch zu Geschrei und Ungeduld, aber sie lernen, dass sie manchmal eben warten müssen.

Beginnen Sie klein. Nehmen Sie auch die Allerkleinsten mit, wenn Sie essen gehen. Beginnen Sie mit der Pizzeria vor Ort, wo inner-

---

Unsere Lieblingsprodukte für die Reise
- Pflanzendrinks (Sehr praktisch, wenn eine Kuhmilchallergie im Spiel ist wie bei Claires Jungs)
- Buchweizenmehl. Es gibt eigentlich überall Eier zu kaufen. Mit dem Drink ist innerhalb von fünf Minuten ein Berg gesunder Pfannkuchen fertig.
- Honig. Immer praktisch, um den Smoothie oder die Pfannkuchen ohne Zucker etwas süßer zu machen.
- Vollkornpitas oder -wraps. Unkompliziert und leicht mit regionalem Gemüse, Käse oder Obst zu füllen.
- Vollkorn- oder Dinkelpasta. Needless to say why.
- Pflanzliches Eiweißpulver. Reisen Sie in ein Land mit einer spannenden Esskultur oder zweifeln Sie an der Lebensmittelsicherheit? Mit diesem Pulver machen Sie jeden Fruchtshake um einiges nahrhafter, vor allem, wenn Sie nicht sicher sind, ob die Kinder genug Eiweiß (zum Beispiel Hülsenfrüchte, Nüsse, Fleisch oder Fisch) bekommen.

halb von fünfzehn Minuten die Pizza auf dem Tisch steht und noch mehr Zwerge herumlaufen. So lernen sie von klein auf das Phänomen Essen gehen kennen und lernen, länger am Tisch sitzen zu bleiben.

WÄHLEN SIE EIN GUTES RESTAURANT

Gehen Sie am besten in ein Restaurant, von dem Sie wissen, dass dort auch Gesundes auf der Karte steht. (Fast alle Restaurants veröffentlichen die Speisekarte auf ihrer Website.) Schauen Sie sich nicht nur die auf der Hand liegenden Orte an; oft verstecken sich die schönen Lokale in den Seitenstraßen. Auch in anderen Ländern gibt es einen Hype um gesundes Essen.

Wir haben inzwischen einen Sport daraus gemacht, an jedem Urlaubsort die Healthy Food Hotspots zu finden, vom Superfood-Frühstückslokal bis zur Bio-Pension. Achten Sie auch darauf, wo die Einheimischen essen gehen, das ist der Indikator für eine frische, gute Küche.

BLEIBEN SIE REALISTISCH

Die Kinder mitnehmen in ein Lokal mit Michelin-Stern und Damasttischdecken? Das geht. Aber die Wahrscheinlichkeit ist hoch, dass sie dazu doch etwas älter sein müssen und dass die anderen Gäste nicht wirklich auf Ihren neugierigen, eher lauteren Nachwuchs warten. Gehen Sie in ein Restaurant, in dem Kinder willkommen sind und wo Platz ist, um ein bisschen hin- und herzurutschen.

Entscheiden Sie sich im Urlaub am besten für ein Restaurant an einem freien Platz, wo die Kinder notfalls einfach spielen gehen können. Stimmen Sie Ihre eigenen Wünsche auf die der Kinder ab. Vielleicht ist ein Vier-Gänge-Menü (wenn es auch wunderbar schmeckt) etwas zu ehrgeizig. Machen Sie es anders: Essen Sie zum Beispiel eine Vorspeise und ein Hauptgericht, und die Kinder wählen Hauptgericht und Nachtisch. Es bleibt oft genug etwas vom Nachtisch übrig.

GEBEN SIE IHNEN VORHER SCHON EINE KLEINIGKEIT ZU ESSEN

Mit großem Hunger in ein Restaurant gehen ist genau wie mit großem Hunger einkaufen gehen. Versuchen Sie mal, Ihre Kinder in einem Restaurant ruhig zu halten, wenn sie vor Hunger ein Loch im Bauch haben. Das ist das Rezept für Chaos. Geben Sie Ihren Kindern, bevor Sie ins Restaurant aufbrechen, eine nahrhafte Kleinigkeit, vielleicht eine Handvoll Nüsse, eine Banane oder etwas Gemüsesaft.

BESTELLEN SIE FÜR DIE KINDER ZUERST

Bestellen Sie, wenn es möglich ist, das Essen für die Kinder ein bisschen früher als das für Sie, oder bitten Sie darum, dass es etwas früher serviert wird. So brauchen die Kinder nicht zu lange zu warten und Sie haben die Möglichkeit, in den ersten zehn Minuten ein bisschen zu helfen, damit Sie danach auch Ihr eigenes Essen genießen können. Die meisten Kinder essen langsam und werden ruhiger, wenn erst einmal ein Teller vor ihnen steht.

BEZIEHEN SIE DIE KINDER BEI DER AUSWAHL UND BEI DER UNTERHALTUNG MIT EIN

Still sein ist gleich viel schwieriger, wenn man sich langweilt. Binden Sie Ihre Kinder in den Prozess mit ein. Welches Restaurant gefällt dir? Was willst du essen? Bringen Sie ab und zu ein Thema ins Gespräch, über das sie gern reden. Nehmen Sie auch das Restaurant selbst als Gesprächsthema: Was findest du schön? Wo, glaubst du, ist der Koch?

IPAD IN DER TASCHE

Superpraktisch, so ein iPad. Die Kinder werden damit geradezu unsichtbar. Trotzdem sind wir nicht so begeistert davon, ständig auf den Bildschirm zu starren, schon gar nicht beim Essen. Lehren Sie Ihre Kinder, dass es auch schön ist, einfach gemeinsam am Tisch zu sitzen. Bringen Sie Ihnen dieses Esserlebnis von klein auf bei. Nehmen Sie notfalls etwas zum Spielen mit. Etwas, bei dem Sie miteinander in Interaktion treten und was sie auch wieder weglegen, wenn das Essen kommt. Unser Plan: das iPad in die Tasche für absolute Notfälle.

TIPPS FÜR DIE RÜCKKEHR NACH HAUSE

KALTER ENTZUG, SCHNELL ZURÜCK IN DEN ALLTAG

Wieder zu Hause sein ist für alle gewöhnungsbedürftig. Im Urlaub durfte man viel und alles war schön entspannt. Es ist verführerisch, noch ein bisschen so weiterzumachen. Tipp: don't! Machen Sie das sofort klar, auch wenn es wehtut, sobald Sie zu Hause sind: Wir sind wieder zu Hause, und zu Hause gehen wir rechtzeitig ins Bett, stehen früh auf, essen am Tisch und es ist Schluss mit Eis und Pommes täglich. Zurück in den Alltag, keine Ausnahmen mehr. Von da an wird es dann von selbst mit der Zeit flexibler. Seien Sie deutlich gegenüber Ihren Kindern und bereiten Sie sie schon auf dem Rückweg darauf vor, indem Sie darüber reden, dass Sie schnell wieder zum gewohnten Rhythmus übergehen. Wenn sie wissen, was sie erwartet, ist die Veränderung in den Regeln und im Rhythmus leichter zu verkraften.

GESUNDE MAHLZEIT IM GEFRIERFACH

Natürlich können Sie zum Abschluss Ihres Urlaubs eine Pizza bestellen, wenn Sie nach Hause kommen. Wir empfehlen: Machen Sie den „leckeren" Abschluss am letzten Urlaubstag und zaubern Sie zu Hause eine vorher zubereitete gesunde Mahlzeit (Suppe oder Curry) aus dem Gefrierfach. Das erfordert vielleicht etwas mehr Vorbereitung vor der Abreise, aber so fällt der oben stehende Tipp nicht sofort ins Wasser. P.S.: Diesen Tipp haben wir im Blog *My New Roots* (www.mynewroots.org) von Sarah Britton gelesen, und seitdem machen wir es so. Superschlau!

REZEPTE

REZEPTE FÜR DIE REISE

Schnelle, leckere Rezepte für den Urlaub

SIND SIE AN IHREM URLAUBSORT ANGEKOMMEN UND KÖNNEN SIE DORT KOCHEN? IN DIESEM BUCH FINDEN SIE GENÜGEND REZEPTE, DIE SIE AUCH IN IHREM FERIENDOMIZIL LEICHT ZUBEREITEN KÖNNEN. ZUM BEISPIEL:

FRÜHSTÜCK AM URLAUBSORT

OVERNIGHT OATS - 66
FRÜHSTÜCK MIT EI - 78

MITTAGESSEN AM URLAUBSORT

PITATASCHEN - 93
PASTA PESTO - 98
QUESADILLAAAAS - 197

ABENDESSEN AM URLAUBSORT

BLUEBELLE-PASTASAUCE - 81
GEGRILLTES LACHSFILET - 84
KIDNEYBOHNEN-BURRITO - 89
GEGRILLTES GEMÜSE MIT KÄSE - 133
ERDBEER-BANANEN-EIS - 105

TEIL 3

SO WIRD'S GEMACHT

UM DEN WEG ZU EINER GESUNDEN ERNÄHRUNG NOCH LEICHTER UND GREIFBARER ZU MACHEN, HABEN WIR PRAKTISCHE INFORMATIONEN IM KAPITEL „SO WIRD'S GEMACHT" ZUSAMMENGESTELLT. DORT ERKLÄREN WIR, WIE DAS MIT DEN NÄHRSTOFFEN NOCH GLEICH WAR, DAMIT SIE DEN ÜBERBLICK BEHALTEN, OB IHR KIND ALLES BEKOMMT, WAS ES PRO TAG BRAUCHT, ABER AUCH, WIE SIE AM BESTEN DIE BROTDOSE FÜLLEN, EINEN SMOOTHIE ZUBEREITEN, WORAUF SIE BEIM EINKAUF ACHTEN KÖNNEN UND WELCHE STANDARDZUTATEN SIE LEICHT DURCH GESÜNDERE ALTERNATIVEN ERSETZEN KÖNNEN.

SO WIRD'S GEMACHT 1:
DER TÄGLICHE BEDARF

1.1 KOHLENHYDRATE, EIWEISS, FETTE: WIE WAR DAS NOCH GLEICH?
1.2 UND WIE KOMMT DAS AUF DEN TELLER? DIE EASY PEASY TELLERREGEL

SO WIRD'S GEMACHT 2:
EASY PEASY BAUKASTEN

2.1 WAS GIBT ES ALS PAUSENBROT?
2.2 WAS GIBT ES FÜR DIE MITTAGSPAUSE?
2.3 SMOOTHIE-BAUANLEITUNG

SO WIRD'S GEMACHT 3:
DIE RICHTIGE WAHL UND GESUNDE ALTERNATIVEN

3.1 UNSERE LIEBLINGS-ALTERNATIVPRODUKTE
3.2 UNSERE LIEBLINGS-ALTERNATIVPRODUKTE ZUM BACKEN

SO WIRD'S GEMACHT 4:
SPARTIPPS & EINKAUFSTRICKS

4.1 SPARTIPPS
4.2 OBST & GEMÜSE DER SAISON
4.3 HALTBARKEIT UND EINFRIEREN
4.4 ETIKETTEN LESEN

SO WIRD'S GEMACHT 1

DER TÄGLICHE BEDARF

BEKOMMT MEIN KIND GENÜGEND NÄHRSTOFFE?
— *Intensivkurs Nährstoffe & Essensregeln* —

1.1 KOHLENHYDRATE, EIWEISS, FETT: WIE WAR DAS NOCH GLEICH?

DIE MEISTEN VON UNS TUN ETWAS, WENN ES DARUM GEHT, GESUNDE ERNÄHRUNGSGEWOHNHEITEN FÜR DEN ALLTAG ZU ENTWICKELN. MAN KENNT DIE NAHRUNGSPYRAMIDE, WEISS, DASS BROT UND NUDELN ZUR KATEGORIE KOHLENHYDRATE GEHÖREN, UND DASS MAN ETWAS AUS DER KATEGORIE GEMÜSE UND ZWEI STÜCKE OBST PRO TAG ESSEN SOLL. MIT ETWAS GLÜCK ERINNERN SIE SICH AUCH NOCH DARAN, DASS EIWEISSE AUFBAUSTOFFE SIND, DASS ES EINEN UNTERSCHIED ZWISCHEN GUTEM UND SCHLECHTEM FETT GIBT, DASS ES GUT IST, VIEL WASSER ZU TRINKEN, UND DASS SIE SÜSSIGKEITEN UND KUCHEN AM BESTEN STEHEN LASSEN. ABER WIE VIEL MÜSSEN SIE WOVON ZU SICH NEHMEN?

Die unten stehenden Infografiken sollen nicht aufs Gramm genau die empfohlene tägliche Menge pro Nährstoffgruppe angeben. Die schwankt nämlich je nach Alter, Geschlecht und Aktivitätsniveau. Demnach müssten Sie für jedes Familienmitglied einen anderen Tagesplan aufstellen. Aber damit Sie Übung darin bekommen, möglichst vollwertige Mahlzeiten zusammenzustellen, ist es gut zu wissen, und sei es nur in groben Zügen, wie das mit all den Nährstoffen war. So wissen Sie nach jeder Mahlzeit, was Sie abhaken können und was Ihnen noch fehlt. Keine Sorge, wir bleiben unkompliziert und praktisch und hoffen, dass Sie sich jedenfalls eine Sache merken können: Eine nahrhafte, vollwertige Mahlzeit enthält Bestandteile aus jeder Nährstoffgruppe.

NÄHRSTOFFGRUPPEN

MAKRO-NÄHRSTOFFE: KOHLENHYDRATE, EIWEISS UND FETT

KOHLENHYDRATE

NÖTIG FÜR: Energie für alle Zellen. Diese Energie wird entweder direkt verbraucht (körperlich oder geistig) oder in Form von Glukose und Glykogen in den Muskeln und der Leber gespeichert, bis sie gebraucht wird. Wird sie auch dort nicht verbraucht, wandelt der Körper die Energie in Fett um.

STECKT IN: Obst, Gemüse und (Pseudo-)Getreide. Glutenfrei: Vollkornreis, Buchweizen, Quinoa, Hirse, Teff, Mais, Amarant, Hafer, Kartoffeln, Bohnen, Linsen. Glutenhaltig: Gerste, Weizen, Roggen, Frühstücksflocken und Nudeln.

ZU BEVORZUGEN: vollwertige/komplexe Kohlenhydrate. Sie enthalten noch alle von Natur aus vorhandenen Ballaststoffe, Vitamine und Mineralstoffe und werden vom Körper als langsame Energie aufgenommen, sodass Sie tatsächlich etwas davon haben und Ihr Blutzuckerspiegel stabil bleibt. Die weißen, raffinierten Varianten (Weißmehl, geschälter Reis, weiße Nudeln und bearbeitete Frühstücksflocken (Cereals) sind oft hoch verarbeitet, sodass sie kaum noch Nährstoffe enthalten und dem Körper nichts weiter liefern als schnelle Energie, vergleichbar mit Zucker.

AUCH GUT ZU WISSEN: Wenn Leute sagen, dass sie keine Kohlenhydrate mehr essen, meinen sie oft nur Getreide. Wir empfehlen: Kohlenhydrate brauchen Sie einfach als Basis, und Ihre Kinder erst recht! Im Allgemeinen ist gegen ein gutes belegtes Brot nichts einzuwenden, solange es aus vollwertigem Getreide gebacken wurde. Es kann natürlich sein, dass Sie sich wohler fühlen, wenn Sie weniger Gluten essen. In diesem Buch finden Sie leckere Brotrezepte aus glutenfreiem Pseudogetreide.

OBST UND GEMÜSE

Offiziell gehören Obst und Gemüse zu den Kohlenhydraten, aber unserer Meinung nach ist das eine separate Nährstoffgruppe, deshalb führen wir sie hier gesondert auf. Nicht umsonst lautet unsere vierte Food Regel: Green up! Man sollte meinen, dass inzwischen alle wissen, wie wichtig Gemüse und Obst sind, aber leider zeigen Untersuchungen immer noch, dass wir längst nicht das Minimum von 200 Gramm Gemüse und zwei Stücken Obst pro Tag erreichen. Stattdessen herrscht Getreide auf den Tellern vor. Wir hoffen, mit all unseren Rezepten zu inspirieren und die Menschen möglicherweise zu einem Umdenken zu bewegen.

NÖTIG FÜR: eine unerhörte Menge Vitamine, Mineralstoffe, Ballaststoffe und Energie. Für einen gesund arbeitenden Körper brauchen Sie Gemüse (und Obst) einfach unbedingt! Und die kleinen Körperchen, die noch wachsen, erst recht.

ZU BEVORZUGEN: Alles Obst und Gemüse, so vielseitig wie möglich, mit einem leichten Schwerpunkt bei den grünen Sorten. Gemüse, das unter der Erde wächst (Wurzelgemüse), und Gemüse, das direkt am Boden wächst, enthält viel Glukose, die sofort Energie liefert: (Süß-)Kartoffeln, Möhren, Pastinaken, Rote Bete, Speiserüben, Kürbis und Zucchini. Grünes Gemüse, das über oder direkt am Boden wächst, enthält außerdem Chlorophyll und liefert damit die am stärksten reinigenden Stoffe, die der Körper braucht: Spinat, Wirsing, Brokkoli, Sellerie, Kopfsalat und Meeresgemüse wie Queller, Algen und Seetang.

AUCH GUT ZU WISSEN: Obst essen Sie am besten ganz. Auf diese Art und Weise nehmen Sie es zu sich, wie die Natur es vorgesehen hat, mit allen Mineralstoffen, Vitaminen und Ballaststoffen. Frischer Fruchtsaft ist hin und wieder wunderbar, aber er sättigt nicht und liefert dafür viele Kalorien (ähnlich wie Limonade).

EIWEISS

NÖTIG FÜR: den Aufbau von Muskeln, Haut und Haaren. Eiweiße bestehen aus Aminosäuren, und diese sind die Bausteine für alle Lebensformen.

STECKT IN: tierischen Lebensmitteln (Fleisch, Fisch, Milchprodukte, Eier), Hülsenfrüchten, Vollkorngetreide, Nüssen, Saaten, Sprossen, Tofu und (in kleinen Mengen) in manchen Gemüsearten, zum Beispiel Spinat.

ZU BEVORZUGEN: pflanzliches Eiweiß

AUCH GUT ZU WISSEN: Tierische Lebensmittel enthalten viele essenzielle Eiweiße, die wir zum Aufbau und zur Regeneration brauchen. Gleichzeitig enthalten tierische Lebensmittel auch viele gesättigte Fettsäuren und sind oft schwerer verdaulich. Pflanzliches Eiweiß enthält nicht immer alle essenziellen Aminosäuren, ist aber viel leichter verdaulich und liefert im Grunde dieselben Bausteine, wenn man richtig variiert und kombiniert. Ernähren Sie sich rein pflanzlich? Achten Sie dann darauf, dass Sie rund 20 bis 30 Prozent mehr Eiweiß aufnehmen.

GUT ZU WISSEN: Kombinieren Sie Hülsenfrüchte mit Getreide, um das Eiweiß gut aufzunehmen. Spirulina, Chlorella und Blaualgen enthalten alle Aminosäuren. Diese können Sie in Pulverform in Spezialgeschäften kaufen und zum Beispiel in einen Smoothie mischen. Achtung: Sojaprodukte gehören zu den wenigen pflanzlichen Lebensmitteln, die alle neun Aminosäuren enthalten. Trotzdem sind wir nicht wirklich begeistert von Soja. Warum? Das lesen Sie im Kapitel „Die Basis" (Seite 37).

FETT

NÖTIG FÜR: unser Gehirn und das Nervensystem und für die Aufnahme fettlöslicher Vitamine. Die spezifischen Omega-3-Fettsäuren (zum Beispiel in Fisch) reduzieren die Wahrscheinlichkeit von Herz- und Gefäßkrankheiten. Und dann gibt noch eine ganze Liste spezifischer Fettsäuren, die bestimme Prozesse im Körper unterstützen. Fett ist also sehr wichtig! Merken Sie sich vor allem: Essen Sie mehr pflanzliche Öle oder Fisch und weniger Omega-6-Fettsäuren.

STECKT IN: Butter, Butterschmalz, fettem Fleisch, vollfettem Käse, Vollmilch, Süßigkeiten, Torten, salzigen Snacks, Gebackenem und Gebratenem, Nüssen und Saaten und ihren Ölen, fettem Fisch, Avocado.

ZU BEVORZUGEN: pflanzliche Öle, Butter, Butterschmalz, Nüsse & Saaten, fetter Fisch & Avocado.

AUCH GUT ZU WISSEN: Zurzeit wird intensiv über die Auswirkungen von Fett geforscht. Lange Zeit nahm man an, dass gesättigte Fettsäuren den „schlechten" Cholesterinspiegel im Blut erhöhten, was die Wahrscheinlichkeit von Herz- und Gefäßkrankheiten steigerte, während die ungesättigten Fettsäuren im Gegenteil positiv auf den Cholesterinspiegel wirkten. Es scheint aber, dass alles etwas differenzierter ist, vorerst wissen wir aber noch nicht genug darüber. Deshalb gilt zurzeit noch die Richtlinie: Beschränken Sie die Aufnahme von gesättigten Fettsäuren. Wir fügen hinzu: Aber haben Sie auch keine Angst davor! Wenn Sie sie in ihrer natürlichen Form essen (zum Beispiel als Butter), ist das unserer Meinung nach besser als Margarine.

WASSER Superwichtig! Kinder brauchen 1 bis 1,5 Liter pro Tag. Gewöhnen Sie sich an, Durst mit Wasser zu löschen.

BALLASTSTOFFE Wichtig für eine gesunde Darmflora, die Grundlage einer guten Verdauung. Sie sind in allen Arten von Obst und Gemüse enthalten, in Vollkorngetreide, Hülsenfrüchten, Nüssen und Saaten.

PROBIOTIKA: Es kann sinnvoll sein, nach einer Krankheit und/oder einer Antibiotikakur eine Zeitlang ein gutes Nahrungsergänzungsmittel mit Probiotika einzunehmen. Starke Medikamente töten zwar die schädlichen Bakterien und/oder Viren, aber auch die guten. Mit einem Probiotikum erhält der Darm die Möglichkeit, die nützlichen Bakterien wieder aufzubauen. Sie sind auch für Kinder erhältlich.

MIKRONÄHRSTOFFE: VITAMINE & MINERALSTOFFE

	NÖTIG FÜR	STECKT IN
VITAMINE		
A	gutes Sehen, Knochen, Muskeln, Wachstum und Geweberegeneration	Leber, Käse und Milchprodukten. Auch das Betacarotin aus Obst und/oder Gemüse wird in Vitamin A umgewandelt: Mango, Aprikosen (getrocknet), Möhren, Spinat, rote und gelbe Paprika, Brunnenkresse, grünes Blattgemüse und Tomaten
B*	gute Energie und die Aufnahme von Fett und Eiweiß (die wiederum für das Zellwachstum und das Nervensystem gebraucht werden)	Fleisch, Milchprodukten, Vollkorngetreide, Bananen, Orangen, Nüssen, grünem Blattgemüse, Avocado, Champignons und Hülsenfrüchten. Tipp: B12 kommt nur in tierischen Lebensmitteln vor. Wer sich vegetarisch oder vegan ernährt, braucht oft Nahrungsergänzungsmittel.
C	ein gutes Immunsystem und einen ausgeglichenen Hormonhaushalt. Vitamin C wird unter anderem auch für die Aufnahme von Eisen gebraucht	schwarzen Johannisbeeren, Orangen, Kiwis, Mango, grünem Blattgemüse, Rosenkohl, Brokkoli, Kohl, Kartoffeln und Kräuter (unter anderem Petersilie)
D	gutes Sehen, Knochen, Muskeln, Wachstum und Geweberegeneration	Leber, Käse und Milchprodukten. Auch das Betacarotin wird in Vitamin A umgewandelt: Mango, Aprikosen (getrocknet), Möhren, Spinat, rote und gelbe Paprika, Brunnenkresse, grünes Blattgemüse und Tomaten
E	starke Knochen und Zähne und die Aufnahme von Calcium	Sonnenlicht, Ei und fettem Fisch (zum Beispiel Makrele oder Lachs). Vor allem bei Kindern ist es sinnvoll, Vitamin D in Form eines Nahrungsergänzungsmittels zusätzlich einzunehmen.
K	Blutgerinnung, Energieverbrauch und die Bekämpfung von Infektionen	Seetang, grünes Blattgemüse, Kopfsalat, Brokkoli und Hülsenfrüchte
MINERALSTOFFE		
EISEN	gute Verdauung der Nahrung, Aufbau von roten Blutkörperchen und Sauerstofftransport	Rindfleisch, Vollkornbrot, grünem Blattgemüse (Brokkoli, Grünkohl), Hülsenfrüchten, Feldsalat, Kürbiskernen, Datteln und Tofu
CALCIUM	Muskeln, Zähne und Knochen. Hält den Hormonhaushalt im Gleichgewicht.	Fleisch, Käse, Schalen- und Krustentieren, grünem Blattgemüse, Nüssen, Saaten (Mandeln, Kürbiskerne, Sesam), Spinat, Hülsenfrüchten und Vollkorngetreide
ZINK	Immunsystem, Heilung von unter anderem kleinen Wunden	Brot (Zusatz), Jodsalz (Zusatz), Seetang, Spargel, Queller, grünem Blattgemüse
JOD	Stoffwechsel und Schilddrüse	Milch und Milchprodukten, aber auch in grünem Blattgemüse (Spinat, Kohl, Brokkoli), Nüssen und Saaten
MAGNESIUM	Nervensystem, starke Knochen und geschmeidige Muskeln	Fleisch, Milch und Milchprodukten, grünem Blattgemüse, Vollkorngetreide, Nüssen (Cashewkerne, Mandeln), Aprikosen, Bananen, Äpfeln, Avocados und, genau, SCHOKOLADE
SONSTIGE*	* unter anderem Selen, Phosphor, Kalium im Allgemeinen eine Schutzfunktion	Nüssen und Saaten, Hülsenfrüchten, Obst (Erdbeeren, Bananen), Gemüse und Tomaten

1.2 UND WIE KOMMT DAS AUF DEN TELLER?
DIE EASY PEASY TELLERREGEL

JETZT KÖNNEN WIR UNS VORSTELLEN, DASS SIE DENKEN: „GUT UND SCHÖN, DIE GANZEN INFORMATIONEN ÜBER NÄHRSTOFFE. ABER JETZT BITTE MAL KONKRET: WIE MACHE ICH DAS IN DER PRAXIS, OHNE DASS ICH ALLES AUSWENDIG LERNEN MUSS?" DIE EINFACHSTE ESELSBRÜCKE, DIE WIR IHNEN ANBIETEN KÖNNEN, SIND UNSERE BEIDEN TELLERREGEL-VARIANTEN.

TELLERREGEL A
wenn Sie wirklich nicht viel denken wollen

- 50% GEMÜSE
- 25% GETREIDE UND/ODER HÜLSENFRÜCHTE
- 25% EIWEISS WIE FISCH, FLEISCH UND GEFLÜGEL

Wenn Sie sich an diese Tellerregel halten, entweder bei jeder Mahlzeit oder über den Tag verteilt, können Sie einigermaßen sicher sein, dass Sie ausreichend Vitamine und Mineralstoffe zu sich nehmen. Sorgen Sie eventuell noch für etwas Vitamin D (im Winter) und B12, wenn Sie wenig oder keine tierischen Lebensmittel essen.
Obst oder natürlicher Zucker (verarbeitet, zum Beispiel in einem Kuchen) ist auch außerhalb der Mahlzeiten oder bei anderen Gelegenheiten erlaubt.

BEISPIEL
Wenn Ihre Kinder mit einer Schüssel Haferflocken mit Beeren und Saaten anfangen, und mittags Vollkornbrot mit Käse, Gurke und Avocado essen, haben sie relativ viel Getreide gegessen. Dann können Sie abends das Getreide weglassen und Hülsenfrüchte und Eiweiß mit Gemüse kombinieren.

TELLERREGEL B
wenn Sie ein bisschen mehr denken wollen

- 30% GUTE, KOMPLEXE GETREIDESORTEN (HIRSE, HAFER, ROGGEN, BUCHWEIZEN, VOLLKORNREIS) UND HÜLSENFRÜCHTE (LINSEN, KICHERERBSEN, BOHNEN, ERBSEN)
- 30% GEMÜSE SORGEN SIE FÜR ABWECHSLUNG UND VERGESSEN SIE DAS GRÜNE BLATTGEMÜSE NICHT
- 25% EIWEISSREICHE LEBENSMITTEL (NÜSSE, SAATEN, SPROSSEN, FISCH, FLEISCH, MILCHPRODUKTE, EI)
- 10% GUTE FETTE VORZUGSWEISE PFLANZLICH
- 5% OBST UND EXTRAS

Wachsen ist eine sehr intensive Tätigkeit. Kinder haben deshalb einen aktiveren Stoffwechsel als Erwachsene und verbrauchen mehr Energie. Sorgen Sie dafür, dass sie genug davon aufnehmen, sodass ihr Körper sie nutzen kann!

Hülsenfrüchte finden wir total genial! Am besten essen Sie sie täglich. Sie lassen sich nicht so gut in eine Schublade pressen, deshalb führen wir sie hier gesondert auf. Hülsenfrüchte enthalten Kohlenhydrate, aber auch viele Ballaststoffe, B-Vitamine, Eisen und Eiweiß (6 Prozent). Man kann sie also anstelle von Fleisch oder Getreide essen. Noch besser ist es, sie mit Letzterem zu kombinieren, wenn Sie das Fleisch weglassen.
Achtung: Sind Sie es nicht gewohnt, so oft Hülsenfrüchte zu essen? Bauen Sie das dann systematisch auf. Wegen des hohen Ballaststoffanteils können sie für den Darm eine Belastung sein.

SO WIRD'S GEMACHT

SO WIRD'S GEMACHT 2

EASY PEASY BAUKASTEN

WAS GIBT ES ALS PAUSENBROT UND WIE BAUT MAN EINEN SMOOTHIE AUF?
— *Schnellkurs* —

IN DIESEM ANLEITUNGSTEIL LESEN SIE, WIE SIE EINE NÄHRSTOFFREICHE PAUSENVERPFLEGUNG ZUSAMMENSTELLEN, DIE IHREM KIND GENUG ENERGIE LIEFERT, SCHMECKT UND DIE FREUNDE BEEINDRUCKT. WIR ZEIGEN AUSSERDEM, WIE SIE EINEN SMOOTHIE ZUBEREITEN, DER A) NAHRHAFT IST UND B) NACH ETWAS SCHMECKT. WENN SIE DIE AUSGANGSPUNKTE KENNEN, KÖNNEN SIE SELBST MIT DEM EXPERIMENTIEREN, WAS SIE ZU HAUSE HABEN.

IM KAPITEL „SCHULE & FREUNDE" STEHEN VIER AUSGEARBEITETE IDEEN FÜR EINE NICHT GANZ ALLTÄGLICHE BROTDOSE. VIELLEICHT ERSCHEINEN IHNEN DIESE VARIANTEN NOCH ETWAS ZU ABENTEUERLICH, DESHALB HIER NOCH EIN PAAR NORMALERE VORSCHLÄGE.

FÜR DIE FÜLLUNG DER BROTDOSE KÖNNEN SIE SICH AN TELLERREGEL A HALTEN
- 50% **Gemüse** (was auf dem Brot liegt, zählt auch, und Sie können die Dose auch teilweise mit Obst füllen)
- 25% **Getreide**
- 25% **Eiweiß/Fett**

Bei uns sind ein Teil des Gemüses, das Getreide und das Eiweiß oft in einem Rezept verarbeitet und füllen damit etwa 50 % der Brotdose. Den Rest füllen wir dann abwechselnd mit Obst, Snacks oder noch mehr Gemüse.

DIE BROTDOSE FÜLLEN: SELBER MACHEN
Es wäre natürlich toll, wenn Ihre Kinder ab einem bestimmten Zeitpunkt ihre Brotdose selbst fertigmachen würden. Oft finden sie das ab einem gewissen Alter auch spannend. Stellen Sie aus jeder Kategorie verschiedene Möglichkeiten auf den Frühstückstisch und lassen Sie sie selbst auswählen, indem Sie folgenden Schritt-für-Schritt-Plan vorgeben. →

2.1 DAS GIBT ES ALS PAUSENBROT

SCHRITT 1
OBST AUSWÄHLEN

Apfel
Banane
Birne
Mandarinen
Trauben
Erdbeeren
Himbeeren
Mango
Heidelbeeren
Brombeeren
Kiwi
Granatapfelkerne

SCHRITT 2
GEMÜSE ODER SNACK ZUSÄTZLICH AUSWÄHLEN

Gurke
Möhre
Paprika
Edamame
Trockenobst
Stück dunkle Schokolade
Müsliriegel
Reiswaffeln
Vollkornmatze

2.2 DAS KOMMT IN DEN TRINKBECHER

TRINKEN NICHT VERGESSEN! AM BESTEN IST WASSER, ABER WENN ES ETWAS MIT GESCHMACK SEIN SOLL, NEHMEN SIE TROTZDEM KEINE FERTIGPACKUNG VOLLER ZUCKER, SONDERN FÜLLEN SIE ZU HAUSE EINE PLASTIK- ODER METALLFLASCHE. SO KÖNNEN SIE DAS GEWÜNSCHTE GETRÄNK MIT WASSER VERDÜNNEN.

AUCH LECKER:
Kokoswasser
(Achtung: möglichst ungesüßt und von jungen Kokosnüssen)
Tee
Smoothie
Saft mit Wasser

2.3 DAS GIBT ES IN DER MITTAGSPAUSE

SCHRITT 1
BROT ODER GETREIDESORTE AUSWÄHLEN

Dinkelbrot
Sauerteigbrot
Reisbrot
Vollkornbrot
Vollkornwrap
Pitabrot
Reiswaffeln
Buchweizenpfannkuchen
Quinoa
Couscous
Hülsenfrüchte
Dinkelpasta

SCHRITT 2
EIWEISS UND FETT AUSWÄHLEN

Ei
Huhn
Fleischwaren
Fisch
Mayonnaise
Nussmus
Saaten und Körner
Hummus
Avocados
Käse (Feta, Ziege, Schaf)

SCHRITT 3
EXTRA GEMÜSE AUSWÄHLEN
(EVENTUELL MIT DIP)

Möhre
Gurke
Cocktailtomaten
Stangensellerie
grüne Bohnen
Brokkoli
Zuckererbsen
Blumenkohl
Radieschen
Rettich

SCHRITT 4
SNACK AUSWÄHLEN*

Müsliriegel
Bananenbrot
Gemüsemuffin
dunkle Schokolade
Nuss- & Saatenmix
Trockenobst
Joghurt
Oliven

*Die Rezepte für viele dieser Snacks finden Sie ab Seite 201.

2.4 SMOOTHIE-BAUANLEITUNG
SMOOTHIE-BAUANLEITUNG

SIE SOLLTEN WISSEN, WIE SIE IHREN SMOOTHIE SO NAHRHAFT WIE MÖGLICH MACHEN. SCHAUEN SIE NACH, WAS SIE ZU HAUSE HABEN, UND KOMBINIEREN SIE ES IM MIXER. DER TRICK DABEI IST, NICHT MIT EINER ALLZU GROSSEN FRUCHTZUCKERANSAMMLUNG ZU ENDEN.

SCHRITT 1
FLÜSSIGKEIT AUSWÄHLEN
(1 Glas)

Wasser, Kokoswasser, Pflanzendrink, abgekühlter Kräutertee

SCHRITT 2
GEMÜSE AUSWÄHLEN
(1–2 Handvoll, ruhig tiefgekühlt)

Spinat, Grünkohl, Wirsing, Mangold, Pak Choi, Brunnenkresse, Romana-Salat, Endivie, Portulak, Stangensellerie

SCHRITT 3
ZUSÄTZLICHE ENERGIE AUSWÄHLEN
(je nach Auswahl: 1–2 Esslöffel)

pflanzliches Eiweißpulver, Blütenpollen, Chiasamen, Hanfsamen, Maulbeeren, Algenpulver (Spirulina, Chlorella), Macapulver, Rohkakao, Ingwer, Zimt, Kardamom, Vanille, Petersilie, Koriander, Basilikum

SCHRITT 4
SÜSSMITTEL AUSWÄHLEN
(nach Belieben gefroren, nicht zu viel)

Banane, Heidelbeeren, Äpfel, Birnen, Kiwis, Ananas, Beeren, Mango, Melone, Datteln, Kokos, Honig

SCHRITT 5
FETT ZUFÜGEN
(je nach Auswahl: 1–2 Esslöffel)

Avocado, Nüsse, Saaten und Körner, Nussmus, Tahini, Öl (Omega-Öl, Nussöl, Olivenöl oder Kokosöl)

EXTRA
EISWÜRFEL ODER WASSER

SO WIRD'S GEMACHT 3

EASY PEASY VORRAT

GESUNDE ALTERNATIVEN, MIT DENEN SIE UNKOMPLIZIERT
DIE RICHTIGE ENTSCHEIDUNG TREFFEN.

- nehmen Sie nicht dies, sondern lieber das -

Gesünder zu essen bedeutet oft auch, dass Sie neue Lebensmittel entdecken. Das ist manchmal gewöhnungsbedürftig, wenn Sie nicht mehr auf Autopilot einkaufen können. Im Kapitel „Die Basis" zählen wir auf, was alles in unserem Einkaufswagen landet (siehe auch Seite 49). Mit diesem Anleitungskapitel wollen wir zeigen, wie leicht Sie altvertraute Produkte durch gesunde Alternativen ersetzen. Mit anderen Worten: Nehmen/essen/kaufen Sie nicht dies, sondern das!

3.1 UNSERE LIEBLINGS-ALTERNATIVEN
BEIM BACKEN

LIEBER NICHT	... SONDERN BESSER
Weißmehl	Buchweizen-, Dinkel-, Quinoa- Kichererbsenmehl, Mandel- oder Kokosmehl
	feines Dinkel- oder Vollkornmehl, weißes oder schwarzes Bohnenpüree
Zucker	Bananen, Datteln, Zimt, Honig, Ahornsirup, Kokosblütenzucker, Lucumapulver
Sahne	Cashewcreme, Quark, Joghurt, Kokosmilch
Butter	Kokosbutter, Avocado, Banane
Eier	1 EL Chiasamen (herzhaftes Gericht) oder 50 g Apfelmus (süßes Gericht)
saure Sahne	Joghurt
Schokostückchen	Kakaonibs (Kakaosplitter)

3.2 UNSERE LIEBLINGS-
ALTERNATIVPRODUKTE

LIEBER NICHT   ... SONDERN BESSER

LIEBER NICHT		... SONDERN BESSER
geschälter Reis	→	Vollkornreis, Quinoa, Amarant, Hirse
weiße Nudeln	→	Vollkorn- oder Dinkelpasta, Zucchinetti (siehe Seite 99)
Weißbrot	→	vollwertiges Brot: Dinkel-, Sauerteig-, Vollkornbrot (vom Bäcker)
weißer Couscous	→	Vollkorn- oder Blumenkohlcouscous*
normale Tortilla	→	Vollkorn- oder selbst gemachte Tortilla (siehe Seite 89)
weiße Pita	→	Vollkornpita
Toastbrot und Cracker	→	Vollkorn- oder Dinkelmatzen
Pommes	→	Gemüsefritten (beispielsweise aus Süßkartoffeln) oder -chips (siehe Seite 138)
Olivenöl (zum Braten)	→	Butterschmalz, Kokosbutter
Fruchtsäfte	→	Wasser und Obst
Fruchtsmoothie	→	grüner Smoothie (nach Geschmack mit etwas Obst)
Limonade	→	Kräutertee
Milchschokolade	→	dunkle Schokolade mit 85 % Kakaoanteil
(Kuh-)Milch	→	Pflanzendrinks
(Schlag-)Sahne	→	Joghurt
Milchdessert	→	Joghurt und Obst
Knuspermüsli	→	Müsli oder selbst gemachtes Knuspermüsli
Weingummis	→	Trockenobst

* So machen Sie Couscous aus Blumenkohl: Den Blumenkohl in große Stücke hacken und in der Küchenmaschine fein mixen. Danach genau wie Couscous zubereiten.

SO WIRD'S GEMACHT 4

SPARTIPPS

„GESUND ESSEN? DAS KANN MAN DOCH NICHT BEZAHLEN!" ES IST SICHER NICHT DAS ERSTE MAL, DASS SIE DIESEN SATZ HÖREN ODER AUCH SELBST SAGEN. UND IRGENDWO IST ER AUCH GAR NICHT SO FALSCH: FÜR EINE FRISCHE, NÄHRSTOFFREICHE, VOLLWERTIGE MAHLZEIT BEZAHLT MAN OFT MEHR ALS FÜR EIN FERTIGGERICHT. UND FÜR DREI KINDER AN FÜNF TAGEN IN DER WOCHE EINE FLASCHE KOKOSWASSER MACHT SICH IM GELDBEUTEL MEHR ALS BEMERKBAR. AUSSERDEM MÜSSEN SIE AUCH NOCH DIE ZEIT FINDEN, FRISCHE PRODUKTE ZU KAUFEN UND DAS ESSEN ZU PLANEN, DAMIT SIE NICHT DIE HÄLFTE DAVON WEGWERFEN MÜSSEN. HIER BIETEN WIR TIPPS & TRICKS, DIE IHNEN HELFEN, AUF UNKOMPLIZIERTE, INTELLIGENTE ART UND WEISE GESUND EINZUKAUFEN, AUFZUBEWAHREN, ZU KOCHEN UND AUCH NOCH DEN GELDBEUTEL ZU SCHONEN.

ABER ZUERST NOCH EINE ANMERKUNG:

Ist gesundes Essen zu teuer oder ist ungesundes Essen zu billig? Früher (Sie wissen schon, damals, als alles besser war) arbeitete man vor allem für das Essen. Heute arbeiten wir zwar immer noch für unser Essen, aber auch für den Urlaub oder das zweite Paar Stiefel, das wir unbedingt brauchen. Essen? Das gehört zur Grundversorgung, darauf haben wir ein Recht und wir wollen nicht allzu viel von unserem Etat dafür verwenden. Wir betrachten 2,80 Euro für 500 g Hackfleisch als normal. Obwohl das bei etwas Nachdenken gar nicht so logisch ist, und schon gar nicht realistisch. Denn für unter 3 Euro bekommt man nie im Leben ein gutes Stück Kuh von der Weide auf den Teller.

SUPERSIZE – BRAUCHEN WIR ALL DAS ESSEN WIRKLICH?

Wir essen einfach zu oft und zu viel. Zum Beispiel Käse. Seien wir ehrlich: Es ist ein Riesenunterschied zwischen dem Käse, den man direkt ab Hof kauft (und der mit unverfälschten Zutaten und vor allem viel Liebe hergestellt wurde) und dem aus dem Supermarkt. Für diesen Unterschied legen wir einiges Geld auf den Tisch. Wer hat sich überhaupt ausgedacht, dass wir unbedingt jeden Tag vier belegte Brote mit Käse essen müssen? Mit so einem Stück kommen wir also ohne Probleme etwas länger aus. Sie können ebenso beschließen, nicht jeden Tag Fleisch zu essen (das ist auch besser für Sie, für die Tiere und für die Umwelt), und wenn Sie welches essen, ein supergutes Stück(chen) Biofleisch zu kaufen.

SIE HABEN NUR EINEN KÖRPER!

Dass Ihr Körper gut aussieht, wenn Sie erholt und braungebrannt aus dem Urlaub kommen, wollen wir gar nicht bestreiten. Aber das Innere Ihres Körpers und dem Ihrer Kinder hat ebenfalls das Allerbeste verdient. Und darauf könnten Sie vielleicht doch einen etwas größeren Teil Ihres Etats verwenden, als es jetzt der Fall ist. Sie haben nur einen Körper, pflegen Sie ihn! Manchmal sind bestimmte Produkte dann teurer, als Sie bisher gewohnt sind. Aber Sie wollen Ihren Körper doch auch mit guten Lebensmitteln ernähren, anstatt ihn mit ungesundem Müll vollzustopfen? Je echter Sie essen, desto seltener haben Sie das Bedürfnis, den ganzen Tag vor sich hin zu futtern. Das trägt dazu bei, dass Sie weniger essen, und das ist wiederum besser für Ihren Geldbeutel.

Mit anderen Worten:
Vielleicht stimmt der Preis für all das gesunde (saubere, echte, schöne) Essen ja doch, und die Art, wie wir essen, und die Prioritäten, die wir setzen, passen nicht.

4.1 SPARTIPPS
LET'S GET PRACTICAL

TIPP 1: PLANEN SIE VORAUS
Alles steht und fällt mit einer guten Vorbereitung: Überlegen Sie für mehrere Tage, was Sie essen wollen, und kaufen Sie alles auf einmal ein. Das gelingt uns nicht immer, aber wir wissen, dass wir eine Menge Geld (und Zeit) sparen könnten, wenn wir es schaffen würden. Achten Sie auf Kombinationsmöglichkeiten: Nehmen Sie die eine Hälfte des Kohlkopfs für einen Salat und braten Sie den Rest zwei Tage später im Wok für ein fernöstliches Gericht.

TIPP 2: CLEAN OUT THAT FRIDGE
Prüfen Sie, ob Sie aus dem, was im Kühlschrank, Gefrierfach oder Keller steht oder liegt, etwas Sinnvolles zusammenkratzen können. Wetten, dass dabei überraschend leckere Kombinationen entstehen? Gemüsereste verarbeiten Sie zu Pastasauce oder Suppe. Was übrig bleibt, wird zu Salat oder landet im Gefrierfach (mit einem Etikett versehen, und es wird innerhalb von drei Monaten gegessen).

TIPP 3: FÜLLEN SIE DAS GEFRIERFACH
Bereiten Sie von der Lieblings-Pastasauce, dem besten Bohneneintopf oder Curry eine größere Portion zu und frieren Sie die Hälfte ein, bevor Sie die Schüsseln auf den Tisch stellen. So essen nicht alle zwei Portionen oder mehr, und Sie haben ein gesundes Essen in Griffweite für die Gelegenheiten, wenn Sie keine Zeit haben. Servieren Sie dazu einen (Rohkost-) Salat, und fertig ist die gesunde Mahlzeit.

TIPP 4: KAUFEN SIE GESUND UND PREISWERT
Es gibt genügend Lebensmittel, die gesund und preiswert sind. Eine Dose oder ein Beutel (weiße, braune, Kidney-) Bohnen zum Beispiel oder grünes Gemüse wie Brokkoli, Spinat oder Kohl. Tomaten und Vollkornreis. Frische Kräuter. Aber auch Gemüse und Obst aus der Gefriertruhe: Was den Nährwert angeht, brauchen Sie sie nicht links liegen zu lassen. Sie enthalten sogar oft mehr Vitamine und Mineralstoffe als das, was durch halb Europa gereist ist, bevor es in der „Frische"-Abteilung des Supermarkts ankommt.

TIPP 5: KAUFEN SIE SAISONAL, BEIM TÜRKEN, AUF DEM FISCH- ODER BAUERNMARKT
Es dauert vielleicht etwas länger, die verschiedenen Läden aufzusuchen, aber es lohnt sich. Wenn Sie Fisch direkt beim Züchter kaufen und Obst und Gemüse auf dem Markt, dann essen Sie nicht nur öfter Ware der Saison (dann stimmt der Preis und die Sachen schmecken besonders gut), Sie kommen oft auch billiger weg. Spargel aus heimischem Boden schmeckt einfach besser als der aus Peru importierte, und Erdbeeren gibt es im Sommer. Punkt. Wenn Sie entsprechend der Saison essen, sorgt das für mehr Abwechslung auf dem Teller, und das ist wiederum gut für den Körper.

TIPP 6: KAUFEN SIE GROSSE MENGEN
Gerade 'trockene' Lebensmittel gibt es (auch online) billiger, wenn Sie größere Mengen kaufen. Finden Sie heraus, wo und für welche Produkte das gilt, bestellen Sie und machen Sie Ihr Schnäppchen. Achten Sie auf Sonderangebote in Ihrem Lieblingsladen. Sind Ihre bevorzugten healthy products heruntergesetzt? Dann schlagen Sie bei Buchweizennudeln, Quinoa, Kräutertee und Dinkelmehl zu! Legen Sie einen guten Vorrat an. Damit ist gleich dafür gesorgt, dass Sie nicht jede Woche alle Läden ablaufen müssen.

TIPP 7: FÜHREN SIE EINEN MEATLESS MONDAY EIN
Ein Stück (Bio-)Fleisch reißt ein beachtliches Loch in die Haushaltskasse. Also führen Sie den Meatless Monday ein! Es gibt genügend Alternativen, wie Hülsenfrüchte, Quinoa, Tofu, Nüsse und Saaten. In diesem Buch sollten Sie die eine oder andere Anregung finden.

TIPP 8: DO IT YOURSELF
Versuchen Sie, Abgepacktes zu vermeiden und essen Sie Loses. Das schmeckt besser, ist gesünder und schont den Geldbeutel. Sie können aus Puffmais problemlos selbst Popcorn machen. Einen ganzen Topf voll. Und schon gar nicht sollten Sie auf den besten aller Marketingtricks hereinfallen: 1,60 bezahlen für eine halbvolle Packung so genannten Pfannkuchen-Mix, zu dem Sie auch noch die Milch geben. Eine Tüte Mehl, ein paar Eier und etwas Milch ist alles, was Sie brauchen, um ungefähr vierzig Pfannkuchen zu backen. Legen Sie ein Gemüsebeet an, im Garten oder auf dem Balkon. Das kostet nicht nur wenig, Ihre Kinder können dabei auch allerhand lernen.

TIPP 9: MACHEN SIE KLEINE PORTIONEN
Von gutem Essen brauchen Sie kleinere Portionen und Mengen. Jeden Tag ein Stück Fleisch auf dem Teller oder Käse auf dem Brot? Nicht nötig! Lieber zweimal pro Woche ein Stück richtig gutes Fleisch, als jeden Tag einen Kiloknaller.

TIPP 10: SETZEN SIE ANDERE PRIORITÄTEN
Betrachten Sie Ihren Gesamtetat neu. Wie viel von Ihren Ausgaben fließt wohin? Könnte Essen daran einen größeren Anteil einnehmen?

SO WIRD'S GEMACHT

4.2 LIEBLINGS-OBST & GEMÜSE

OBST UND GEMÜSE DER SAISON

Derzeit finden Sie im Supermarkt das ganze Jahr über sämtliche Obst- und Gemüsearten. Und eigentlich wird jedes Gemüse – abgesehen von Zuckererbsen, Süsskartoffeln, Artischocken und Avocados – auch hierzulande oder in unmittelbarer Nachbarschaft angebaut. Vielleicht nicht das ganze Jahr über. So gibt es zum Beispiel Queller nur im Sommer, Grünkohl, Steckrüben, Pastinaken, Kürbis, Schwarzwurzeln, Wirsing und Rosenkohl dagegen nicht.

Inzwischen sind eine Reihe von Obst- und Gemüsekalendern im Umlauf. Online finden Sie viele Varianten, teils nur mit Obst und Gemüse, das hier angebaut wird, teils auch mit Produkten, die von weit(er) herkommen, wobei dann die Umweltbelastung mit berücksichtigt wird. Deshalb zählen wir hier nicht alle Sorten auf, sondern nennen nur jene, die Sie unserer Meinung nach, was Geschmack, Preis und manchmal auch Umweltbelastung angeht, am besten nur in der Saison kaufen.

GEMÜSE

Spargel	⟶	April bis Juni
Grünkohl	⟶	Dezember bis Februar
Erbsen	⟶	Mai bis Juli
Rhabarber	⟶	April bis Juli
Pastinaken	⟶	Oktober bis Februar
Tomaten	⟶	Mai bis September
Rosenkohl	⟶	Dezember bis Februar
Queller	⟶	Mai bis September

OBST

Mango	⟶	November bis April
Erdbeeren	⟶	Mai bis Juli
Kirschen	⟶	Juni bis Juli
Pfirsiche	⟶	Juli bis September
Cranberrys	⟶	September bis Oktober
Mandarinen	⟶	Oktober bis März

4.3 HALTBARKEIT UND EINFRIEREN

KEEP IT COOL!

WIR WERFEN INSGESAMT VIEL ZU VIELE LEBENSMITTEL WEG. DAS IST AUS VIELEN GRÜNDEN EINE SCHANDE, UND ES BELASTET AUSSERDEM UNNÖTIG IHREN GELDBEUTEL. DAS ANGEGEBENE HALTBARKEITSDATUM BESTIMMT OFT, OB WIR ETWAS WEGWERFEN. NICHT SELTEN IST DAS DANN GAR NICHT NÖTIG. ES IST NÜTZLICH, EINSCHÄTZEN ZU KÖNNEN, WIE LANGE SICH ETWAS HÄLT UND WIE SIE ES AM BESTEN AUFBEWAHREN: IM KÜHLSCHRANK, IM VORRATSSCHRANK ODER IM GEFRIERFACH. ZEIT FÜR EINEN ÜBERBLICK!

Fleisch, Fisch und Geflügel

	UNGEÖFFNET	GEÖFFNET
Huhn	2 Tage*	0 Tage*
Fleisch	3 Tage*	0 Tage*
Fleischwaren	2 Wochen*	1 Woche*
Fisch	2 Tage*	0 Tage*
Schalen- und Krustentiere	2 Tage*	0 Tage*

Milchprodukte und Eier

	UNGEÖFFNET	GEÖFFNET
Hartkäse	4 Monate*	1 Monat*
Weichkäse	2 Wochen*	1 Monat*
Butter	3 Monate*	
Frischkäse	2 Monate*	2 Wochen*
Eier	5 Wochen*	
Milch und Sahne	3 Tage*	2 Tage*
Joghurt	2 Wochen*	1 Woche*
Tofu	3 Wochen*	1 Woche*
Mayonnaise	3 Monate	2 Monate

Obst und Gemüse

Äpfel	3 Wochen (separat lagern)
Blaubeeren	1 Woche*
Erdbeeren & Himbeeren	3 Tage*
Bananen	1 Woche
Kiwi	1 Woche (separat lagern)
Brokkoli, Blumenkohl	1 Woche*
Spinat, Kohl	3 Tage*
Kräuter	3 Tage*
Blattsalat	4–5 Tage*
Champignons	1 Woche*
Zitronen	3 Wochen*
Zwiebeln, Knoblauch	2 Monate
Kartoffeln	3 Wochen
Tomaten	3 Tage
Kürbis	3 Monate

* Alle Produkte mit * bewahren Sie (ungeöffnet und geöffnet) im Kühlschrank auf.

Im Vorratsschrank

	UNGEÖFFNET	GEÖFFNET
Reis	1 Jahr	6 Monate
Nudeln	2 Jahre	2 Jahre
Honig, Ahornsirup	1 Jahr	6 Monate
Nussmus	9 Monate	3 Monate
Öl	1 Jahr*	6 Monate

AB INS GEFRIERFACH!

OHNE GEFRIERFACH WÄREN WIR VERLOREN: SELBST GEBACKENES BROT, BANANEN, PASTASAUCE, TIEFKÜHLOBST UND -GEMÜSE LIEGEN GRIFFBEREIT IN DEN FÄCHERN, WENN DER SMOOTHIE ODER DAS ESSEN SCHNELL FERTIG WERDEN SOLL.

In der Gefriertruhe

Fleisch	3–8 Monate
Fisch	4 Monate
Gemüse	
Fertig geschnitten/Rohkost	3 Monate
Allgemein	12 Monate
Obst	8–12 Monate
Essensreste	3 Monate

Steht auf einem Lebensmittel: „Mindestens haltbar bis"? Dann verdirbt es nicht so schnell, auch nicht nach dem angegebenen Datum. Die Qualität und der Geschmack lassen allerdings mit der Zeit nach. Steht dagegen auf der Verpackung: „zu verbrauchen bis", handelt es sich um ein verderbliches Lebensmittel, das eine Gefahr für die Gesundheit darstellen kann, wenn das angegebene Datum verstrichen ist. Dann also besonders genau mit allen Sinnen prüfen und im Zweifelsfall doch lieber wegwerfen.

8 TIPPS ZUM EINFRIEREN

1

LASSEN SIE GEKOCHTES GUT ABKÜHLEN, BEVOR SIE ES EINFRIEREN.
(Stellen Sie es in eine Schüssel mit kaltem Wasser, wenn Sie keine Zeit haben, zu warten.)

2

KENNZEICHNEN SIE DOSEN UND BEUTEL MIT DEN ZUTATEN UND DEM DATUM.
Denken Sie nicht: „Das kann ich mir merken", denn das klappt nie.

3

GEMÜSE WIRD ZUERST BLANCHIERT,
anschließend mit sehr kaltem Wasser abspülen und gut abtropfen lassen, dann erst einfrieren.

4

GEMÜSE, DAS VIEL FEUCHTIGKEIT ENTHÄLT, FRIEREN SIE BESSER NICHT EIN.
Zum Beispiel Gurken, Tomaten, Blattsalat.

5

OBST MÜSSEN SIE SEHR SCHNELL EINFRIEREN,
wenn es nach dem Auftauen noch halbwegs lecker sein soll. Dazu stellen Sie das Gefrierfach (vorübergehend) auf −24 °C.

6

SCHÄLEN UND/ODER ENTSTEINEN.
Obst mit Schale und/oder Kernen bzw. Steinen muss vor dem Einfrieren davon befreit werden.
Zum Beispiel Äpfel, Birnen, Melonen, Bananen und Mangos.

7

FRIEREN SIE LEBENSMITTEL NICHT ZWEIMAL EIN.
Also nicht: auftauen, etwas davon verwenden und den Rest wieder einfrieren. Bakterien hören vielleicht auf sich zu vermehren, sobald es richtig kalt wird, aber sie fangen auch gleich wieder damit an, wenn Sie das Essen aufwärmen. Oft waren Fisch (und manchmal auch Fleisch) im Supermarkt schon eingefroren. Das können Sie auf der Verpackung feststellen.

8

VAKUUMVERPACKEN
Wenn Sie Fisch oder Fleisch direkt beim Züchter oder Metzger kaufen, bitten Sie darum, dass es vakuumverpackt wird. Das können Sie so direkt ins Gefrierfach legen.

4.4 SCHNELLKURS ETIKETTEN LESEN
READ THAT THING!

DIE MEISTEN ETIKETTEN TUN SICH NICHT DURCH KLARE GESTALTUNG HERVOR. SICH BEDENKENLOS AN TRENDS ODER LOGOS ZU ORIENTIEREN GENÜGT IN DER REGEL NICHT. MIT GESUNDEM MENSCHENVERSTAND KOMMEN SIE OFT SCHON RECHT WEIT, ABER MANCHMAL IST ETIKETTEN LESEN DIE EINZIGE MÖGLICHKEIT. SO GEHT ES:

Damit Produkte attraktiv(er) aussehen, billiger hergestellt werden können, länger haltbar sind oder besser schmecken, wird ihnen alles Mögliche zugesetzt: z. B. Farb-, Duft- und Aromastoffe, Konservierungsmittel, Säuren, Antioxidantien, Emulgatoren, Verdickungsmittel, Trennmittel, Überzugsmittel, Zucker und Süßstoffe. Wie können Sie da schnell entscheiden, während Sie einkaufen? Was wollen Sie haben und was nicht?

SO FINDEN SIE SCHNELL DAS BESTE PRODUKT

1
Je weniger Zutaten, desto besser. Je länger die Liste, desto größer ist die Wahrscheinlichkeit künstlicher Zusatzstoffe.

2
Die zuerst genannte Zutat macht den größten Anteil aus. Wenn auf dem Etikett eines „gesunden" Fruchtsaftgetränks steht: „Wasser, Zucker, Äpfel", wissen Sie schon, dass nicht allzu viele Äpfel darin enthalten sind.

3
Nährwerte werden meist pro 100 g angegeben, nicht pro Portion. Glücklicherweise ändert sich das aber nach und nach.

4
Kilokalorien (kcal) sagen noch nicht alles. Es geht auch um den Nährstoffgehalt und die Reinheit der Zutaten. Etwas mit 0 % Fett und 0 kcal kann immer noch voller chemischer Süßstoffe stecken.

5
Light bedeutet meist um ein Drittel weniger Fett oder Zucker oder Kalorien. Es bedeutet nicht, dass Sie davon unbegrenzt essen können. Im Gegenteil, oft werden für die Light-Version nützliche Nährstoffe aus dem Produkt entfernt.

6
0 % Fett bedeutet oft, dass Kohlenhydrate als Füllstoff zugesetzt wurden. Das Produkt soll schließlich „Körper" haben.

7
1 g Natrium = 2,4 g Salz. Höchstens 6 g Salz pro Tag ist die empfohlene Menge. Mit anderen Worten: Wir essen fast alle zu viel Salz.

8
Manchmal werden Zusatzstoffe mit dem Namen angegeben, manchmal als E-Nummer. Süßstoff hat zum Beispiel die Nummern E 950, 951 oder 954 und kann Acesulfam-K, Aspartam, Saccharin oder Süßstoff heißen.

9
Zum Schluss noch ein Tipp zum superschnellen Etikettenlesen: Können Sie den Namen einer Zutat nicht aussprechen? Don't eat it!

SO WIRD'S GEMACHT

REGISTER

A

Acai-Kokos-Schale 76
Amarant: Amarantbrei mit Himbeeren,
  Heidelbeeren & Haselnüssen 76
  Knuspriges Hähnchenfilet mit gemischtem
    Gemüse & Vollkornreis 84
Äpfel
  Apfel-Erdbeer-Ananas-Schmuck 156
  Haferflocken aus dem Ofen mit Apfel,
    getrockneten Beeren, Zimt & Ahornsirup 73
  Mini-Apfeltaschen 158
  Ochsenaugen mit Marmelade 165
  Schokofrüchte mit Kokosstreusel 151
Avocado
  Avocado, Ei & Käse 197
  Avocado-Zitronen-Hummus 137
  Avocadodip 89
  Azukibohnen, Queller, Wirsing, Avocado &
    Ricotta 197
  Bunte Pasta mit Basilikum-Avocado-Pesto,
    grünem Spargel & Feta 99
  Ei-Wraps 79
  Hüttenkäse, Lachs & Avocado 93
  Kartoffelsalat mit Avocados & Kresse 129
  Knuspriger Tofu mit schwarzen Bohnen,
    Tomaten, Guacamole & Zitrone 90
  Quinoa-Huhn im Glas mit Avocado-
    Zitronen-Dressing 128
  Rosa Eiweiß-Powershake 178
  Zucchinetti mit Zwiebel-Zitronen-Pesto 99

B

Bananen
  Acai-Kokos-Schale 76
  Bananen-Haferflocken-Brot 61
  Brokkoli-Schokoladen-Muffins 152
  Erdbeer-Bananen-Eis mit Vanille & Minze 105
  Frühstückskuchen Slow Joe 62
  Reisbrei mit Mandeldrink, Bananen & Roten
    Johannisbeeren 67
  Rosa Eiweiß-Powershake 178
  Schokofrüchte mit Kokosstreusel 151
Beeren
  Acai-Kokos-Schale 76
  Amarantbrei mit Himbeeren, Heidelbeeren &
    Haselnüssen 76
  Blätterteigtörtchen mit Aprikosen,
    Brombeeren & Himbeeren 114

Buchweizensmoothie mit roten Früchten 68
Clown von Tante Jeanne 103
Erdbeer-Bananen-Eis mit Vanille & Minze 105
Joghurt-Fruchtherzen & -bällchen 168
Joghurt mit Beerenpüree & Pistazien 76
Rainbow Pancakes mit essbaren Blüten 113
Reisbrei mit Mandeldrink, Bananen & Roten
  Johannisbeeren 67
Rosa Eiweiß-Powershake 178
Schoko-Himbeer-Gugelhupf mit Zucchini &
  Süßkartoffel 117
Blätterteigtörtchen mit Aprikosen, Brombeeren
  & Himbeeren 114
Blumenkohl
  Bunte Gemüsespieße 133
  Fischpäckchen mit Blumenkohl-Brokkoli-
    Käse-Kroketten 85
  Gegrilltes Gemüse mit Käse 133
  Schnelles Blumenkohl-Süßkartoffel-Curry 194
Bohnen
  Azukibohnen, Queller, Wirsing, Avocado &
    Ricotta 197
  Bohnen-Erdnussbutter-Plätzchen 162
  Hummus aus schwarzen Bohnen 137
  Hummus aus weißen Bohnen 137
  Kidneybohnen mit Gemüsesauce, Crème
    fraîche & Avocadodip 89
  Knuspriger Tofu mit schwarzen Bohnen,
    Tomaten, Guacamole & Zitrone 90
  Knuspriges Hähnchenfilet mit gemischtem
    Gemüse & Vollkornreis 84
Brokkoli
  Brokkoli-Schokoladen-Muffins 152
  Ei-Muffins 79
  Fischpäckchen mit Blumenkohl-Brokkoli-
    Käse-Kroketten 85
  Gemüsequiche 141
  Sesam-Buchweizennudeln
    mit Brokkoli & Huhn 193
Brotbeläge 64, 65

C

Chips *siehe* Snacks
Couscous: Grüner Couscous mit Champignons
  & Cashewkernen 190
Curry: Kichererbsen-Lauch-Curry mit
  Weißfisch & Ziegenkäse 90
  Schnelles Blumenkohl-Süßkartoffel-Curry 194

D

Desserts
  Clown von Tante Jeanne 103
  Erdbeer-Bananen-Eis mit Vanille &
    Minze 105
  Gegrillter Pfirsich mit Joghurt, Mandeln &
    Honig 103
  Joghurt-Fruchtherzen & -bällchen 168
  Kokos-Beauties 154
  Mini-Apfeltaschen 158
  Natürliche Weingummis 170
  Schokofrüchte mit Kokosstreusel 151
  Schokofudge 170
Dips
  Avocado-Zitronen-Hummus 137
  Griechischer Hummus 137
  Grüner Kräuterhummus 137
  Hummus aus schwarzen Bohnen 137
  Hummus aus weißen Bohnen 137
  Joghurt-Minze-Dip 93
  Klassischer Hummus 137

E

Eintopf aus Knollensellerie, Kichererbsen &
  Roten Beten mit Würstchen 85
Erbsen
  Ei-Muffins 79
  Grüner Couscous mit Champignons &
    Cashewkernen 190
  Knuspriges Hähnchenfilet mit gemischtem
    Gemüse & Vollkornreis 84
  Quinoa-Fischfrikadellen 121
Erdbeer-Bananen-Eis mit Vanille & Minze 105

F

Falafel-Nuss-Bällchen 204
Fisch & Meeresfrüchte
  Eiertöpfchen 79
  Fischpäckchen mit Blumenkohl-Brokkoli-
    Käse-Kroketten 85
  Gegrilltes Lachsfilet mit Kräuterkruste,
    Ofenkartoffeln & Romanesco 84
  Hüttenkäse, Lachs & Avocado 93
  Kartoffelsalat mit Avocados & Kresse 129
  Kichererbsen-Lauch-Curry mit Weißfisch &
    Ziegenkäse 90
  Quinoa-Garnelen-Frikadellen 121

Vollkornwraps mit Makrele, Feldsalat,
    Gurken & Mayo 126
Flammkuchen mit Sauerkraut &
    Wurststückchen 126

G
Gemüse, gegrilltes, mit Käse 133
Gemüsequiche 141
Getränke 181
    Buchweizensmoothie mit roten
        Früchten 68
    Golden Milk 183
    Grüner Eiweiß-Powershake 179
    Rosa Eiweiß-Powershake 178
    Warmer Maca-Kakao 182
Graupensalat mit Grünkohl, Feta,
    Mandeln & Granatapfelkernen 129
Gurke
    Ei-Wraps 79
    Tahini-Hähnchen mit Gurke & Mango 93
    Vollkornwraps mit Makrele, Feldsalat,
        Gurken & Mayo 126

H
Huhn
    Geflügelburger mit Tamari & Sesam 121
    Knuspriges Hähnchenfilet mit gemischtem
        Gemüse & Vollkornreis 84
    Quinoa-Huhn im Glas mit Avocado-
        Zitronen-Dressing 128
    Schnelle Saoto-Suppe 96
    Sesam-Buchweizennudeln
        mit Brokkoli & Huhn 193
    Tahini-Hähnchen mit Gurke & Mango 93
Hummus *siehe* Dips

J
Joghurt
    Blätterteigtörtchen mit Aprikosen,
        Brombeeren & Himbeeren 114
    Chia-Haferflocken-Pudding mit Macadamia,
        Mango & Maracuja 69
    Clown von Tante Jeanne 103
    Gegrillter Pfirsich mit Joghurt, Mandeln &
        Honig 103
    Griechischer Hummus 137
    Joghurt-Fruchtherzen & -bällchen 168
    Joghurt mit Beerenpüree & Pistazien 76
    Süßkartoffel & Hackfleisch mit Joghurt-
        Minze-Dip 93

K
Kartoffeln
    Gegrilltes Lachsfilet mit Kräuterkruste,
        Ofenkartoffeln & Romanesco 84
    Kartoffelsalat mit Avocados & Kresse 129
Käsekuchen: Kirsch-Käsekuchen 113
Kekse
    Bohnen-Erdnussbutter-Plätzchen 162
    Madeleines 166
    Nuss-Körner-Schoko-Ecken 166
    Ochsenaugen mit Marmelade 165
    Pekanuss-Cranberry-Biscotti 162
    Plätzchen mit Cashewcreme-
        Füllung 165
    Specu-love you's 161
Kichererbsen
    Eintopf aus Knollensellerie, Kichererbsen &
        Rote Bete mit Würstchen 85
    Falafel-Nuss-Bällchen 204
    Hummusvariationen 137
    Kichererbsen-Kräuter-Cracker 198
    Kichererbsen-Lauch-Curry mit Weißfisch &
        Ziegenkäse 90
    Quinoa-Garnelen-Frikadellen 121
    Quinoa-Mais-Frikadellen 185
Knuspermüsli 72
Kohl
    Azukibohnen, Queller, Wirsing, Avocado &
        Ricotta 197
    Flammkuchen mit Sauerkraut &
        Wurststückchen 126
    Graupensalat mit Grünkohl, Feta,
        Mandeln & Granatapfelkernen 129
    Grünkohlchips 138
    Rosenkohl mit Speck 133
    Rotkohlwraps mit Kräuter-Nuss-Rosinen-
        Hirse & Hummus 122
    Schnelle Saoto-Suppe 96
Kuchen
    Blätterteigtörtchen mit Aprikosen,
        Brombeeren & Himbeeren 114
    Frühstückskuchen Slow Joe 62
    Kirsch-Käsekuchen 113
    Schoko-Himbeer-Gugelhupf mit Zucchini &
        Süßkartoffel 117
Kürbis
    Bunte Gemüsespieße 133
    Kürbis-Spinat-Lasagne mit Datteln &
        Hüttenkäse 186
    Kürbisetti mit Nuss-Käse-Pesto 100

L
Lasagne 186
Linsen
    Rote-Linsen-Burger 121
    Spinat-Linsen-Feta-Tarte 141

M
Madeleines 166
Mandel-Kürbis-Muffins mit Mohn 152
Muffins
    Brokkoli-Schokoladen-Muffins 152
    Ei-Muffins 79
    Mandel-Kürbis-Muffins mit Mohn 152
Müsli: Knuspermüsli 72

N
Nasi-Seitan mit Tahinisauce 189
Nudeln
    Bunte Pasta mit Basilikum-Avocado-Pesto,
        grünem Spargel & Feta 99
    Kürbisetti mit Nuss-Käse-Pesto 100
    Kürbis-Spinat-Lasagne mit Datteln &
        Hüttenkäse 186
    Lasagne 186
    Sesam-Buchweizennudeln
        mit Brokkoli & Huhn 193
    Zucchinetti mit Zwiebel-Zitronen-Pesto 99

O
Ochsenaugen mit Marmelade oder Apfelkraut 165

P
Paprika
    Bluebelle-Pastasauce mit 6 Sorten
        Gemüse 81
    Bunte Gemüsespieße 133
    Ei-Muffins 79
    Ei-Wraps 79
    Gemüsequiche 141
    Kidneybohnen mit Gemüsesauce, Crème
        fraîche & Avocadodip 89
    Knuspriges Hähnchenfilet mit gemischtem
        Gemüse & Vollkornreis 84
    Schnelles Blumenkohl-Süßkartoffel-Curry 194
Pilze
    Bunte Gemüsespieße 133
    Grüner Couscous mit Champignons &
        Cashewkernen 190
    Ziegenkäse, Champignons, Schnittlauch &
        Speck 197

Pita-Brote 93
Plätzchen *siehe* Kekse
Popcorn 158

Q

Quesadillas 197
Quiches: Gemüsequiche 141
Quinoa
  Ei-Muffins 79
  Knuspermüsli 72
  Knuspriges Hähnchenfilet mit gemischtem Gemüse & Vollkornreis 84
  Quinoa-Fischfrikadellen 121
  Quinoa-Huhn im Glas mit Avocado-Zitronen-Dressing 128
  Quinoa-Mais-Frikadellen 185
  Quinoa-Riegel mit Trockenobst 204

R

Rainbow Pancakes mit essbaren Blüten 113
Reis
  Eintopf aus Knollensellerie, Kichererbsen & Roten Beten mit Würstchen 85
  Knuspriges Hähnchenfilet mit gemischtem Gemüse & Vollkornreis 84
  Nasi-Seitan mit Tahinisauce 189
  Reisbrei mit Mandeldrink, Bananen & Roten Johannisbeeren 67
  Rote-Linsen-Burger 121
  Schnelle Saoto-Suppe 96
  Schnelles Blumenkohl-Süßkartoffel-Curry 194
Rind
  Lasagne 186
  Süßkartoffel & Hackfleisch mit Joghurt-Minze-Dip 93
Rote Bete
  Bunte Gemüsespieße 133
  Eintopf aus Knollensellerie, Kichererbsen & Roten Beten mit Würstchen 85
  Rainbow Pancakes mit essbaren Blüten 113
  Rote-Bete-Chips 138
  Rote-Bete-Kokos-Suppe 95

S

Salat
  Graupensalat mit Grünkohl, Feta, Mandeln & Granatapfelkernen 129
  Kartoffelsalat mit Avocados & Kresse 129
  Quinoa-Huhn im Glas mit Avocado-Zitronen-Dressing 128

Schokolade
  Brokkoli-Schokoladen-Muffins 152
  Clown von Tante Jeanne 103
  Erdbeer-Bananen-Eis mit Vanille & Minze 105
  Kokos-Beauties 154
  Popcorn 158
  Schokofrüchte mit Kokosstreusel 151
  Schokofudge 170
  Schoko-Himbeer-Gugelhupf mit Zucchini & Süßkartoffel 117
Buchweizensmoothie mit roten Früchten 68
Schweinefleisch
  Eiertöpfchen 79
  Eintopf aus Knollensellerie, Kichererbsen & Roten Beten mit Würstchen 85
  Flammkuchen mit Sauerkraut & Wurststückchen 126
  Rosenkohl mit Speck 133
  Ziegenkäse, Champignons, Schnittlauch & Speck 197
Seitan: Nasi-Seitan mit Tahinisauce 189
Sesam-Buchweizennudeln mit Brokkoli & Huhn 193
Snacks
  Apfel-Erdbeer-Ananas-Schmuck 156
  Bluebelles 201
  Chips 137, 138
  Dinkel-Saaten-Cracker 198
  Falafel-Nuss-Bällchen 204
  Geröstete Cashewkerne mit Chili & Meersalz 137
  Geröstete Kurkuma-Kichererbsen mit Kokos 137
  Kichererbsen-Kräuter-Cracker 198
  Kokos-Beauties 154
  No-Bake-Haferflocken-Kokosriegel 201
  Popcorn 158
  Quinoa-Riegel mit Trockenobst 204
Spinat
  Eiertöpfchen 79
  Grüner Eiweiß-Powershake 179
  Kürbis-Spinat-Lasagne mit Datteln & Hüttenkäse 186
  Rainbow Pancakes mit essbaren Blüten 113
  Spinat-Linsen-Feta-Tarte 141
Suppe
  Rote-Bete-Kokos-Suppe 95
  Schnelle Saoto-Suppe 96
  Topinambur-Pastinaken-Suppe mit Birne & Petersilienöl 95
Süßkartoffel
  Schnelles Blumenkohl-Süßkartoffel-Curry 194

  Schoko-Himbeer-Gugelhupf mit Zucchini & Süßkartoffel 117
  Süßkartoffel & Hackfleisch mit Joghurt-Minze-Dip 93

T

Tarte: Spinat-Linsen-Feta-Tarte 141
  Tomatentarte mit Zucchini & Ziegenkäse 141
Tofu: Knuspriger Tofu mit schwarzen Bohnen, Tomaten, Guacamole & Zitrone 90
Topinambur-Pastinaken-Suppe mit Birne & Petersilienöl 95

W

Wraps
  Avocado, Ei & Käse 197
  Azukibohnen, Queller, Wirsing, Avocado & Ricotta 197
  Ei-Wraps 79
  Kichererbsen-Lauch-Curry mit Weißfisch & Ziegenkäse 90
  Kidneybohnen mit Gemüsesauce, Crème fraîche & Avocadodip 89
  Knuspriger Tofu mit schwarzen Bohnen, Tomaten, Guacamole & Zitrone 90
  Rotkohlwraps mit Kräuter-Nuss-Rosinen-Hirse & Hummus 122
  Vollkornwraps 89
  Vollkornwraps mit Makrele, Feldsalat, Gurken & Mayo 126
  Ziegenkäse, Champignons, Schnittlauch & Speck 197

Z

Zucchini
  Bananen-Haferflocken-Brot 61
  Bluebelle-Pastasauce mit 6 Sorten Gemüse 81
  Bunte Gemüsespieße 133
  Ei-Muffins 79
  Gegrilltes Gemüse mit Käse 133
  Gemüsequiche 141
  Kidneybohnen mit Gemüsesauce, Crème fraîche & Avocadodip 89
  Schoko-Himbeer-Gugelhupf mit Zucchini & Süßkartoffel 117
  Tomatentarte mit Zucchini & Ziegenkäse 141
  Zucchinetti mit Zwiebel-Zitronen-Pesto 99
  Zucchinichips in 3 Geschmacksrichtungen 138

DANKE!

AN UNSERE GROSSEN, VOR ALLEM ABER AUCH KLEINEN MÄNNER. KOEN UND REM – DAS IST VORLÄUFIG DAS LETZTE BUCH, VERSPROCHEN! GLAUBEN WIR JEDENFALLS. MILES, DEAN & GUUS: KLEINE SCHURKEN, MONSTER, BLEIBT VOR ALLEM, WIE IHR SEID – JUST PERFECT. UND DER JÜNGSTE SPROSS MIKE. WILLKOMMEN, KLEINER MANN! DU BIST GLEICHZEITIG MIT DIESEM BUCH IN DIE WELT GEKOMMEN, DAS VERHEISST GROSSES.

Jungs-Mamas sind die besten. Und ja, manchmal haben auch wir Lust auf stundenlanges Plätzchenbacken mit ruhigen, sauberen Mädchen in rosa Tutus und Glitzerschmetterlingen. Zum Glück dürfen wir sie uns oft von Freundinnen ausleihen, auch für dieses Buch. Also vielen Dank an alle schönen Mädchen und frechen Jungs, kleinen Schwestern und Brüder, Papas und Mamas, die wieder so dekorativ und geduldig auf die Fotos wollten: Bo & Bing, Quint, Bente & Keet, Nadine, Mees & Pepijn, Martje, Jesse, Fender, Kester & Louke, Mare & Ole, Daan, Olaf & Joep, Valerie, Lexi, Jurre & Puck. Ihr seid fett cool (OMG).

Dieses Buch wäre auch nicht entstanden ohne die bedingungslose Unterstützung unserer Eltern, die immer, wenn es darauf ankam und wir wirklich vorankommen mussten mit Kochen, Fotografieren und Schreiben, unsere Jungs ohne Probleme abholten und übers Wochenende beherbergten. Wir lieben euch und sind stolz auf euch begeisterte Omas und Opas.

Und dann das *Easy-Peasy*-Team. Was für ein tolles Team! Es war so schön, wieder mit euch loslegen zu können für diese Family Edition. Es war so schön, dass wir nach der Erfahrung, die wir beim ersten Buch gesammelt haben, nur ein halbes Wort brauchten, um uns zu verstehen. Wir haben alle knochenhart gearbeitet und wir können euch dafür nicht genug danken. Jeroen, wieder einmal picture perfect, und herzlichen Dank für die Extra-Meilen und die Unterstützung bis zum Ende! Suus, ohne dich keine *Easy-Peasy*-Welt. Nina, you have a way with kids. Vielen Dank für das perfekte Styling und die angenehme Atmosphäre für unsere jungen Models. Alex, wie machst du das nur immer, mit genau den Sachen anzukommen, die perfekt zu unseren Moodboards und Ideen passen? Einfach super. Anne, immer dort, wo du gebraucht wirst. Bedingungslos und mit dem Finishing touch, der das Bild perfekt macht. Liesbeth, vielen Dank für das Mitlesen hier und dort. Charlie, unser Fels in der Küchenbrandung. Niemand kann so ruhig mitten im Chaos einfach weiterkochen. Caro, die zu allem bereit war. Zu straff geplant? Wieder etwas beim Einkaufen vergessen? Du hast es einfach geregelt. Vielen, vielen Dank, Ladies!

Und ein besonderer Dank an Gonnie und das Team bei Becht Lifestyle, Gottmer Uitgevers Groep. Vielen Dank für die Chance, die ihr uns zu Beginn unseres Abenteuers gegeben habt, und für die Großherzigkeit, uns das Wachstum zu gönnen. Und zum Schluss Martin, Michiel & Inge von Fontaine Uitgevers, die sich auf ein neues Abenteuer mit uns eingelassen haben.

And that's it, unsere Arbeit ist erledigt. Jetzt sind Sie an der Reihe. Make us proud!

Alles Liebe,
Vera & Claire

ÜBER DIE AUTORINNEN

CLAIRE VAN DEN HEUVEL UND VERA VAN HAREN SIND DIE MÜTTER VON INSGESAMT VIER KLEINEN GROSSEN MÄNNERN. CLAIRE BETREIBT SEIT 2008 DIE ERFOLGREICHE PLATTFORM *BLUEBELLE FOODWORKS*, WO VERA UND SIE REGELMÄSSIG IHRE KRÄFTE BÜNDELN. GEMEINSAM SCHRIEBEN SIE 2013 *EASY PEASY* 01, UND AUCH IN DIESEM ZWEITEN BUCH VERBINDEN SIE IHR FACHWISSEN UND IHRE BEGEISTERUNG FÜR GESUNDE UND BEWUSSTE ERNÄHRUNG AUF INSPIRIERENDE WEISE MIT IHRER ERFAHRUNG ALS MUTTER.

Bluebelle Foodworks wurde 2008 als (Online-)Plattform mit Informationen und Produkten zu gutem, gesundem, leckerem, nahrhaftem, bewusstem und echtem Essen gegründet. Sie bietet unter anderem Inspirationen, Tipps, Rezepte und Foodcoaching. Immer in dem Dreieck Ernährung, Kommunikation und Psychologie; dieses Fach haben Claire und Vera studiert und auf dem Gebiet Berufserfahrung gesammelt. Daneben schreiben sie regelmäßig für verschiedene Zeitschriften und sind in Kochvideos zu sehen. Ihr Ziel? Allen, die ihre Ernährung gesünder gestalten wollen, auf positive und zugängliche Weise weiterhelfen.

Mit den *Easy-Peasy*-Büchern sprechen Vera und Claire die Gruppe an, die ihnen besonders viel bedeutet: die Kinder. Ihr Traum ist, ihnen einen Vorsprung durch einen guten Start zu gönnen, mit Eltern, die ihnen eine möglichst gesunde Basis bieten. Von dieser Basis aus können sie zu starken, fitten Kindern voller Energie heranwachsen. Bereit für eine wunderbare, positive Zukunft!

WWW.BLUEBELLE.NL | WWW.EASYPEASYKIDS.NL